21世纪高职高专立体化精品教材·汽车系列
工学结合教学改革与创新成果

U0820132

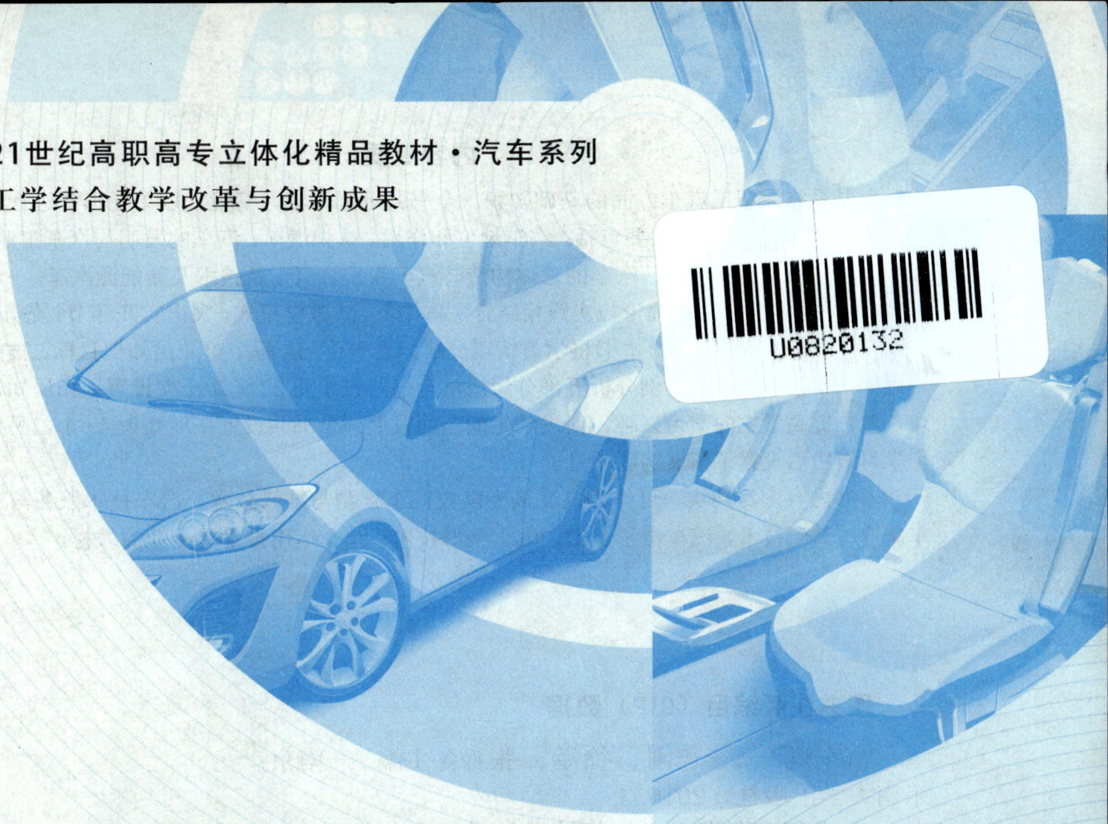

汽车概论

李德刚 徐 泽 张淼淼 主 编

东南大学出版社
SOUTHEAST UNIVERSITY PRESS
·南京·

内容提要

本书系统介绍了汽车方面的基础知识。全书共分七个学习情境，以单元形式进行讲解，通俗易懂，实战性强。内容主要包括：汽车地位和作用、认识汽车、汽车的发明与汽车工业的发展、世界主要汽车公司及商标、汽车的总体构造、汽车娱乐、汽车新技术及新能源汽车。

本书在编排上，注重理论与实践相结合，采用单元式教学模式，突出实践环节，充分体现“工学结合一体化”教学思想。本书将学习情境分解为若干单元，每个单元由知识目标、技能目标、基础知识、学习案例、案例分析五部分组成，全书共设单元22个。正文设置了拓展知识特色模块，意在提高学生的学习兴趣，促进学生的全面发展。全书共设置拓展知识49个。另外，在每个学习情境后设置了拓展实训项目。

本书内容广泛翔实，可作为高职高专院校汽车检测与维修技术、汽车技术服务与营销、汽车制造与装配技术、汽车电子技术、汽车整形技术、汽车运用技术等专业的教材。

图书在版编目（CIP）数据

汽车概论 / 李德刚，徐泽，张淼淼主编 . —南京：东南大学出版社，2015. 3

21 世纪高职高专立体化精品教材 . 汽车系列

ISBN 978-7-5641-5513-1

Ⅰ . ①汽… Ⅱ . ①李…②徐…③张… Ⅲ . ①汽车—高等职业教育—教材 Ⅳ . ① U46

中国版本图书馆 CIP 数据核字（2015）第 029867 号

汽车概论

出版发行：东南大学出版社
社　　址：南京市四牌楼 2 号，邮编 210096
出 版 人：江建中
印　　刷：北京市旺银永泰印刷有限公司
开　　本：787mm×1092mm　1/16
印　　张：17. 5
字　　数：364 千
版　　次：2015 年 3 月第 1 版
印　　次：2015 年 3 月第 1 次印刷
书　　号：ISBN　978-7-5641-5513-1
定　　价：39. 00 元

（凡因印装质量问题，请直接与营销中心调换，电话：025—83791830）

PREFACE

前言

汽车具有高速、机动、舒适和使用便捷等优点，改变了人类的生活结构，提高了人类的活动能力和生活质量，因此备受人们青睐。我国自2009年开始汽车产销量连续六年稳居世界第一位。而2014年我国累计生产汽车2372.29万辆，同比增长7.3%；销售汽车2349.19万辆，同比增长6.9%，产销双双超过2300万辆。

汽车作为人类现代文明的重要标志，历经百年的发展，形成了丰富的文化内涵。汽车不仅成为人们日常工作和生活中不可缺少的交通工具，而且涉及石油、化工、钢铁、电子以及纺织等众多行业，汽车工业已成为我国国民经济的支柱产业。在这种形势下，作为当代大学生和广大汽车爱好者，了解汽车的基本知识，掌握汽车的驾驶和维护，已经成为时代的要求。开设“汽车概论”，这对于提高学生的综合素质以及学生的就业都有极大的帮助。

通过我们多年的教学实践，汽车专业的学生在一年级就开始学习“汽车概论”课程，可以有效地激励学生的学习热情，关心汽车产业的发展动态，并为后续课程的学习打下坚实的基础。

本教材以情境为学习载体，对课程内容进行整体设计，形成了汽车地位与作用、认识汽车、汽车的发明与汽车工业的发展、世界主要汽车公司及商标、汽车的总体结构、汽车娱乐、汽车新技术及新能源汽车等七个学习情境。各情境之间采用层次递进关系，情境内容由浅入深。在每一个情境下，又设计了若干个单元，构筑了系统的学习体系。教材内容集知识性与趣味性于一体，内容丰富、知识面广，大量采用插图，直观明了，通俗易懂。本教材可作为高职高专院校汽车检测与维修技术、汽车技术服务与营销、汽车制造与装配技术、汽车电子技术、汽车整形技术、汽车运用技术等专业的教材。

本书在编排上，注重理论与实践相结合，采用单元式教学模式，突出学习案例，充分体现“工学结合一体化”教学思想。正文中设置了拓展知识特色模块，意在提高学生的学习兴趣，促进学生的全面发展。全书共设置拓展知识49个。每个情境后设置了拓展实训项目。

本教材由吉林大学李德刚、吉林大学徐泽和张淼淼担任主编。其中，学习情境一、学习情境二和学习情境七由李德刚编写，学习情境三和学习情境四由徐泽编写，学习情境五和学习情境六由张淼淼编写。全书由吉林大学李德刚负责统稿工作。

在本教材编写过程中，参考了大量的文献和资料，除了本教材列出的参考文献外，还有来自于期刊、杂志和互联网的图片和资料。在此，谨向文献资料的原作者致以诚挚的谢意。

汽车工业发展迅速，汽车技术日新月异，汽车知识涉及众多专业的高技术领域，内容广泛，由于编者的水平所限，书中难免有疏漏和不足之处，恳请广大读者批评指正。

编　者

CONTENTS

目　录

学习情境一　汽车地位和作用

学习情境二　认识汽车

学习情境三　汽车的发明与汽车工业的发展

学习情境四　世界主要汽车公司及商标

学习情境五 汽车的总体构造

学习情境六　汽车娱乐

学习情境七　汽车新技术及新能源汽车

学习情境一

汽车地位和作用

情境导入

根据公安部统计信息，2013 年我国车辆和驾驶人保持快速增长，至 2013 年底，全国机动车数量突破 2.5 亿辆，机动车驾驶人近 2.8 亿人。其中，汽车达 1.37 亿辆，汽车驾驶人 2.19 亿人。也就是说，目前在我国每十人一辆汽车，业内人士预计，汽车保有量未来几年将以年均 7% 的速度增长。面对如此庞大的汽车保有量，面对生活中随处可见的汽车，面对身边越来越多的人考取了驾照，你是否认识到汽车在当今社会中举足轻重的地位，是否感觉到人们已经越来越离不开汽车？

学习导航

要了解汽车的地位和作用，需要掌握的相关知识有：

1. 汽车对社会生活的影响；
2. 汽车对国民经济发展的作用；
3. 汽车带来的社会问题。

学习单元 1　汽车对社会生活的影响

知识目标

了解汽车对人类社会生活的影响。

技能目标

通过学习，能够列举出汽车在社会生活中都有哪些作用，对人类的生活习惯带来哪些改变。

基础知识

自 1886 年由德国工程师卡尔·本茨发明第一辆汽车至今的 100 多年时间里，汽车工业从无到有，以惊人的速度向前发展。据日本的汽车产业调查公司发布预测称，2015 年全球 85 个主要国家的汽车销售量将首次突破 9000 万辆。在中国和美国市场持续坚挺、巴西等南美市场回暖的带动下，2015 年全球汽车销量将比 2014 年增长 3.8%，达到 9030 万辆。汽车，作为一种凝结着人类全部智慧的交通工具，它所具有的普遍性和灵活性是其他交通工具所无法比拟的。汽车在人类社会生活中的地位和作用以及在国民经济发展中的地位和作用越来越重要。

1. 汽车提高了人类的活动能力

汽车未发明之前，人力车、畜力车是人类主要的交通运输工具，人类的活动能力是有限的。自从发明了汽车以后，就大大地“延长”了自己的四肢，提高了人类活动的速度，增大了人们的活动半径，扩展了人类的活动空间，现在人们每天的活动半径可达 500km 以上。数百千米外的海鲜、水产品、蔬菜、水果当天就可以运到家门口。交通越来越发达，城市越建越大，但我们却感觉到城市在变小，国家在变小，地球在变小，全世界变成了一个“地球村”。如图 1–1 所示的布加迪 EB16.4（威龙）汽车，其功率超千匹马力，时速可达 405km/h。

图 1–1 布加迪 EB16.4（威龙）

2. 汽车改变了人类的生活结构，提高了人类的生活质量

汽车的载重量和速度使人类如虎添翼，既促进了物移，又促进了人员的流动，进一步扩展了人类的生存空间，使之可以比较迅速地走遍五湖四海。汽车使世界变得越来越小，使人们的眼界更宽、心胸更广、生活更丰富多彩；汽车使人们之间可以更方便地进行信息沟通和交流；汽车给人们带来了舒适，带来了愉悦，人类将因汽车的发展而更加迅速地进入物质和精神都高度文明的时代。

有学者指出，人类的生活质量与其日常活动的范围成正比，有了车之后，人们的生活质量和生活方式将明显提高。比如，可以开着车上下班；可以出去兜风、旅游；可以开着车同家人、朋友到郊外野餐；可以开着车到景色优美的大海之滨，看蔚蓝的大海，或是风光瑰丽的山峰之顶，看蓝天白云等等，会使人心旷神怡，这是在家中甚至在五星级宾馆所无法得到的享受。

目前，在很多国家，汽车已经成为人们不可离开片刻的代步工具。在被人们戏称为“汽车上的游牧民族”的美国，约有 87% 的从业人员自己开车上下班。在城镇，市民的日常位移，如上班、上学、购物、娱乐、探亲、看病等，有 82% 以上都是由自己驾车完成的。汽车产业的发展，也带动了相关行业的发展，高速公路、汽车旅馆、汽车餐厅、汽车商店、汽车电影院、加油站、洗车店等等，已成为人们生活中不可缺少的一部分，如图 1-2 所示。有人说，电话、汽车、计算机已成为很多国家社会和人民生活的三大支柱。

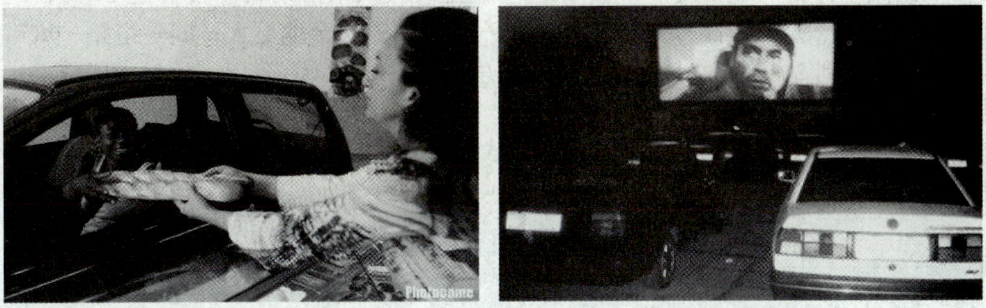

（a）汽车餐厅　　（b）汽车影院

图 1-2 汽车的应用

有了车之后，人们的思维方式也发生了很大的变化。比如，你如果问别人从这里到那里有多远，他们一般回答你多少时间，而不是多少公里。在汽车社会，人们已习惯用汽车行驶的时间来衡量距离的远近。没车之人出门考虑距离，有车之人出门考虑的是时间。如果走一条路车可以开得更快，多走几公里是无所谓的。

拓展知识

房车公园（RV Park），也被称为房车露营地（RV Campground），可分为两种：一种是停靠式房车公园，指仅供房车使用者短暂使用，提供水力、电力等能源补充，通常不具备娱乐、活动项目等较简单的服务场地；另一种指具备停靠式房车公园的基础性的水电补充，污物排放处理等设施，同时又可满足房车使用者长期驻扎的供有卫生设施、日常生活服务场地、健身娱乐场地、运动设施等的休闲度假场地。图 1-3 为太湖一号房车露营公园鸟瞰图。

图 1-3 太湖一号房车露营公园鸟瞰图

3. 驱动了汽车消费，促进了汽车发展

汽车具有促进物移和人流的巨大功能，具有其他交通工具所无法相比的优越性，因此驱动了汽车消费，并且日益成为一种消费时尚，成为一种享受，并逐渐走入家庭。比如，在美国、日本、德国等发达国家，一家拥有两辆、三辆甚至四辆汽车者大有人在，攀比之风愈演愈烈。目前，美国近 3 亿人口拥有汽车约 2.4 亿辆，每千人拥有汽车 790 辆。

中国汽车保有量的迅速增长，主要有如下五个原因。一是中国人均 GDP 的高速增长，人们的购买力增加。2006 ～ 2013 年年度人均 GDP 如表 1-1 所示，2000 ～ 2013 年年度 GDP 增长率如图 1-4 所示。尤其是 2008 年人均 GDP 达到 22697 元（3266.8 美元），登上了 3000 美元的新台阶。国际经验表明，当一个国家和地区人均 GDP 超过 3000 美元以后，城镇化、工业化进程将会加快，居民消费类型和行为也会发生重大转变；二是汽车价格明显下降。1986 年，一辆上海大众桑塔纳轿车售价达 17 万，现在仅售 7.68 万；三是汽车品种多样化，购买汽车时的选择余地更大；四是道路、城市基础设施改善。到 2012 年底，中国公路通车总里程超过 424 万公里，比新中国成立初期的 8 万公里增长了 51 倍，居世界第一位，高速公路 9.5 万公里，公路桥梁达 71.3 万座、3663 万米，公路隧道达 1 万余处、805 万米；五是国家相关汽车产业发展政策的发布和实施，进一步助推了汽车工业的发展。

表 1-1 2006 ～ 2013 年年度人均 GDP

年份	2006	2007	2008	2009	2010	2011	2012	2013
人均 GDP（元）	15973	17780	22697	24620	29748	35083	38354	41909

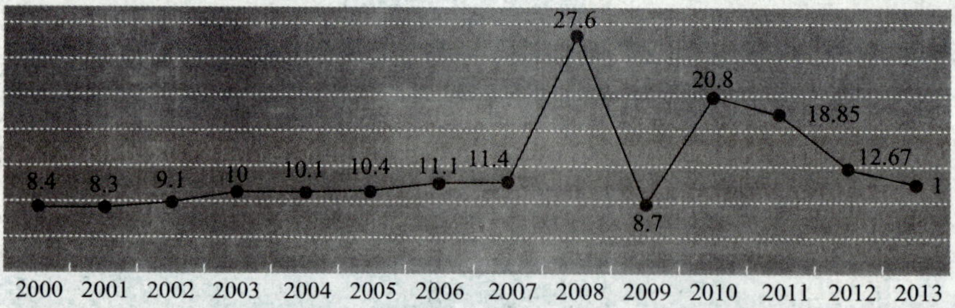

图 1-4 2000 ～ 2013 年年度人均 GDP 增长率

在汽车保有量迅速增长的同时，汽车技术也飞速发展。现代汽车已经由原来的以机械装置为主的机器，发展成为集计算机技术、全球卫星定位技术、新材料技术、智能化交通技术、互联网等为一体的高科技载体；其动力性、经济性、排放净化性、安全性和舒适性等，正逐步进入智能化高级控制阶段。如电控燃油喷射系统、自动变速器、ABS（制动防抱死系统）、SRS（安全气囊）、A/C（空调）、电控悬架、中控防盗系统及卫星巡航定位系统等一系列新装置，都是现代汽车技术应用的体现。汽车技术的日益成熟，当今各种最新科技的运用，必将带动汽车的发展，不仅使汽车款式日新月异，也使汽车功能更加齐全完善，越来越适合于消费心理。未来汽车将在“节能、环保、安全、舒适”等方面向集成化、智能化和网络化方向更深层次拓展。

作为第三产业的护车使者——汽车维修业，其技术发展虽滞后于新车开发，但也

紧随汽车新技术现代化的步伐迈入了高科技领域，各种现代化检测仪器和新的维修检测技术应运而生。现代汽车维修已由过去的“三分诊断，七分修理”转变为“七分诊断，三分修理”。

学习案例

有人说：汽车真是一个奇怪的商品，犹如指环王的指环，当你拥有它的那一刻起，不管你愿意与否，它就开始改变你的生活。

案例分析

自从1886年亨利·福特在德国造出了现代汽车的雏形，并采用流水线生产之后，汽车这个“钢铁怪物”变得广为人知。世人给亨利·福特的评价是“给世界装上轮子”。

汽车轮子就这样改变了人们的出行方式，使外出更加方便；汽车缩短了空间的距离，使世界变得更小；汽车最终改变了人们的生活方式。它不仅是代步工具、私密空间、移动家园，更重要的是，汽车已经成为一种社会文化，是个性张扬的窗口，是现代人生活中不可或缺的元素。汽车因此成为自由的象征，难怪年轻人常说，买汽车是为了换一种生活。汽车让国人变得越来越自信。

人们的生活，甚至心态就这样随车改变。比如，对于普通民众，随着成品油税费改革的实施，多用油就要多缴税，少用油就可以少负担。这样的税收杠杆，会使绝大多数老百姓本着节约的心态使用家庭轿车。

学习单元2　汽车对国民经济发展的作用

知识目标

了解汽车对国民经济发展的作用。

技能目标

能够根据所学知识，举例说出汽车对国民经济的促进作用体现在哪些方面。

基础知识

随着世界汽车工业的不断发展壮大，其在世界经济发展中的地位越来越突出。汽车工业逐渐成为各主要汽车生产国的支柱产业，并对世界经济的发展和社会的进步产生巨大的作用和深远的影响。汽车工业在国民经济发展中扮演着以下角色。

1. 汽车工业是主要汽车生产国的支柱产业，是创造巨大产值和巨额税收的产业

汽车从发明到现在经历了漫长的发展过程。1900 年，全世界汽车产量尚不足一万辆，且分布在极少数国家。随着科学技术的进步、生产方式的变革、需求的增长，到 2013 年，全世界汽车年产量已达 8724.98 万辆。至今，汽车工业已成为世界上融合先进技术最多、结构最复杂、产量最大、最引人注目的一个国际性支柱产业。汽车作为世界上唯一的一种零件以万计、产量以千万计、保有量以亿计、售价以万元计的耐用消费商品，对很多国家的国民经济发展都具有重要的支撑作用，可以创造很高的销售产值。从世界范围看，汽车工业一直是全球最大的制造业部门，美国《财富》杂志每年列出的全球 500 强企业中，汽车企业往往占到 20 ～ 30 家。有统计分析指出，汽车产业是一个 1∶10 的产业，汽车产业 1 个单位的产出，可以带动整个国民经济总体增加 10 个单位的产出。日本经济高速发展的 15 年间，汽车工业产值增加了 57 倍，从而带动国民经济增长了 36 倍。汽车工业不但创造了巨大的产值，而且创造了巨额的税收，汽车产业的发展对很多国家的国民经济都具有重要的支撑作用。汽车不仅在生产过程中有巨额税收，在销售、使用过程中也有巨额税收。纵观历史，20 世纪 20 年代美国经济的兴起，20 世纪 50 年代联邦德国、意大利、法国经济的起飞，20 世纪 60 年代日本经济的繁荣、韩国的崛起，都离不开汽车产业的重要支撑。在美国、日本、德国等发达国家，汽车及相关产业对国家财政收入的贡献占全部财政收入的 10% ～ 18.6%，汽车产业是这些国家重要的支柱产业之一。

中国汽车工业经过几十年特别是近十几年的快速发展，已经由过去机械工业中的一个小行业发展壮大为国民经济中的一个重要行业，汽车制造业在整个工业中的比重不断提高。2003 年，汽车制造业销售收入首次成为继通信电子、电力、冶金、化工之后的第五大支柱行业。2014 年我国进入世界 500 强的汽车制造企业已达 6 家，分别是上海汽车集团股份有限公司、中国第一汽车集团公司、东风汽车集团、北京汽车集团、广州汽车工业集团、浙江吉利控股集团。

2014 年世界 500 强汽车企业营业收入如表 1–2 所示。

表 1–2 汽车企业营业收入

2014 年排名	中文常用名称	总部所在地	营业收入 / 百万美元
8	大众公司	德国	261539.1
9	丰田汽车公司	日本	256454.8
20	戴姆勒股份公司	德国	156628.4
21	通用汽车公司	美国	155427.0
26	福特汽车公司	美国	146917.0
45	本田汽车	日本	118210.5
61	日产汽车	日本	104635.8
68	宝马集团	德国	100971.7
85	上海汽车集团股份有限公司	中国	92024.8

续表

2014 年排名	中文常用名称	总部所在地	营业收入 / 百万美元
100	现代汽车	韩国	79766.1
111	中国第一汽车集团公司	中国	75005.6
113	东风汽车集团	中国	74008.2
119	标致	法国	71807.8
190	雷诺	法国	54339.8
246	起亚汽车	韩国	43486.4
248	北京汽车集团	中国	43323.9
366	广州汽车工业集团	中国	32775.6
466	浙江吉利控股集团	中国	25767.5

2. 汽车是国际贸易的主要商品，汽车产业是强大的出口产业

汽车工业是资金、技术密集的批量生产产业，主要集中在少数有条件的国家。但是，世界上所有国家和地区都需要大量汽车，这就决定了汽车工业必将成为强大的出口产业。汽车贸易在世界贸易中占有举足轻重的地位，其创汇能力极大。由于汽车是高附加值的产品，汽车工业及其相关产业也是世界制造业中创汇最高的产业。日本、德国、法国、美国、韩国等均是汽车出口大国，汽车产业为它们赚取了大量外汇。

20 世纪 40 年代以前，美国汽车工业在世界汽车市场居垄断地位，所生产的汽车销往世界各地，其汽车出口量占世界汽车出口总量的比重最高，达 90% 以上。

20 世纪 50 年代以来，德英法意等国汽车工业得到较大发展，并迅速成为世界上的主要汽车出口国，出口量占产量的比重达到 40% ～ 50%，除大量向欧洲各国出口外，也向欧洲以外的国家出口。

从 20 世纪 60 年代起，日本汽车工业高速发展，出口量也大幅度增长。1980 年日本的汽车出口量近 600 万辆，一跃成为世界第一出口大国。

现在，世界汽车年总产量超过 8000 万辆，其总出口量约占总产量的 40% 左右，世界汽车贸易额占全球总贸易额的 10% 左右，是世界贸易中的第一大类产品。

2006 ～ 2013 年主要汽车生产国汽车出口量如表 1-3 所示。

表 1-3 2006 ～ 2013 年主要汽车生产国汽车出口量

万辆

	2006	2007	2008	2009	2010	2011	2012	2013
日本	597	620	672	361	483	446	480	469
德国	390	400	408	336	424	450	451	420
韩国	265	270	268	200	277	300	320	308
美国	220	230	206	198	210	208	180	200
中国	34	55	68	37	54.5	84.95	105.61	130

汽车行业进出口走势与总体的外向型经济走势特征基本一致，2008 年以前的出口呈高速增长，但随着 2008 年世界金融危机的出现，汽车及零部件出口的增速远低于进

口增速，导致2010年的汽车及零部件出口占进出口总量比例仅有45%，不足三年的时间份额下降14个百分点。而2011年以来的汽车行业出口增速快于进口，2012年出口占比达48%。2013年随着进口出口双低迷，汽车及零部件出口占比仍维持在47%。其中，前几年出口危机最为严重的是整车出口，而2013年的整车出口也是表现偏弱。2010年的整车出口金额仅为整车进出口总金额378亿美元的18%，较2007年的40%高点下滑22个百分点，2012年年恢复到22%，2013年又退回21%的低位。而汽车零部件行业的出口虽然也受影响，但2011年零部件出口的份额占汽车零件进出口总额的比例较2007年仅下降5个百分点，2012年的汽车零部件出口也占到汽车零部件进出口总额的65%,出口仍是零部件行业大头。但2013年的汽车零件出口仅有总量的64%，进口表现更强一些。

2005～2012年中国汽车行业进出口走势如图1-5所示。

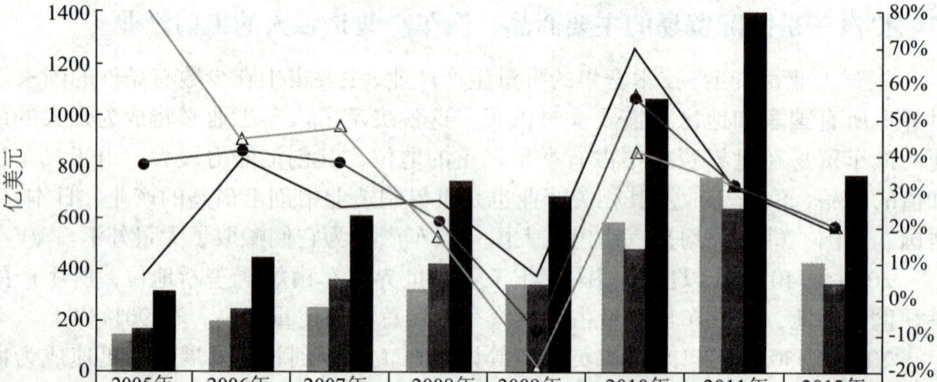

	2005年	2006年	2007年	2008年	2009年	2010年	2011年	2012年
进口金额	145	200	252	322	341	582	759	424
出口金额	168	242	358	422	342	483	643	348
进出口金额	313	442	610	743	683	1065	1402	772
进口增速	7%	38%	26%	28%	6%	70%	31%	20%
出口增速	82%	44%	48%	18%	-19%	41%	33%	21%
进出口增速	38%	41%	38%	22%	-8%	56%	32%	20%

图1-5 中国汽车行业进出口走势

拓展知识

国家统计局中国经济景气监测中心处长唐有成在发布会上介绍说，2014年第四季度，我国汽车行业景气指数为100.1（2001年增长水平=100），较上季度略降0.2点。汽车行业景气指数较上季度略有下降，由“绿灯区”下边界线进入“浅蓝灯区”运行。总体来看，汽车行业增长有放缓趋势。其中，汽车产销增长继续放缓，汽车零件出口增速下降，汽车行业库存压力继续加大；汽车产品出厂价格持续小幅下跌；汽车行业利润总额增长转为低迷，汽车行业税金总额增速延续下降势头，回款压力未见减轻；汽车行业从业人员数增长平稳，固定资产投资保持低速增长。

3. 汽车工业可以优化交通结构

现代交通工具包括火车、汽车、船舶、飞机等，如图1-6所示。它们各具特点，各自在交通运输业和现代物流业中发挥着重要作用，而汽车是其中最重要的交通工具之一，它所具有的普遍性和灵活性，是其他现代交通工具无法相比的。

（a）火车　（b）汽车

（c）轮船　（d）飞机

图 1-6 现代交通工具

（1）普遍性。火车、飞机、船舶等只适于作为公共交通工具，并要求有与之相适应的客货运输量。而汽车既适于作为公共交通工具，又适于作为家庭和个人的交通工具；既适于大批量客货运输，又适于小批量客货运输；既适于城市交通运输，又适于农村交通运输，这比一般只适于作为公共交通工具的火车、飞机、轮船要优越得多。因此汽车是数量最多、最普及的交通工具，在城市、乡村随处可见。

（2）灵活性。火车只能沿铁路运行，飞机只能沿航线飞行，船舶只能沿江河、湖海航行，并且需要在固定的地方（火车站，机场，码头）装运乘客和货物，也就是说，火车、飞机、轮船只能在“点”和“线”上发挥作用，不可能遍及城乡的每个角落，属于线性交通工具。同时，火车、飞机、船舶运输也需要与汽车运输相结合，以汽车作为其终端运输工具，才能实现现代化运输的全过程，从而使现代交通结构达到完美的地步。而汽车属于面上交通工具，只要有道路就能行驶，它既可通向各个城市，又可通向广大农村，实现“门对门”的服务。即汽车的活动范围比火车、飞机和轮船的活动范围广得多，它可以非常方便地将乘客和货物“从一个门口运送到另一个门口”，而不需转运或反复装卸搬运。有了汽车，人们一天自由活动的半径可以达到 500km。正因为如此，汽车已迅速发展成为最主要、最受青睐的交通工具。

（3）其运输地位居各种交通工具之首。目前，汽车在全社会运输量中已占据主导地位，美国、德国、法国、英国等国家，汽车在客运总量中所占的比重高达 90% 左右。2013 年，我国道路运输行业完成公路客运量占综合运输体系的 93.4%，完成货运量占综合运输总量的 76%。汽车运输业的发展，促进了城市和农村道路建设，缩小了

chapter 01
chapter 02
chapter 03
chapter 04
chapter 05
chapter 06
chapter 07

城乡差别。目前世界城市化水平已接近 50%，其中发达国家已达 70% ～ 80%。

4. 汽车产业波及范围大、效果广

汽车产业作为技术密集型、资本密集型产业，对社会的贡献并不仅仅局限于产销量和 GDP。更重要的是，汽车工业是一种综合性产业，它与很多产业有很强的关联性，涉及原材料工业、设备制造业、配套产品业、公路建设业、能源工业、销售业、服务业和交通运输业等，如图 1–7 所示，波及范围非常大，汽车工业的发展对这些产业起着极大的带动作用。比如原材料工业，目前，全世界钢铁产量的 24%、铝产量的 25%、橡胶产品的 50%、塑料产量的 10% 都用于汽车工业，如图 1–8 所示。发达国家经验表明，汽车工业每增值 1 元， 会给上游产业带来 0.65 元的增值，给下游产业带来 2.63 元的增值。国家统计局统计，汽车制造业对主要上游产业的拉动效应如表 1–4 所示；汽车制造业对主要下游产业的拉动效应如表 1–5 所示。据预测，今后 10 到 15 年，GDP 每年的新增量中将有 16% ～ 17% 由汽车产业提供，汽车将成为我国国民经济拉动力最强的产业之一。

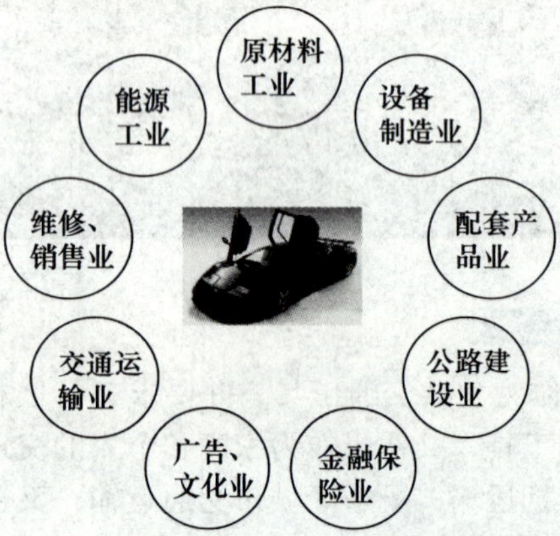

图 1–7 汽车关联产业

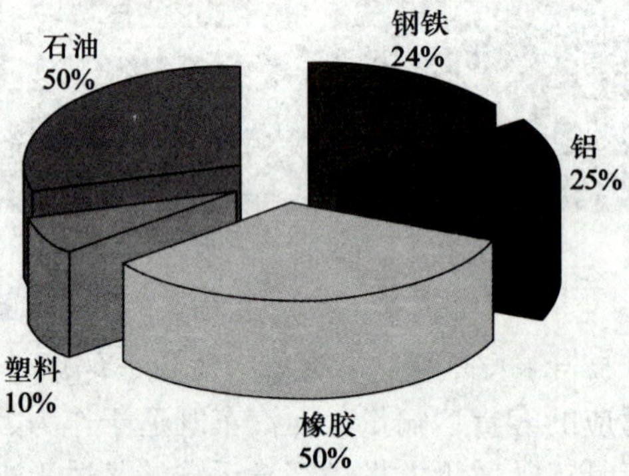

图 1–8 汽车材料消耗

表 1–4 汽车制造业对主要上游产业的拉动效应

上游主要相关行业	汽车制造业每增值一元对相关行业带来的增值 / 元	上游主要相关行业	汽车制造业每增值一元对相关行业带来的增值 / 元
煤炭开采和洗选业	0.0633	塑料制品业	0.0763
石油和天然气开采业	0.0481	玻璃及玻璃制品制造业	0.0133
黑色金属矿采选业	0.0319	黑色金属冶炼及压延加工业	0.1100
皮革、毛皮及其制造业	0.1564	有色金属冶炼及压延加工业	0.1100
橡胶制品业	0.0436	其他通用设备制造业	0.0644
电力热力生产和供应业	0.1448	金属制品业	0.0528
石油及核燃料加工业	0.0780	其他电器机械及器材制造业	0.0461
其他化学原料及其制品业	0.1546		

表 1-5 汽车制造业对主要下游产业的拉动效应

下游主要相关行业	汽车制造业每增值一元对相关行业带来的增值 / 元	下游主要相关行业	汽车制造业每增值一元对相关行业带来的增值 / 元
运输仓储业	0.1173	金融保险业	0.0384
批发零售业	0.0702	其他服务业	0.1550
住宿餐饮业	0.0287		

拓展知识

什么是汽车产业链？

汽车产业链包括四个方面：

第一是产品的技术，主要是指产品的工程开发；

第二是零部件的采购；

第三是汽车制造厂商；

第四是销售和服务。

有资料表明，汽车业带动100多个相关产业的发展。汽车产业链上游涉及钢铁、机械、橡胶、石化、电子、纺织等行业；下游涉及保险、金融、销售、维修、加油站、餐饮、旅馆等行业。汽车产业链之长是其他产业无法与之比较的。因此，我国多个省份将汽车产业作为支柱产业。

5. 汽车产业是保障就业的重要渠道

由于汽车工业是一种综合性产业，与之生产和经营相关的人员无疑是一个非常庞大的队伍。有些直接相关，如从事汽车生产、销售、管理、供应、配套、科研等方面的人员；有些间接相关，如从事原料、能源、资金、技术、交通、保险、养护、出版等方面的人员。

汽车的大规模生产必然为这些行业提供大量而广泛的就业机会，并且这种机会随着汽车产业的发展和汽车普及率的提高而逐步增多。尤其是汽车工业为上游产业和汽车使用相关服务业创造的就业机会，远远大于汽车生产中提供的就业机会。世界主要汽车生产国的汽车产业及相关产业提供的就业机会约占全国总就业机会的10%～20%。美国及西欧主要国家的汽车产业和汽车相关产业的就业人口占全国总就业人口的比重达14%～20%。据德国汽车工业协会计算，德国汽车产业的直接和间接就业人数达到490万人，占全国总就业人数的16%，其中汽车工业的直接就业人数为67万人，间接就业人数为323万人，汽车产业与间接就业人数之比为1∶6.3。日本汽车产业及相关就业人数为698.5万人，占全国总就业人数的10.8%，其中汽车工业的直接就业人数为88.7万人，间接就业人数为609.7万人，汽车产业与相关产业就业人数之比为1∶6.9。中国存在着大量剩余劳动力，且第三产业不发达，就业矛盾突出，因此汽车产业对于我国多方面扩大就业途径、带动间接就业，特别是服务业就业的增长，具有比其他国家更重要的作用。有专家预测，到2030年，我国汽车相关产业从业人数将达1亿人以上。汽车维修服务人才已成为我国四大紧缺人才之一。

6. 汽车产业推动了科学技术的发展

现代汽车是集声、光、机、电、热、电子、化工、美工于一身的高科技产物，是一种高科技产品，可以说它代表了一个社会科学技术的水平。汽车产业是现代企业科学管理的集中体现，是大批量、高效率、专业化、标准化产业的代表；汽车的开发过程，需要一大批优秀的科技人才，一流的研发设备，开展上千项研究工作，应用最先进的理论、最精确的计算技术、最现代化的设计方法和最完善的测试手段，才能开发出高技术含量的汽车；汽车的制造过程，在冶炼、铸造、锻压、机械加工、焊接、装配、涂装等环节需采用许多一流的制造工艺、一流的制造设备才能保证制造质量；汽车作为机电一体化的高科技产品，其汽车的维修不再是“七分修理，三分诊断”，而是“三分修理，七分诊断”，需要一大批优秀的掌握机电一体化技术的“汽车医生”，还需要先进的故障诊断、检测设备。毫无疑问，汽车工业的发展，将进一步促进科学技术的繁荣，将极大地促进其他行业的发展。例如钢铁业、机械制造业、石油化工业、电子工业等。因此，汽车工业在西方国家被誉为“现代工业之花”、科学技术的“催化剂”。

拓展知识

十八大提出实施创新驱动发展战略，把科技创新摆在了国家发展全局的核心位置，倡导以全球视野谋划和推动创新。可以预见，在未来相当长的一个时期内，中国汽车市场仍将是世界上发展速度最快、发展潜力最大的市场之一。在这个方兴未艾、充满活力的市场上，汽车产业的各大力量都会大有作为，并为汽车产业的发展贡献积极力量。

通过上面的分析，我们可以看出，汽车这一现代化的交通工具对人类生活的影响是相当大的。汽车是改变世界的机器，它既改变了生产，也改变了生活。汽车工业对推进社会进步具有显著的作用，它促进了城市的发展，缩小了城乡差别，改善了人们的生活品质；同时，汽车工业在国民经济中占有十分重要的地位，已经成为一些国家经济的支柱产业，对一个国家的经济发展具有极大的推动作用。

我国属于发展中国家，自从实行改革开放政策以来，加速了工业现代化的进程，1993年确定了汽车工业作为国民经济支柱产业的地位。为满足人们对家用轿车的需求，我国政府耗费巨资，建立了多个轿车生产基地，引进国外先进车型及技术，认真消化吸收，培养自主开发能力，加速国产化。随着汽车消费环境的改善，将会有更多的汽车进入普通家庭，中国人的汽车热，将不断升温。

学习案例

2013年1月22日，在国务院12部委局联合下发的《关于加快推进重点行业企业兼并重组的指导意见》，汽车行业位列九大行业（汽车、钢铁、水泥、船舶、电解铝、稀土、电子信息、医药等）之首。

案例分析

汽车工业到底对国民经济有多大的影响？

以美国几年前的相关数据为例：美国汽车工业可以消耗掉国内天然橡胶产量

的 78%、人造橡胶产量的 49%、机械设备及工具的 40%、铁产量的 25%、玻璃产量的 23%、锌产量的 23%、铝产量的 14%、钢材产量的 11%、铜产量的 10%。

在很多发达国家及发展中国家，汽车产业已成为一个非常重要的支柱产业，在国民经济的发展和社会进步的过程中发挥了举足轻重的作用。发达国家在其工业化过程中，都伴随着汽车产业的高速发展，而伴随着汽车产业的高速发展，国民经济也稳步前进，不断迈上新台阶。

学习单元 3　汽车带来的社会问题

知识目标

了解汽车带来的社会问题。

技能目标

能够通过学习本单元知识，列举出汽车对如今人们社会生活的不利影响。

基础知识

汽车在为人类提供福祉的同时，也给人类的生存造成伤害，给社会带来诸多难以解决的问题。

1. 汽车交通拥堵现象非常严重

汽车保有量之大，使得车辆的停放日益压缩着人们的生活空间。据有关专家测算，社会上每增加一辆轿车，就需要占用道路和停车面积 20m^2。随着汽车的普及化，交通拥堵现象越来越严重，如图 1-9 所示。

2. 汽车交通事故频发

如图 1-10 所示，自汽车问世以来，全世界因车祸丧生的已有 4000 万人，致残的有 4～5 亿人，累计死于汽车车轮下的人数已超过第二次世界大战中的浩劫数。据统计，全世界每年有 60～70 万人丧命于汽车轮下，约 800 万人受伤致残。我国汽车保有量在世界上虽不大，约占世界汽车保有量的 7.5%，但道路交通事故情况非常严重，每年死于交通事故的人数接近美国的 3 倍、日本的 14 倍。为减少交通事故频发率，国家加大交通环境的整治力度，于 2007 年修改了《中华人民共和国道路交通安全法》，又于 2011 年对《中华人民共和国刑法》和《中华人民共和国道路交通安全法》再次进行了修改。随着 2011 年 5 月《中华人民共和国刑法修正案（八）》和修改后的《中华人民共和国道路交通安全法》的正式实施，一场禁止酒驾的风暴席卷神州大地，酒后驾驶行为数量同比大幅下降。相信不久的将来，我国的交通环境将会大大改善，交通事故将有较大幅度下降。

图 1-9 交通拥堵

图 1-10 交通事故

拓展知识

2013 年 12 月 18 日最高人民法院、最高人民检察院、公安部印发《关于办理醉酒驾驶机动车刑事案件适用法律若干问题的通知》。

《中华人民共和国道路交通安全法》规定：

饮酒驾驶机动车辆，罚款 1000 ～ 2000 元、记 12 分并暂扣驾照 6 个月；饮酒驾驶营运机动车，罚款 5000 元，记 12 分，处以 15 日以下拘留，并且 5 年内不得重新获得驾照。

醉酒驾驶机动车辆，吊销驾照，5 年内不得重新获取驾照，经过判决后处以拘役，并处罚金；醉酒驾驶营运机动车辆，吊销驾照，10 年内不得重新获取驾照，终生不得驾驶营运车辆，经过判决后处以拘役，并处罚金。

3. 汽车环境污染严重

如图 1-11 所示，汽油燃烧后排放出的气体，如一氧化碳、碳氢化合物、氮氧化合物、二氧化碳等，被阳光照射后所形成的光化学烟雾使人中毒、窒息和致癌，甚至死亡，由此所带来的全球气候变暖、酸雨现象也是人们无法回避的恶果；近九成汽车存在车内空气甲醛或苯含量超标问题，其中新车车内的空气质量最差，如图 1-12 所示；成千上万辆汽车的发动机轰鸣声、车轮行驶声和喇叭声等又会使我们生活的环境充满噪声。据统计，城市噪声中，交通运输噪声占城市噪声的 75%，而汽车在交通噪声中占了 85%。据调查，受交通噪声影响人口占受环境噪声人口的 60% ～ 70%；受交通噪声影响面积占受环境噪声影响面积的 30% ～ 40%。全国 80% 以上城市的交通干道两侧的噪声超过 72dB（分贝），远超正常环境噪声 40dB。交警夜查噪声污染如图 1-13 所示。

图 1-11 尾气污染

图 1-12 甲醛或苯污染

图 1-13 交警夜查噪声污染

拓展知识

除了文中提到的汽车尾气和汽车噪声外，汽车对环境的影响还表现在以下几个方面：

（1）汽车制造过程中的污染。汽车的塑料铸件中使用氟利昂作为发泡脱沫剂，而氟利昂对臭氧层有破坏作用。另外，铅基涂料会造成铅污染；油漆溶剂的散逸也会造成污染等。

（2）公路、停车场和加油站的影响。公路建设使沿线的植被破坏、水土流失、占用农田耕地等。1998 年，中国公路总长达 128 万千米，这些路网使 4 万平方千米土地丧失农业功能。中国现有耕地 132 万平方千米，仅占国土面积的 13.5%。露天停车场除了占地外，还会改变城市的气流方向和速率，加剧城市的热岛效应。

（3）汽车报废对环境的影响。在车辆拆卸、处理过程中会产生大量固体废弃物、废水、废油等。一方面占用大量土地，另一方面，废机油会随雨水漫流，污染周边环境。

4. 汽车消耗了大量的石油资源

国际能源机构的统计数据表明，世界石油的 57% 被消耗于交通领域。中国每年有 85% 的汽油、20% 的柴油被汽车烧掉。每年平均一辆汽车耗油：中国 2.3t，美国 1.8t，欧盟 1.8t，日本 1.1t。据统计，在美国和一些发达国家，加油站多于我国的邮政信箱，用油如用水。然而，世界性的能源危机已成为人类面临的最紧迫的问题。作为一次性能源的地下石油，其贮藏量随开采量的不断增长而逐渐减少，石油资源枯竭之日已为期不远，如果不节约用油，预计到 2050 年前后，汽车将面临饥饿甚至死亡的威胁。中东战争，海湾战争其多数都是为了石油这一军事战略物资。由此可见，汽车轮子虽小，却转得动大国的政治舞台。

但是无论如何，问题的存在阻止不了人们对汽车的热爱。

现在，汽车的百年历史已经形成了一种深厚的汽车文化（人类在汽车发明、设计、生产和使用过程中所创造的物质财富和精神财富的总和）。汽车既是现代化的交通运输工具，又是一件精美的艺术品。例如，汽车奇美的造型和亮丽的色彩使世界变得多姿多彩，给汽车文化增添了浪漫的情调和遐想的空间，汽车外形的发展是科学技术与艺术的完美结合；世界著名汽车公司对汽车品牌和车标极具匠心的设计，体现了企业的文化和精神，每一个成功品牌的后面都隐含着汽车企业文化和精神的力量，汽车品牌及车标文化构成了汽车文化的重要内容；汽车运动使汽车这一冰冷的钢铁机器充满了柔情蜜意，汽车运动的激烈、惊险、浪漫、刺激，不仅使成千上万的车迷为之痴狂，还使汽车技术日新月异；汽车新技术的发展充分体现了“以人为本，回归自然”的理念，汽车在满足人们对安全性、经济性、舒适性和驾驶乐趣要求的同时，也对人类赖以生存的社会和自然环境给予了充分的关注。

目前，随着汽车的快速发展，越来越多的人更加关注汽车，越来越想了解汽车，关注汽车的品牌，了解汽车的知识和技术，乐于参加各种汽车运动，更不乏众多醉心的车迷和收藏家。进入21世纪以来，汽车已成为21世纪最具代表性的人文景观，也是最具影响力的社会事物，已作为一种文化深深渗透在人们的心中。

综上所述，过去百年，汽车改变了社会，但预计今后百年，社会将会改变汽车。科学家正根据社会的需要不断地改造汽车。随着全球性石油资源的危机，科学家正在研究汽车替代燃料，开发新能源汽车，如天然气汽车、甲醇汽车、电动汽车、混合动力汽车等等。

汽车给我们带来了无穷乐趣，将使我们的生活更加丰富多彩！

学习案例

2013年1月10日以来，连续3天雾霾，空气质量六级污染，致使北京发布了史上首个霾橙色预警。截至13日零时资料显示，全国有33个城市的部分检测站点检测PM2.5数据超过300，即空气质量达到了严重污染，其中河北、北京、山东地区为重度污染区。

1月14日，一位环境专家在接受采访时直言不讳：汽车尾气排放是此次我国雾霾天气污染的罪魁祸首。观点一出，立刻引起了汽车行业人士的一致反驳。

不少人在问，北京乃至中国的空气究竟怎么了？此次雾霾天气究竟是如何形成的，汽车尾气污染到底是不是此次污染的“罪魁祸首”？

案例分析

一般来说，雾与霾是有很大差异的，是两个不同的概念。然而，人们通常把灰霾天气现象并入雾一起作为灾害性天气预警预报，统称为“雾霾天气”。雾，是由大量悬浮在近地面空气中的微小水滴或冰晶组成的气溶胶系统，是近地面层空气中水汽凝结的产物。霾，也称灰霾，主要由空气中的灰尘、硫酸盐、硝酸盐、有机碳氢化合物等粒子导致的大气混浊、视野模糊、能见度恶化等现象。

通常，雾霾是由气象条件、燃煤污染、机动车尾气排放、扬尘以及区域性影响等多重因素叠加造成的。近年来，针对汽车发展实行的限购、限行等限制措施已经让汽车行业承担了太多不该承担的责任。当雾霾天气袭来，汽车行业再次成为众矢之的，甚至被当作“替罪羔羊”，这似乎有点不近情理。汽车尾气排放是大气污染物的主要来源之一这是事实，但将此次大范围雾霾天气的根源全面指向汽车尾气排放缺乏科学依据。

首先，机动车排放并非PM2.5最主要的来源，自然过程也会产生少量PM2.5，如沙尘暴、火山灰、森林火灾、花粉、海盐等。根据专家初步测算，北京市机动车尾气排放形成的 PM2.5 约占总量的 22.2%。

其次，长期以来，煤炭在我国能源消费中的比重占 70% 左右，而清洁能源比重偏低。能源结构不合理、能源利用率低都造成大量的工业燃煤消耗。工业燃煤污染物排放是造成大气污染的最主要原因，也是影响雾霾天气的主要因素。不可否认，汽车尾气排放是大气污染物的主要来源之一，但也绝非导致雾霾天气的“罪魁祸首”。

再次，汽车尾气排放是雾霾形成的重要原因之一，但我们不能忽视国内车用燃油的质量问题。由于车用燃油品质差，国家有关机动车排放标准的实施日期一再推迟。车用燃油品质差、达标油供应不到位严重影响了机动车的正常排放水平，也直接大幅增加了机动车尾气排放量。

最后，还有一些客观和人为因素，也不同程度地加速或加剧了雾霾天气的形成，如冬季燃煤取暖、周围环境影响、其他人为因素等。

所以，轻率地确定汽车是造成严重雾霾天气的“罪魁祸首”是不科学的，也是不公平的。

教学检测

填空题

1. ________被称作第三产业的护车使者。
2. ________已成为世界上融合先进技术最多、结构最复杂、产量最大、最引人注目的一个国际性支柱产业。
3. 汽车作为现代交通工具，它具有________、________的特点。
4. ________在西方国家被誉为“现代工业之花”、科学技术的“催化剂”。

选择题

1. 发明第一辆汽车的是（　）。
   A. 戈特利布·戴姆勒　　B. 卡尔·本茨
   C. 亨利·福特　　D. 威廉·迈巴赫
2. 下列不属于现代交通工具的是（　）。
   A. 火车　　B. 汽车
   C. 飞机　　D. 航天飞机
3. 我国最新《中华人民共和国道路交通安全法》规定，饮酒驾驶，暂扣驾照（　）。
   A. 3 个月　　B. 6 个月
   C. 9 个月　　D. 12 个月
4. 下列不属于汽车排放尾气的是（　）。
   A. 一氧化碳　　B. 碳氢化合物
   C. 甲醛　　D. 氮氧化合物

拓展实训　汽车对人们生活的影响

一、实训目的

通过调查，分析、总结汽车给人们生活带来的影响。

二、实训内容

（1）统计班级里已经考取驾照的同学人数，询问他们为什么要考取驾照；

（2）走访校园内的同学、老师，询问他们对汽车的看法，调查汽车给他们带来哪些便捷，同时又带来哪些烦恼；

（3）通过分析人们对考驾照的态度，以及对汽车好与坏的看法，总结汽车对人们生活带来的影响。

三、实训结果

四、总结分析

五、教师评分

学习情境二

认识汽车

情境导入

小岩刚从学校毕业，以前对汽车不感兴趣，对汽车不是很了解，可是他现在的工作与汽车相关，平时身边的朋友、同事总是在谈论与汽车相关的话题，所以他决定认真了解一下汽车。

学习导航

要认识汽车，需要掌握的相关知识有：

1. 了解汽车的概念与分类；
2. 了解车辆识别代码（VIN 编码）与汽车铭牌；
3. 了解汽车的组成与行驶原理；
4. 初步掌握汽车总体结构；
5. 会利用互联网查汽车的相关信息；
6. 能根据汽车产品型号对汽车进行分类。

学习单元 1　汽车概述

知识目标

了解汽车的概念、汽车的主要分类、汽车的铭牌。

技能目标

通过学习，能够掌握汽车的概念，明确汽车的主要特征，掌握汽车的分类方法、辨别汽车铭牌上各代号的表示内容。

基础知识

一、汽车的概念

提到汽车，无人不知无人不晓，但给汽车下个准确的定义很不容易。汽车在英文中的写法为“Automobile”，是由“Auto（自动）”和“Mobile（可移动的）”构成的。这就是“Automobile（汽车）”的来历，其意思是自己会动的，即自动车。这样定义汽车概念并不确切，汽车的产生与发展经历了100多年的历史，不同时期的汽车有着不同的结构特点，其种类和用途也越来越多、越来越广。汽车与其他相似机械相比有一定区别，在汽车定义中，不应完全涵盖相似机械的所有特点。

1. 汽车的概念

汽车的概念与科学技术发展有着密切的联系，在不同的国家、不同的时期其含义不同。蒸汽汽车是世界上最早的汽车。以内燃机作动力源，装备齐全、性能较高的现代汽车的出现距今才一百多年，其所表现出来的优良性能淘汰了蒸汽汽车和蓄电池汽车。因此，通常人们常说的汽车一般都是指内燃机汽车。但从广义上讲，汽车应包括蒸汽汽车、电动汽车、内燃机汽车和其他燃料汽车。

美国汽车工程师学会标准SAE J 687C中对汽车是这样定义的：由本身动力驱动，装有驾驶装置，能在固定轨道以外的道路或地域上运送客货或牵引车辆的车辆。日本工业标准JIS K 0101中对汽车的定义是：自身装有发动机和操纵装置，不依靠固定轨道和架线能在陆地上行驶的车辆。以上两种定义的汽车范围都比我国的汽车定义广，它们可以包括二轮摩托车，接近于我国道路机动车所指范围。

2. 我国的汽车概念

按照国家标准GB/T 3730.1—2001，我国对汽车的定义为：由动力驱动，具有四个或四个以上车轮的非轨道承载的车辆，主要用于载运人员和/或货物、牵引载运人员和/或货物的车辆及其他特殊用途。本术语还包括：与电力线相联的车辆，如无轨电车；整车装备超过400kg的三轮车。

3. 我国的汽车的特征

（1）自身装有动力装置且依靠动力装置驱动运行。

（2）具有四个或四个以上车轮，但车轮不得依靠轨道运行。

（3）动力能源不得在运行途中依靠地面轨道，但可以由架线取得。

（4）车辆的主要用途是载送人员或货物，或其他特殊用途。但一般不包括自行式作业机械。

拓展知识

按照汽车的上述定义，我国二轮摩托车和小型三轮车不属于汽车的范畴。不带动力装置的全挂车和半挂车也不能算汽车，但是它们可与牵引车组合成汽车，至于一些从事特别作业的自走式轮式机械（如轮式推土机等）和主要从事农田作业的轮式拖拉机等，虽然也具有汽车的某些特征，但由于主要用途不是运输，因此不将其列入汽车的范畴。

二、汽车的类型

汽车自产生发展至今，各种形式、牌号及用途数不胜数，为了便于叙述和研究，站在不同的角度出现了多种汽车分类法，不同的分类法反映了汽车的不同属性。

我国自加入 WTO 后，汽车工业融入全球市场一体化的进程加快。原有的汽车分类标准已经不能适应汽车工业的发展。2001 年，我国颁布了 GB/T 3730.1—2001，此标准主要作为一般概念统计、牌照、保险、政府政策及管理的依据。国家标准 GB/T 3730.1—2001 在按用途划分的基础上，将作为私人代步工具的车辆和公务及商业经营的运输车辆分成两大类，建立了乘用车和商用车辆概念。

（一）乘用车

乘用车是指在其设计和技术特性上主要用于载运乘客及其随身行李或临时物品的汽车，包括驾驶员座位在内最多不超过 9 个座位。它也可以牵引一辆挂车。乘用车涵盖轿车、微型客车以及不超过 9 座的轻型客车，又可分为以下 11 小类：

1. 普通乘用车

普通乘用车如图 2-1 所示，有如下特点：

（1）车身为封闭式。

（2）车顶（顶盖）为固定式硬顶，有的顶盖一部分可以开启。

（3）4 个或 4 个以上座位分两排或两排以上排列，后座椅可以折叠或移动，以形成装载空间。

（4）具有 2 个或 4 个侧门，可有一扇后开启门。

2. 小型乘用车

小型乘用车如图 2-2 所示，有如下特点：

（1）两个或两个以上座位分一排或一排以上排列。

（2）车顶为固定式硬顶，有的顶盖一部分可以开启。

（3）车身为封闭式，通常后部空间较小。

（4）具有 2 个侧门，也可有一个后开启门，有 2 个或 2 个以上侧窗。

图 2–1 普通乘用车

图 2–2 小型乘用车

3. 高级乘用车

高级乘用车如图 2–3 所示，有如下特点：

（1）4 个或 4 个以上座位分两排或两排以上排列，前、后座椅之间可以设有隔板，后排座椅前可安装折叠式座椅。

（2）车顶为固定式硬顶，有的顶盖一部分可以开启。

（3）车身为封闭式。

（4）具有 4 个或 6 个侧门，也可有一个后开启门，有 6 个或 6 个以上侧窗。

4. 活顶乘用车

活顶乘用车如图 2–4 所示，有如下特点：

（1）4 个或 4 个以上座位分两排或两排以上排列。

（2）车顶（顶盖）为硬顶或软顶，至少有两个位置（一个封闭，一个可开启或拆除），可开启式车身可以通过使用一个或数个硬顶部件或合拢软顶将开启的主身关闭。

（3）车身为具有固定侧围框架的可开启式车身。

（4）具有 2 个或 4 个侧门，侧窗为 4 个或 4 个以上。

图 2–3 高级乘用车

图 2–4 活顶乘用车

5. 敞篷车

敞篷车如图 2–5 所示，有如下特点：

（1）车身为开启式。

（2）车顶为软顶或硬顶，至少有两个位置，第一个位置遮覆车身，第二个位置车顶卷收或可拆除。

（3）2 个或 2 个以上座位分一排或一排以上排列。

（4）具有 2 个或 4 个侧门，有 2 个或 2 个以上侧窗。

6. 仓背乘用车

仓背乘用车如图 2–6 所示，有如下特点：

（1）车身为封闭式，侧窗中柱可有可无。

（2）车顶为固定式硬顶，有的顶盖一部分可以开启。

（3）4 个或 4 个以上座位分两排或两排以上排列，后座椅可折叠或移动，以形成一个装载空间。

（4）具有 2 个或 4 个侧门，车身后部有一个仓门。

图 2–5 敞篷车

图 2–6 仓背乘用车

7. 旅行车

旅行车如图 2–7 所示，有如下特点：

（1）车身为封闭式，车尾外形可提供较大的内部空间。

（2）车顶为固定式硬顶，有的顶盖一部分可以开启。

（3）4 个或 4 个以上座位分两排或两排以上排列，座椅的一排或多排可拆除，或装有向前翻倒的座椅靠背，以提供装载平台。

（4）具有 2 个或 4 个侧门，并有一个后开启门，有 4 个或 4 个以上侧窗。

8. 多用途乘用车

多用途乘用车如图 2–8 所示，有如下特点：

（1）除驾驶员以外的座位数不超过 6 个（只要车辆具有可以使用的座椅安装点，就应算“座位”存在）。

（2）$P-(M+N\times 68)>N\times 68$

式中，P——最大设计总质量；

M——整车装备质量与 1 位驾驶员质量之和；

N——除驾驶员以外的座位数。

图 2–7 旅行车

图 2–8 多用途乘用车

9. 短头乘用车

短头乘用车如图 2–9 所示。短头乘用车的一个显著特点是其发动机长度有 1/2 以上位于车辆前风窗玻璃最前点以后，且方向盘的中心位于车辆总长的前 1/4 部分内。

10. 越野乘用车

越野乘用车如图 2–10 所示，是指所有车轮可以同时驱动（包括一个驱动轴可以脱开）的车辆，或指反映其通过性的参数（接近角、离去角、纵向通过角及最小离地间隙）、技术特性（驱动轴数、差速锁止机构或其他形式的机构）和其他性能（如动力性能）允许在非道路上行驶的一种乘用车。

图 2–9 短头乘用车

图 2–10 越野乘用车

11. 专用乘用车

专用乘用车是指为某一专门用途而设计的车辆，如旅居车、消防车、救护车及农用汽车等。它的种类繁多，功能专用，结构各异。大多数专用乘用车是在某一汽车底盘上装设不同的专用设备而形成的。

（1）旅居车：是一种至少具有座椅和桌子；睡具，可由座椅转换而来；炊事设施；储藏设施等设施结构的乘用车。

（2）消防车：是指装有灭火装置、用于灭火的乘用车。

（3）救护车：是指用于运送病人或伤员并为此目的配有专用设备的乘用车。

（4）农用汽车：是指专门用来进行农田作业和农业运输的车辆。农用车大都采用柴油机为动力，底盘较低，以便于装卸货物，离地间隙较大，以提高田间作业时的通过能力，适合田间作业。

拓展知识

概念汽车（Concept Car）是汽车制造厂家在车展会上推出的，以体现超前设计思想和水平的样车。概念汽车主要用以展现制造厂家雄厚的科研和新产品开发能力，同时也起“引导消费”的作用。

（二）商用车辆

商用车辆是指在设计和技术特性上用于运送人员和货物的汽车，并且可以牵引挂车。乘用车不包括在内。商用车可分为客车、货车和半挂牵引车三大类。

1. 客车

客车是指用于载运乘客及其随身行李的商用车辆。客车的座位（包括驾驶员座位）

数一般超过 9 个。

客车可分为以下 8 小类：

（1）小型客车：如图 2-11 所示，是指除驾驶员座位外，座位数不超过 16 个的客车。

（2）城市客车：如图 2-12 所示，是一种专门为城市内运输而设计的客车。这种车辆设有座椅及乘客站立的位置，并有足够的空间供频繁停站时乘客上下车走动用。

图 2-11 小型客车

图 2-12 城市客车

（3）长途客车：如图 2-13 所示，是一种为城市间运输而设计的客车，不设乘客站立位置，但在其通道内可载运短途站立的乘客。

（4）旅游客车：如图 2-14 所示，是一种为旅游而设计的客车。这种车辆的布置要确保乘客的舒适性，一般不载运站立的乘客。

图 2-13 长途客车

图 2-14 旅游客车

（5）铰接客车：如图 2-15 所示，是一种由两节刚性车厢铰接组成的客车。两节车厢是相通的，乘客可在两节车厢之间自由走动。

（6）无轨电车：如图 2-16 所示，是一种经架线由电力驱动的客车。

图 2-15 铰接客车

图 2-16 无轨电车

（7）越野客车：是指所有车轮可同时驱动，允许在非道路上行驶的一种客车。

（8）专用客车：是指在设计和技术上经过特殊处理后才能载运人员的车辆。如残疾人轮椅专用客车、运动会接待专用客车等。

2. 货车

一种通常采取发动机前置后轮驱动的，主要为运载货物而设计的商用车辆。货车可以分为以下 7 小类：

（1）普通货车：是一种在敞开（平板式）或封闭（厢式）载货空间内载运货物的货车，如图 2-17 所示。

（2）多用途货车：是指在设计和结构上主要用于载运货物的车辆，在驾驶员座椅后带有固定或折叠式座椅，可运载 3 名以上乘客的货车，如图 2-18 所示。

图 2-17 普通货车

图 2-18 多用途货车

（3）全挂牵引车：是一种牵引杆式挂车的货车，它本身可在附属的载运平台上运载货物。

（4）越野货车：是指在设计上所有车轮可以同时驱动，允许其在非道路上行驶的货车，如图 2-19 所示。

（5）专用作业车：是指在设计和技术上用于特殊工作的货车。救险车、垃圾车、应急车及清洁车等均属于专用作业车。

图 2-19 越野货车

（6）专用货车：是指运输特殊物品的货车（如罐式车、乘用车运输车、集装箱运输车等）。集装箱运输车、罐式车分别如图 2-20、图 2-21 所示。

图 2-20 集装箱运输车

图 2-21 罐式车

3. 半挂牵引车

半挂牵引车是指装备有特殊装置用于半挂车的商用车辆。

三、汽车的铭牌

各国政府为更好地管理机动车辆，强制性地规定在汽车上使用汽车产品型号。有产品型号就可以使用计算机对车辆进行检索、跟踪管理，这在处理交通事故、开展交通事故保险赔偿、破获车辆盗窃案件等方面发挥了重要作用。各国政府都制定了这方面的专门技术法规，强制要求汽车厂在汽车上使用汽车产品型号。

汽车产品型号是指汽车上安装的一块标牌上的一组罗马字母和阿拉伯数字组，每一位符号代表着某一方面的信息。各国对汽车型号的制定方法既有相同之处又各有差异。

我国汽车的产品型号由企业名称代号、车辆类别代号、主参数代号、产品序号组成（必要时可附加企业自定代号）。代号排列顺序如图 2-22 所示：

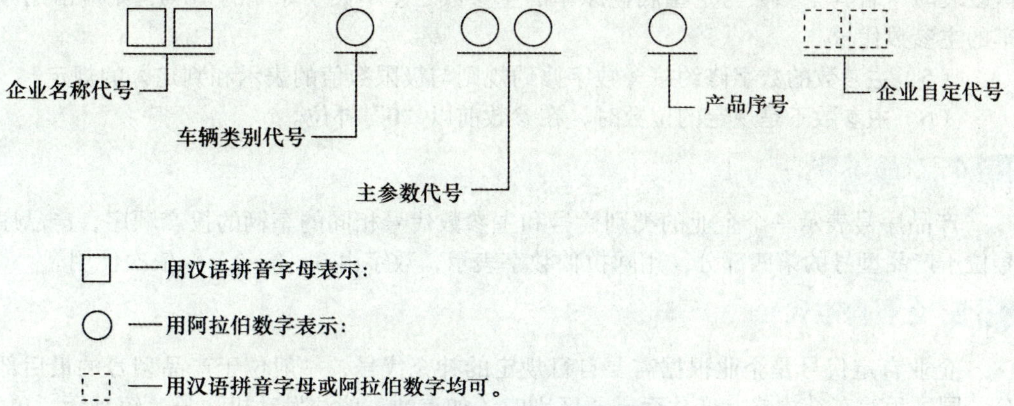

图 2-22 我国汽车的产品型号

各种代号的意义及规定如下：

1. 企业名称代号

企业名称代号是识别车辆制造企业的代号，位于产品型号的第一部分，用代表企业名称的两个或三个汉语拼音字母表示。如 CA：长春一汽；EQ：第二汽车；FV：一汽大众；SGM：上海通用；SVW：上海大众；DC：东风雪铁龙；HG：广州本田；CAF：长安福特；XMQ：厦门汽车（金龙）等。

2. 车辆类别代号

车辆类别代号是表明车辆附属分类的代号，位于产品型号的第二部分。按表 2-1 的规定，用一位阿拉伯数字表示。

表 2-1 车辆类别及代号

车辆类别代号	车辆种类	车辆类别代号	车辆种类	车辆类别代号	车辆种类
1	载货汽车	4	牵引汽车	7	轿车
2	越野汽车	5	专用汽车	8	—
3	自卸汽车	6	客车	9	半挂车及专用半挂车

3. 主参数代号

主参数代号是表明车辆主要特性的代号，各类汽车的主参数代号位于产品型号的第三部分，按下列规定用两位阿拉伯数字表示。

（1）载货汽车、越野汽车、自卸汽车、牵引汽车、专用汽车与半挂车的主参数代号为车辆的总质量（t）。当总质量在 100t 以上时，允许用三位数字表示。

（2）客车的主参数代号为车辆长度（m）。当车辆长度小于 10m 时，应精确到小数点后一位，并以长度（m）值的 10 倍数值表示。

（3）轿车的主参数代号为发动机排量（L）。应精确到小数点后一位，并以其值的 10 倍数值表示。

（4）专用汽车及专用半挂车的主参数代号在采用定型汽车底盘或定型半挂车底盘改装时，若其主参数与定型底盘原车的主参数之差不大于原车的 10%，则应沿用原车的主参数代号。

（5）主参数的数字修约按《数字修约规则与极限数值的表示和判定》的规定。

（6）主参数不是规定的位数时，在参数前以“0”补位。

4. 产品序号

产品序号表示一个企业的类别代号和主参数代号相同的车辆的投产顺序，产品序号位于产品型号的第四部分，用阿拉伯数字表示，数字由 0，1，2，…依次使用。

5. 企业自定代号

企业自定代号是企业根据需要自行规定的补充代号，一般位于产品型号的最后部分。同一种汽车结构略有变化而需要区别时（如汽油、柴油发动机，长、短轴距，单、双排座驾驶室，平、凸头驾驶室，左、右置转向盘等），可用汉语拼音字母或者阿拉伯数字表示，位数也由企业自定。供用户选择的零部件（如暖风装置、收音机、地毯、绞盘等）不属结构特征变化，应不予企业自定代号。

编制型号举例：

［例 1］CA1091 是中国第一汽车制造厂生产的第二代载货汽车，总质量为 9310kg。

［例 2］EQ2080 是中国第二汽车制造厂生产的越野汽车，总质量为 7720kg。

［例 3］SH3600 是中国上海重型汽车厂生产的第一代自卸汽车，总质量为 59538kg。

［例4］HY4300 是中国汉阳特种汽车制造厂生产的第一代公路上行驶的牵引汽车，总质量为 30000kg。

［例 5］TJ6481 是中国天津客车厂生产的第二代车长为 4750mm 的客车。

［例 6］SC7081C 是中国长安铃木汽车制造厂生产的第二代奥拓快乐王子，发动机排量为 0.796L 及 0.8L。

了解我国汽车产品型号的编制方法后，我们还应知道产品型号在车上的位置，我国汽车的识别号一般印在汽车的尾部，很直观，也有在汽车侧面的。

拓展知识

看出厂铭牌，确保车辆的排量和生产日期等信息，再看铭牌是否有拧过的痕迹和划伤，因为许多车的出场铭牌装在不易撞到的地方，一旦动过，就要好好看看这辆车了。再有就是看看行驶本上的登记日期，一般都在出厂日期后。如果两个日期相差太远，表明这辆车是积压车，那就要好好看看车况了。

学习案例

除了上述国家标准中对汽车类型的划分，日常生活中，人们还经常使用 ABCD 等级来对小型乘用车进行划分。那么到底什么是 A 类车、B 类车和 C 类车？各有何优势特点？各有哪些典型车例？

案例分析

A00、A0、A、B、C、D、F 级车分别对应微型车、小型车、紧凑级车、中型车、中大型车、豪华车、赛车，来源于德国汽车界对于汽车级别的划分，主要划分依据是轴距以及发动机排量，但是具体不一定适合。下面是最近比较公认的分级标准。

（1）A00 级，微型车。一般是指轴距在 2m ～ 2.2m 之间，排量一般小于等于 1.0L 的车型。

优势就是体积小、油耗低；缺点就是空间小，舒适度低。在欧洲较窄的街道较为流行，而在国内则是因为价格低廉，成为许多年轻家庭的第一辆车的首选。

常见车型就是 SMART FORWO、铃木奥拓、奇瑞 QQ、比亚迪 F0 等等。

（2）A0 级，小型车。一般指轴距在 2.2m ～ 2.3m 之间，排量在 1.0L ～ 1.5L 之间的车型。

优势就是油耗低，经济实惠；缺点就是动力较弱，一般作为三口之家代步使用。

代表车型为本田飞度、大众 POLO、铃木雨燕、奇瑞风云 2 等等。

（3）A 级车，紧凑型车。一般指轴距在 2.4m ～ 2.7m 之间，车长在 4.2m ～ 4.6m 之间，排量在 1.6L ～ 2.0L 之间的车型。

车型大小、空间、经济性综合来看最适合家用，是市场最热门的车型，也是国内外市场销售的主力车型。

常见车型为大众高尔夫、丰田卡罗拉、福特福克斯等等。

（4）B 级车，中型车。一般指轴距在 2.7m ～ 2.8m 之间，排量在 1.8L ～ 2.4L 之间的车型。

宜家宜商，空间优秀，动力充沛，是中产阶级的首选。

常见车型为大众帕萨特、丰田凯美瑞、本田雅阁、日产天籁等等。

（5）C 级车，中大型车。一般指轴距在 2.8m ～ 2.9m 之间，车长一般在 5m 左右，排量在 2.5L ～ 3.0L 之间的车型。

中大型车一般是商用、政用的首选，价格相对豪华车较低，空间也足够。

常见车型为奥迪 A6、宝马 5 系、奔驰 E 级、丰田皇冠、别克君越、林荫大道等等。

（6）D 级车，豪华车。一般指轴距大于 2.8m，价格在百万以上的大型车。

外形霸气，空间巨大，动力充足，一般看作是体现身份、地位的象征。

常见车型为奔驰 S 级、宝马 7 系、奥迪 A8、劳斯莱斯全系、宾利全系等等。

目前汽车分级没有太过严格的规定，厂家宣传也是“以大为美”，跨级别地宣传，消费者应擦亮眼睛。由于涡轮增压发动机的普及，排量有越来越低的趋势，因此单纯地按排量来划分级别已经不够严谨。而受 A+ 级车与各级别车型轴距加长风的影响，轴距也变得跨级别起来。

学习单元 2　车辆识别代码（VIN 编码）

知识目标

了解、认识车辆识别代码。

技能目标

通过学习，能够认识车辆识别代码的意义与作用，掌握识别代码的表示方法。

基础知识

1. 车辆识别代号（VIN）编码的意义和作用

现在世界各国汽车公司生产的汽车都使用了 VIN （Vehicle Identification Number，车辆识别代号）编码。VIN（车辆识别代号）由一组字母和阿拉伯数字组成，共 17 位，又称 17 位识别代号编码，分为三部分：第一部分为世界制造厂识别代号 WMI（World Manufacturer Identifier），第二部分为车辆说明部分 VDS（Vehicle Descriptor Section），第三部分为车辆指示部分 VIS（Vehicle Indicator Section）。如图 2-23 所示。

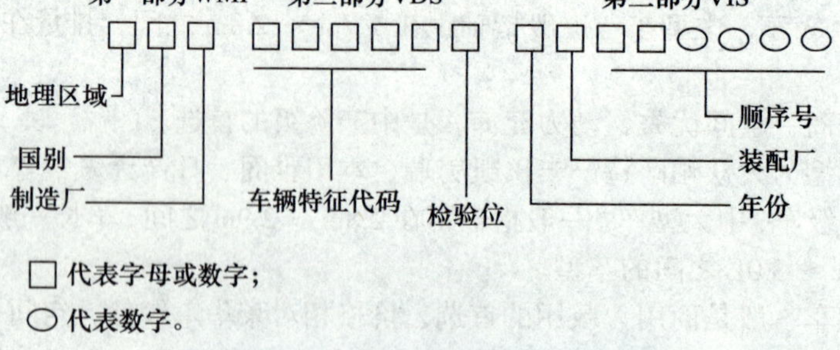

图 2-23 车辆识别代号（VIN）顺序图

VIN 的每位代码代表着汽车的某一方面信息参数，它是识别一辆汽车不可缺少的工具。按照识别代号编码顺序，从 VIN 中可以识别出该车的生产国家、制造公司或生产厂家、车辆类型、品牌名称、车型系列、车身形式、发动机型号、车型年款（属哪年生产的年款型车）、安全防护装置型号、检验数字、装配工厂名称和出厂顺序号码等。

17 位代号编码经过排列组合的结果可以使车型生产在三十年之内不会发生重号现象，就像我们的身份证号码不会产生重号一样，故又被称为汽车身份证。因为现在生产的汽车车型使用年限在逐渐缩短，一般 8 ～ 12 年就淘汰而不再生产，所以 17 位识别代号编码已足够应用。

各国政府及各汽车公司对本国或本公司生产的汽车的 17 位识别代号编码都有具体规定。各国的技术法规一般只规定车辆识别代号的基本要求，如其应由 17 位代号编码组成，字母和数字的尺寸、书写形式、排列位置和安装位置都有相应规定等，除对个别符号的含义有硬性规定外，其他不作硬性规定，而由生产厂家自行规定其代表的含义。各国有关车辆识别代号的技术法规各有差异，也有共同之处，如美国规定车辆识别代号的第九位必须是工厂检查数字，而 EEC（欧洲共同体）指令将 17 位代号编码分成三组（VMI、VDS、VIS），只对每一组的含义范围作了规定。

汽车研究及管理部门也有相应规定的标准，各国机动车辆管理部门办理牌照时可以将其输入计算机存储，以备需要时调用，如处理交通事故、保险索赔、查获被监车辆、报案等。有的国家规定没有 17 位识别代号编码的汽车不准进口，有的国家客户在买车时没有 17 位识别代号编码就不购买，因此没有 VIN 识别代号编码的汽车是卖不出去的。

由于汽车修理逐步实行计算机管理和故障分析诊断，在各种测试仪表和维修设备中都存储有 17 位识别代号编码的数据，以作为修理的依据。17 位识别代号编码在汽车配件经营管理上也起着重要作用，在查找零件目录中汽车零件号之前，首先要确认 17 位识别代号编码的车型年款，否则会产生误购、错装等现象。

利用 VIN 数据规定还可以鉴别出拼装车、走私车，因为拼装的进口汽车一般是不按 VIN 规定进行组装的。

随着车型年款的不同和汽车销往国家的不同，VIN 规定会有所不同。有的按公司各车分部进行规定（如美国 GM）；有的直接按系列车型或车名进行（如日本雷克萨斯汽车）。在实际应用中，一般要由两种 VIN 规定才可验证出一辆车的型号和车型参数，因此，大量积累这方面的资料具有重要意义。

2. VIN 编码的位置

VIN 编码一般以标牌的形式装贴在汽车的不同部位。不少车型位于车辆的前半部分、易于看到且能防止磨损或替换的位置。美国规定应安装在仪表板左侧。如图 2-24 所示，在车外透过挡风玻璃可以清楚地看到而便于检查，而 EEC 规定识别代码编码应安装在汽车右侧的底盘车架上或标写在厂家铭牌上等。欧盟和日本的车型一般在车内暗处，中国轿车一般在仪表板左侧、挡风玻璃下边。字码高度一般至少为 7mm，其他情况至少为 4mm。

VIN 识别代号的位置各大汽车厂不完全一样，一般在左挡风仪表盘上、门柱上、防火墙上、发动机、车架等大部件上、左侧轮罩内、转向柱上、散热器支架上、发动机前部的加工垫上等。

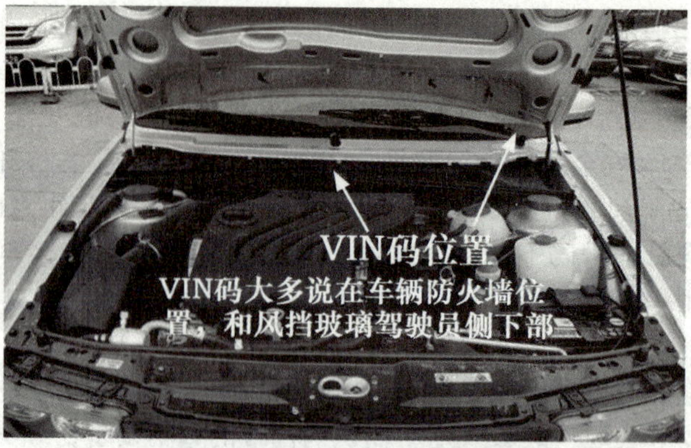

图 2-24 VIN 识别代号编码位置

3. 车辆识别代号（VIN）编码举例说明

（1）美国通用汽车公司（GM）Buick Century 别克世纪牌汽车 2003 年 VIN:

2	G	4	W	B	5	2	K	0	3	Z	4	0	0	0	0	1
1	2	3	4	5	6	7	8	9	10	11	12	13	14	15	16	17

第 1 位：汽车生产国家代码，2—— 加拿大。

第 2 位：生产厂家代码，G—— 通用汽车公司。

第 3 位：制造厂家代码，4—— 别克汽车分部。

第 4～5 位：汽车品牌 / 系列代码，W / B ——Regal（君威），W / F ——Regal（君威 LS），W / S ——Century Custom（世纪牌特制型），W / Y ——Century Limited（世纪牌顶级型）。

第 6 位：车身形式代码，5—— 四门轿车（G69）（通用 69 型车身）。

第 7 位：安全防护系统代码，2—— 主动式（手动）安全带，带有驾驶员和乘客的安全气囊（前部）。

第 8 位：发动机型号代码，K ——MFI，L36，3.8L。

第 9 位：TF 检验数字代码，0～9 或 X。

第 10 位：汽车生产年型年款代码，3——2003 年。

第 11 位：总装生产工厂代码。

第 12～17 位：生产顺序号数字。

（2）中国第一汽车集团公司轿车 VIN 码内容含义及编制规则：

L	F	P	H	5	A	B	A	2	W	8	0	0	4	3	2	1
1	2	3	4	5	6	7	8	9	10	11	12	13	14	15	16	17

第 1～3 位代码：生产国别、制造厂商和车型类型，具体如下：

LFW—— 载货汽车	LFD—— 备用	LFB—— 客车
LFV—— 轿车（一汽大众公司生产）	LFN—— 非完整车辆	LFT—— 挂车
LFP—— 轿车	LFM—— 多用途乘用车	LFS—— 特种车

注：①载货越野、自卸车、半挂牵引车及客货厢式车均属载货汽车。

②吉普车（包括越野、非越野式）属轿车类。

③用客车改装的客货两用车属客车类。

④汽车型号中车辆类别代号为 5 的车辆属特种车，但客货厢式及轿车车身的车辆

除外，客货厢式车属载货汽车。轿车车身的车辆属轿车。

⑤ L 表示中国。F——First，P——Passenger，W——Works，B——Bus，N——Non_complete，M——M.P.V，S——Special，T——Trailer，V——V.W.（一汽大众轿车）。

第 4 位代码：车辆品牌。具体如下：

J——解放　H——红旗　A——环都　B——罗福　G——长白山　X——雄风
D——德力　E——凤凰　F——先锋　G——星光　K——远达　N——蓝箭
L——吉林　M——红塔　P——蓬翔　R——西南五十铃　U——凌河
S——四环　T——太湖　Y——远征　Z——中南海

第 5 位代码：发动机排量。具体如下：

1——小于等于 1L　2——1.1 ～ 1.3L　3——1.4 ～ 1.6L
4——1.7 ～ 2.0L　5——2.1 ～ 2.5L　6——2.6 ～ 3.0L
7——3.1 ～ 3.5L　8——3.6 ～ 4.0L　A——4.1 ～ 4.5L
B——4.6 ～ 5.0L　C——大于 5.0L

第 6 位代码：发动机类型及驱动形式。具体如下：

A——汽油机，前置，前轮驱动　B——汽油机，前置，后轮驱动
C——汽油机，前置，全轮驱动　D——汽油机，后置，前轮驱动
E——汽油机，后置，后轮驱动　F——汽油机，后置，全轮驱动
1——柴油机，前置，前轮驱动　2——柴油机，前置，后轮驱动
3——柴油机，前置，全轮驱动　4——柴油机，后置，前轮驱动
5——柴油机，后置，后轮驱动　6——柴油机，后置，全轮驱动

第 7 位代码：车身型式。具体如下：

A——二门折背式　B——四门折背式　C——六门折背式　D——二门直背式
E——四门直背式　F——六门直背式　G——二门舱背式　H——四门舱背式
J——六门舱背式　K——二门短背式　L——四门短背式　M——六门短背式
N——二门敞篷车　P——四门敞篷车　R——六门敞篷车　S——检阅车

第 8 位代码：安全保护装置。具体如下：

A——手动安全带　B——手动安全带，驾驶人气囊
C——手动安全带，驾驶人气囊及乘员气囊　1——自动安全带
2 ——自动安全带，驾驶人气囊
3——自动安全带，驾驶人气囊及乘员气囊

第 9 位代码：工厂检验数字。用数字 0 ～ 9 或 X 表示。

第 10 位代码：生产车款年型（生产年份）。具体如下：

2——2002　3——2003　4——2004　5——2005
6——2006　7——2007　8——2008　9——2009
A——2010　B——2011　C——2012　D——2013
E——2014　F——2015

第 11 位代码：生产装配工厂。具体如下：

1——总装配厂　2——变型车厂
3——专用车厂　4——客车底盘厂
5——汽研中实厂　6——汽研中实改装厂
7——汽研联合改装车厂　8——第一轿车厂

9——第二轿车厂
0——重型车厂
A——青岛汽车厂
B——顺德汽车厂
C——长春轻型车厂
D——大连客车厂
E——成都汽车厂
F——延边汽车厂
G——一汽三友汽车制造有限公司
H——哈尔滨轻型车厂
J——吉林轻型车厂
K——凌源汽车制造有限公司
L——柳州特种车厂
M——芜湖一汽扬子汽车厂
N——一汽北京汽车制造有限责任公司
P——四平专用车厂
R——山东汽车改装厂
S——一汽四环股份公司机动车厂
T——红塔云南汽车制造有限公司
W——无锡汽车厂
X——无锡柴油机厂
Z——四川专用车厂

第 12 ～ 17 位代码：工厂生产顺序号。

拓展知识

VIN 基本要求：

（1）每一辆汽车、挂车、摩托车和轻便摩托车都必须有车辆识别代号。

（2）在三十年内生产的任何车辆的识别码不得相同。

（3）车辆识别代号应尽量位于车辆的前半部分、易于看到且能防止磨损或替换的部位。

（4）9 人座或 9 人座以下的车辆和最大总质量小于或等于 3.5t 的载货汽车的车辆识别代号应位于仪表板上，在白天日光照射下，观察者不需移动任一部件从车外即可分辨车辆识别代号。

（5）每辆车的车辆识别代号应表示在车辆部件上（玻璃除外），该部件除修理以外是不可拆的；车辆识别代号也可以表示在永久性地固定在上述车辆部件上的一块标牌上，此标牌不损坏则不能拆掉。如果制造厂愿意，允许在一辆车上同时采取以上两种表示方法。

（6）车辆识别代号的字码在任何情况下都应是字迹清楚，坚固耐久和不易替换的。

（7）车辆识别代号的字码高度：若直接打印在汽车和挂车（车架、车身等部件）上，至少应为 7mm 高；其他情况至少应为 4mm 高。

学习案例

如何利用汽车的身份证——车辆识别码挑选二手车？

案例分析

车辆的识别码其实相当于车辆的“身份证”，每款车型都有一个不同的识别码，它们由字母和数字组成，通过汽车的识别码，我们可以直接看出车辆的国别、生产时间、型号等信息。虽然车辆识别码有 17 位数字组成，不过对于二手车而言，只有两位才是最关键的，只要记住这两位，那么对于一些潜在问题就可以很好地分析。首先，要记住的是首位编码，首位编码代表制造商，也就是哪个国家生产的（1 代表美国、L 代表中国、V 代表法国、W 代表德国、K 代表韩国等等），比如：我们买一辆德国的原装进口车，如果车辆识别码是 W，那就说明车辆没问题，如果是别的数字，那么就要小心了，有可能车架号重新打过，或有一些其他问题。除了首字母，还需记住的是第 10 位编码，它代表出厂时间，比如：一款不错的老车，登记证是 2002 年，但车辆识别码第 10 位是 W，那么就说明这辆是 1998 年生产的，属于积压已久的库存车，那么我们购买的时候心里就更有谱了。对于一些新车而言，我们同样可以根据这些判断是不是库存车。车辆识别码大多在非常明显的位置，比如：前挡风玻璃左下角（驾驶员侧），通过这些地方我们很容易发现车辆的识别码，也有一些车型比较特殊，车辆识别码在别的地方，比如：标致 307 的车辆识别（VIN）码除挡风玻璃下外，在车辆铭牌和右前减震器上部的车身上也能找到，而有的车型车辆识别（VIN）码则在尾箱，或其他一些地方。所以，无论是挑选二手车还是新车，车辆识别码对我们挑车都起着参考作用，尤其是首位编码和第 10 位编码，它们可以直接反映车辆的国别和生产时间。有了这些基础知识，在挑选车辆时，可以直接看出车辆的具体信息，尤其对于一些二手车而言，车辆识别编码反映的车辆信息更有参考意义。

学习单元 3　汽车的组成、行驶原理和总体构造

知识目标

了解汽车的组成及行驶原理，了解汽车总体构造。

技能目标

通过学习，能够掌握汽车的基本组成部分，明确汽车的基本行驶原理，能够掌握汽车的各个部件的名称及功能。

基础知识

一、汽车的基本组成

现代汽车是由上万个零件装配而成，用途与结构各异，但就整体构造而言，包括四大组成部分，即发动机、底盘、电气设备和车身。

1. 发动机

如图 2-25 所示，发动机是汽车的动力装置。它是通过可燃混合气体在气缸内燃烧膨胀产生压力，推动活塞运动并通过连杆使曲轴旋转来对外输出功率的。汽油机主要包括两大机构和五大系统，即曲柄连杆机构、配气机构、燃料供给系统、冷却系统、

润滑系统、点火系统和启动系统。

2. 汽车底盘

如图 2–26 所示，汽车底盘主要是用来支撑车身，承接发动机的动力，使汽车产生运动，并使汽车按照驾驶员的操纵正常行驶。汽车底盘由传动系统、行驶系统、转向系统和制动系统组成。

图 2–25 发动机

图 2–26 底盘

3. 车身

车身用于为驾驶员提供方便的操作条件、为乘客提供舒适安全的环境或保证货物的安全。典型的货车车身包括车前级制件、驾驶室等部件。其他专用车辆还包括其他特殊装备等。车身还包括车门、车窗、车锁、内外饰件、附件、座椅等。如图 2–27 所示。

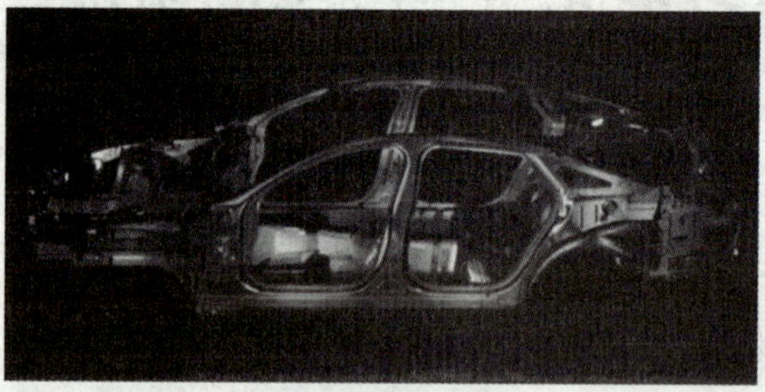

图 2–27 车身

4. 电气设备

如图 2–28 所示，电气设备主要包括电源、启动、点火系统、汽车照明和信号装置等。现代汽车上愈来愈多地采用各种电子设备，如微处理机、中央计算机系统及各种人工智能装置等，使汽车的性能大大提高。

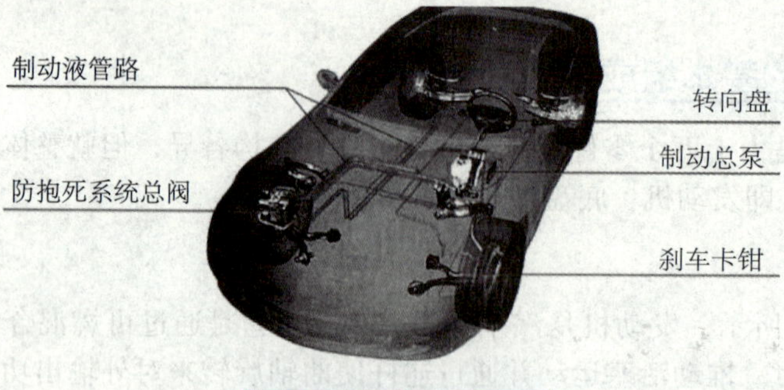

图 2–28 汽车电气设备

二、汽车的基本行驶原理

1. 汽车的驱动力

汽车行驶时外界对汽车施加的推动力，就是汽车的驱动力，如图 2-29 所示，用 F_t 表示。

当汽车行驶时，发动机的输出转矩，通过传动系统传给驱动车轮，此时作用于驱动车轮上的转矩 T_t 便产生一个对地面的圆周力 F_0，根据作用力与反作用力原理，地面也对驱动轮产生一个反作用力 F_t，F_t 即是驱动汽车的驱动力。其大小为 $F_t = T_t/r$，T_t 为作用于驱动轮上的转矩，r 为半径。

当驱动力增大到能克服汽车静止状态的最大阻力时，汽车便开始起步。

2. 汽车的行驶阻力

汽车在行驶中会遇到各种阻力。如图 2-30 所示，当汽车以 $\boldsymbol{u}_a$ 的速度行驶时，受到的力主要有滚动阻力、空气阻力、上坡阻力和加速阻力。

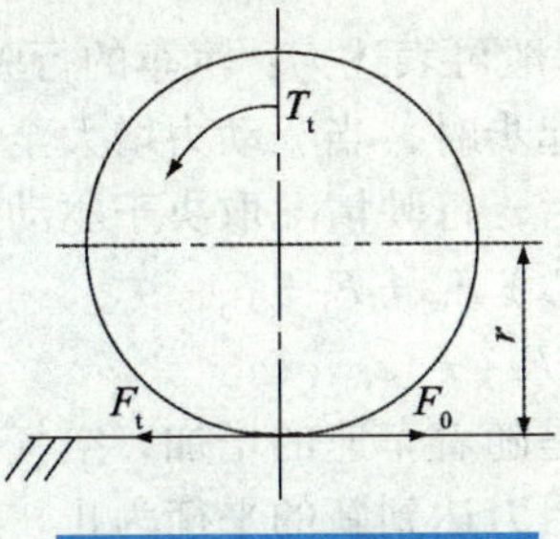

图 2-29 汽车的驱动力

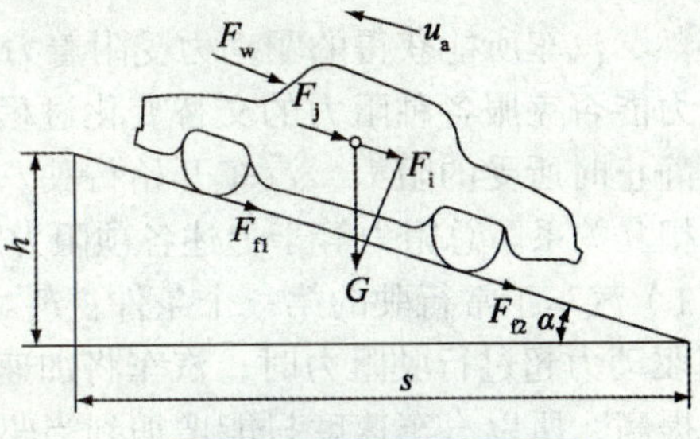

图 2-30 汽车受力分析

（1）滚动阻力。滚动阻力主要是由于车轮滚动时轮胎与路面变形而产生的。弹性车轮沿硬路面滚动，路面变形很小，轮胎变形是主要的。车轮沿软路面（如松软土路、沙地、雪地等）滚动，轮胎变形较小，路面变形较大。此外，轮胎与路面以及车轮轴承内部都存在着摩擦。车轮滚动时产生的这些变形与摩擦都要消耗发动机一定的动力，因而形成滚动阻力，以 F_f 表示，其数值与汽车的总质量、轮胎的结构和气压以及路面性质有关。图 2-30 中，F_f 为前、后车轮受到的滚动阻力 F_{f1}、F_{f2} 的合力。

（2）空气阻力。汽车行驶时，需要挤开其周围的空气，汽车前面受气流压力并且后面形成真空，产生压力差，此外还存在着各层空气之间以及空气与汽车表面的摩擦，再加上冷却发动机、室内通风以及汽车表面外凸零件引起的气流干扰等，就形成空气阻力，以 F_w 表示。空气阻力与汽车的形状、汽车的正面投影面积有关，特别是与汽车和空气的相对速度的平方成正比。当汽车高速行驶时，空气阻力的数值将显著增加。

（3）上坡阻力。汽车上坡时，其总重力沿路面方向的分力形成的阻力称为上坡阻力，以 F_i 表示，其数值取决于汽车的总质量和路面的纵向坡度。上坡阻力只有在汽车上坡时才存在，但汽车克服坡度所做的功并未白白地耗掉，而是以势能的形式被储存。当汽车下坡时，所储存的势能又转变为汽车的动能，促使汽车行驶。

（4）加速阻力。加速阻力为汽车在加速行驶时，其质量加速运动时的惯性力，以 F_j 表示。汽车行驶过程中质量分为平移质量和旋转质量（飞轮、车轮等）两部分。

加速时平移质量要产生惯性力，旋转质量要产生惯性力偶矩。旋转质量主要与飞轮、车轮的转动惯量以及传动系统的传动比有关。

3. 汽车行驶中的附着作用与附着力

在积雪或泥泞道路上行驶的汽车有时会打滑，这是因为汽车的驱动力受附着力的限制而不能克服较大的阻力，导致车辆减速甚至原地打滑。在汽车技术中，把车轮与路面的相互摩擦以及轮胎花纹与路面凸起部位的相互作用综合在一起，称为附着作用。由附着作用所决定的阻碍车轮打滑的路面反力的最大值就称为附着力，记为 F_{ϕ}。附着力的大小是附着重力与路面附着系数的乘积，即

$$F_{\phi}=G_1\times\phi$$

式中，G_1——附着重力，即汽车总重力分配到驱动轮上的那部分，它形成对地面的法向压力；

ϕ——附着系数，其数值随轮胎和路面性质的不同而异，一般由试验决定。

4. 汽车正常行驶的条件

显然，汽车所能获得的驱动力受附着力的限制，一般可表述为：汽车的行驶过程，是驱动力能否克服各种阻力的交替变化过程。在汽车起步时，当驱动力增大至足以克服汽车静止时所受的阻力，汽车开始行驶。汽车起步后，行驶情况取决于驱动力与总阻力的相互关系。总阻力等于上述各项阻力之和：$F=F_f+F_w+F_i+F_j$。

（1）汽车正常行驶的第一个条件：$F_t\geqslant F_f+F_w+F_i+F_j$。

当驱动力超过行驶阻力时，汽车将加速行驶，但是随着车速的增加，空气阻力将大幅度提高，所以汽车速度只能增加到当驱动力和总阻力达到新的平衡为止，此后，汽车便以较高的速度匀速行驶。

当驱动力小于行驶阻力时，汽车将减速以至于停车，这时若欲维持原车速，就需要加大节气门开度或将变速器换入低挡以便相应地增大驱动力。

但是，汽车并不是在任何情况下都能发出足够的驱动力。比如汽车在很滑的（冰雪或泥泞）路面上行驶时，加大节气门可能只会使驱动车轮加速滑转，而驱动力却不能增大。也就是说，驱动力的最大值虽然取决于发动机的最大转矩和传动系统的传动比，但实际发出的驱动力还受到轮胎与路面之间的附着性能的限制。

（2）汽车行驶的第二个条件：$F_t\leqslant F_{\phi}$。

当驱动力大于附着力时，汽车会滑转。汽车在冰雪路面上行驶时，因为附着力小，所以汽车很容易打滑。此时可以在驱动轮上统装防滑链，以增加附着力。

显然，要使汽车能正常行驶，汽车的驱动力必须要满足以下关系式：

$$F_f+F_w+F_i+F_j\leqslant F_t\leqslant F_{\phi}$$

总之，汽车的基本行驶原理是汽车发动机输出的转矩经底盘传动系统传至驱动车轮，在地面附着条件支持下，产生推动汽车前进的驱动力，用于克服汽车行驶的各种阻力（滚动阻力、空气阻力、上坡阻力和加速阻力等），推动汽车前进。

拓展知识——汽车附着力与加速性能的关系

发动机的动力经过传动系统最终由轮胎作用于路面实现驱动，轮胎与路面的附着力决定着发动机动力能否转换成有效的转矩来完成加速。在输出转矩充足且相同的条件下，轮胎与路面的附着力越大加速性能就越好。轮胎与路面的接触面积、路面和轮胎的附着系数、相对重力等因素都会决定着汽车的附着力。

三、汽车总体构造

（一）汽车外表结构认识

马自达汽车外表结构如图 2-31 所示。

1—车标；2—发动机罩盖；3—刮水器；4—前风窗玻璃；5—车顶；6—车窗；7—后视镜；
8—车轮；9—转向灯；10—前照灯；11—前雾灯；12—前车牌

图 2-31 马自达轿车

（二）汽车驾驶室结构认识

汽车驾驶室内部总体结构如图 2-32 所示。

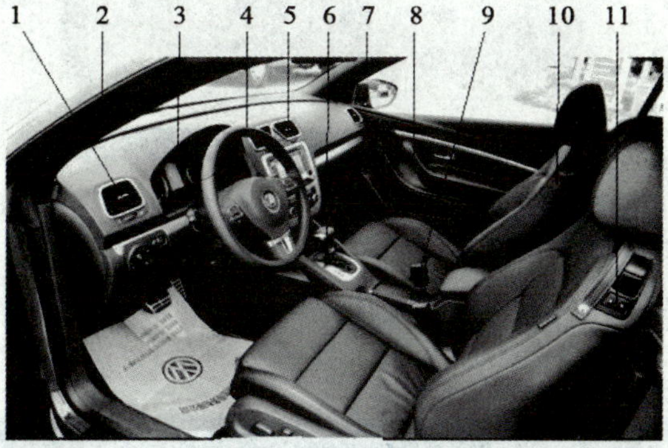

1、5—通风口；2—内饰板；3—仪表板；4—转向盘；6—变速杆；
7—右前门立柱内饰；8—前车门拉手；9—安全带插扣；
10—前排座椅；11—电动座椅开关

图 2-32 汽车驾驶室内部结构

（三）汽车仪表板结构认识

内仪表板结构如图 2-33 所示。

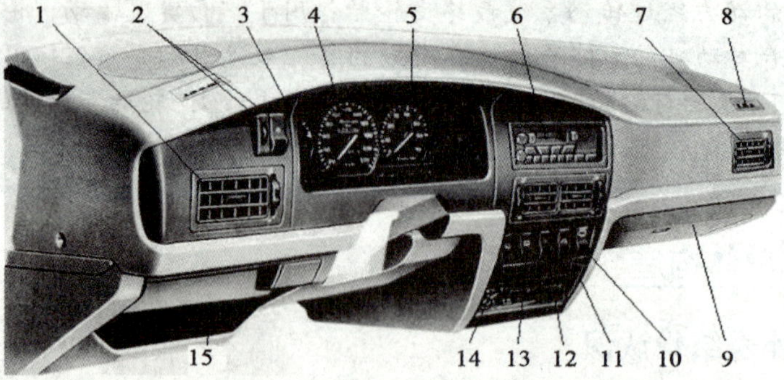

1、7—通风口；2—灯光及仪表照明开关；3—燃油表及冷却液温度表等；4—车速及里程表；5—发动机转速表；6—收放机；8—除霜风口；9—杂物箱；10—ABS 指示灯；11—防盗器指示灯；12—危险报警灯开关；13—后风窗电加热器开关；14—雾灯开关；15—小杂物箱

图 2-33 汽车仪表板

（四）汽车主要操纵机构认识与使用

汽车的配置不同，其操纵机构及其使用也各异，但其主要操纵机构类似。以下介绍汽车主要操纵机构及其使用方法。

1. 离合器、制动器及加速踏板（油门踏板）

离合器、制动器及加速踏板的位置如图 2-34 所示。

图 2-34 离合器、制动器及加速踏板位置

（1）离合器。离合器安装在发动机与变速器之间，用于暂时分离和平顺结合发动机的动力传递，保证汽车平稳起步，使换挡时工作平顺，防止传动系过载。离合器踏板由左脚控制，离合器的使用简单地概括为“急分离慢结合，只要油门用得活”，以免汽车起步冲击或驾驶员及乘客后仰。

拓展知识

配置自动变速器的汽车，没有离合器踏板，靠液压油来传动换挡。

（2）制动踏板。制动踏板用于汽车的制动，由右脚控制，非紧急情况下，不要进行紧急制动，一般采用点制动。

（3）加速踏板。加速踏板用来控制发动机节气门（发动机转速），由右脚控制，右脚掌轻放于加速踏板 2/3 处。根据道路、环境情况确定节气门开度大小。

2. 汽车转向盘

转向盘用于控制汽车的前进方向，使用时两手自然轻握转向盘，两手大拇指自然伸直靠于转向盘轮缘上部，其余四指应由外向内轻握。如图 2–35 所示。

如果道路平直，应尽可能避免转向盘转动，如果转向盘受路面凸凹的影响，应紧握转向盘，以免转向盘受车辆的猛烈振动而回转，击伤手指或手腕。若车头向左（右）偏斜时，应向右（左）修正方向，待车头接近回到行驶线时，再逐渐将转向盘回正，此时应牢记打回方向的原则：打多少回多少，少打少回，慢打慢回，大打大回，快打快回。

3. 汽车安全带

安全带对保护人身安全起重要作用，在驾驶汽车时应始终系好安全带。如图 2–36 所示。

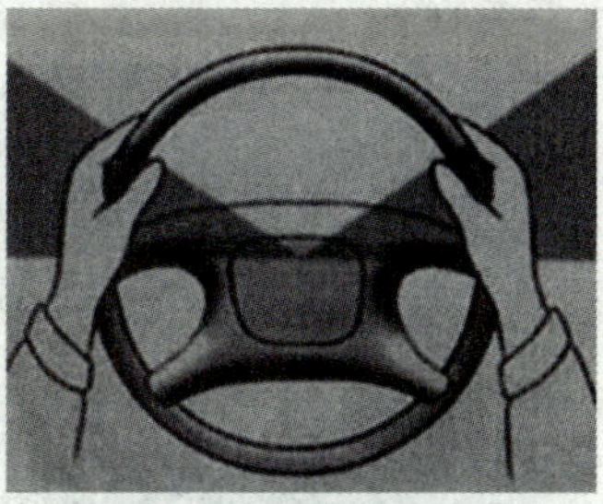

图 2–35 转向盘的使用

图 2–36 安全带

安全带使用方法如下：

（1）系上安全带。缓慢拉出安全带舌片，将其通过胸部，然后将其插入座椅侧的锁止机构，直至听到啮合声（拉动检查）。

（2）取下安全带。按下锁止机构上的橘黄色按钮以取出安全带，舌片会弹出。用手将舌片送向车门使回位器卷起安全带，挡板会将舌片保持在合适的位置。

（3）安全带使用注意事项。

①使用三点式安全带应注意使安全带贴靠肩膀中部，不应让安全带勒在颈部。

②身高小于 1.5m 的儿童不可以配用常规安全带，而应使用儿童约束系统，以免对腹部或颈部造成伤害。如图 2–37 所示。

③孕妇配用安全带应使上半截安全带穿过胸部中间，下半截安全带拉到大腿上，水平保持在腹部下，收紧安全带。如图 2–38 所示。

④安全带应通畅清洁，不得在锋利边缘上摩擦，安全带出口处别让纸片或其他东西堵塞。

⑤因损坏或事故而拉长的安全带必须更换。

图 2-37 婴儿正确使用安全带

图 2-38 孕妇正确使用安全带

4. 汽车座椅调整

汽车座椅可以通过相关的拨杆或按钮调整。如图 2-39 所示进行前后、上下及角度等调整，使驾驶感到舒适轻松。

5. 驻车制动器

驻车制动应用于汽车停车时制动。桑塔纳 2000GSi 汽车驻车制动拉杆位于两个前座椅之间，如图 2-40 所示 。

图 2-39 汽车座椅调整

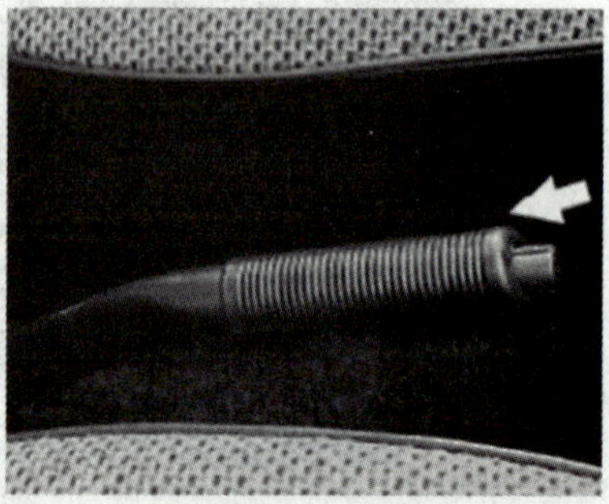

图 2-40 驻车制动器

6. 变速杆的使用

变速器用于改变汽车行驶速度，分为手动变速器和自动变速器两种类型。

（1）手动变速器。桑塔纳 2000GSi 汽车手动变速器如图 2-41 所示，有 5 个前进挡和一个倒挡。手动变速器换挡动作依次为：踩离合的同时松加速踏板→从原挡位经空挡拨入另一挡位→适当加油→松离合器。挂入倒挡时，应在车辆静止时，将换挡手柄按下，再挂入倒挡。

注意：对于手动变速器，行驶时请不要将手放在变速杆上，否则手上的压力会传到变速器内换挡拨叉上，造成拨叉磨损加快。

（2）自动变速器。自动变速器一般有 6 ～ 7 个挡位，它们从前到后依次排列，分别为：P（驻车挡）、R（倒挡）、N（空挡）、D（前进挡），而有的前进挡中包括 D、3、2、1 挡。如图 2-42 所示，有的车型前进挡只有 3 个挡位（D、2、1），若装备四挡变速器，则另有一个超速选择开关（O/D）接通超速挡。

P 位和 N 位都能使发动机和车轮传动系统脱离运转。所不同的是，在发动机停止运转的时候，挂 N 位可以随意推动车辆。挂 P 位时，利用机械锁销把传动轴锁固定在变速器壳上，起制动车辆作用，不能随意推动车辆。而且车辆只有在 P 位时才能拔出点火开关钥匙。P 位起动是经常使用的模式，N 位起动用于行驶中灭车后起动。

拓展知识

前进位的设置规律是：高挡位向下兼容，低挡位不能自动向上换挡。即：若选择 4 挡，变速器可在 1 挡与 4 挡之间根据车辆的速度与使用条件自动选择合理挡位，自动升挡、降挡。若选择 2 挡，就只能在 1 挡与 2 挡间自动变换而不能升到 2 挡以上，1 挡、2 挡有发动机制动功能。

自动挡汽车正确的驾驶方法是将变速杆放在 P 位后起动发动机，踩下制动踏板后，方可由 P 位转入其他挡位，起步时要将变速轩推到较低挡位（即 2、1 或 3 挡），待车速提高到一定程度后，再转入 D 位进入正常行驶。这时车辆能自动选择理想挡位，无需驾者操作。车辆行驶中可以手动从低挡向高挡换挡。但从高挡往低挡换则要在一定速度范围内进行。

若在高速公路上高速巡航，可选用 O / D 挡，以节省燃料。

图 2-41 桑塔纳 2000GSi 汽车手动变速杆

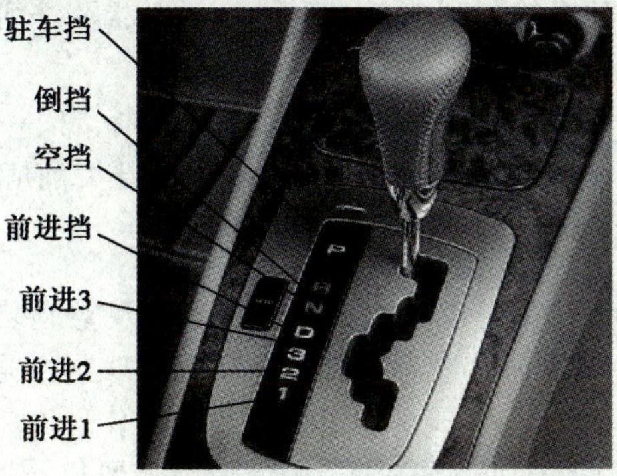

图 2-42 自动变速器

7. 点火开关

汽车点火开关一般有三个位置（如图 2-43 所示），有的还兼有转向锁的功能。当处于位置 1 时，点火开关断开，钥匙可以拔出。

当处于位置 2 时，点火开关接通。当点火开关兼有转向锁的功能时，如钥匙在匙孔内不易转动，应将转向盘轻轻地往复转动以放开锁紧销。

当处于位置 3 时，可以起动发动机。发动机启动后，松开钥匙，钥匙会自动回到“2”的位置。

8. 转向信号灯及变光拨杆的使用

汽车转向信号灯及变光拨杆用于接通左右转向信号灯，指示汽车转弯方向，或进行汽车前照灯近光、远光变换、发出变换车道信号、停车指示等，给路上行人和车辆提供指示，可以有效避免交通事故的发生。桑塔纳 2000GSi 汽车转向信号灯及变光拨杆结构如图 2-44 所示。

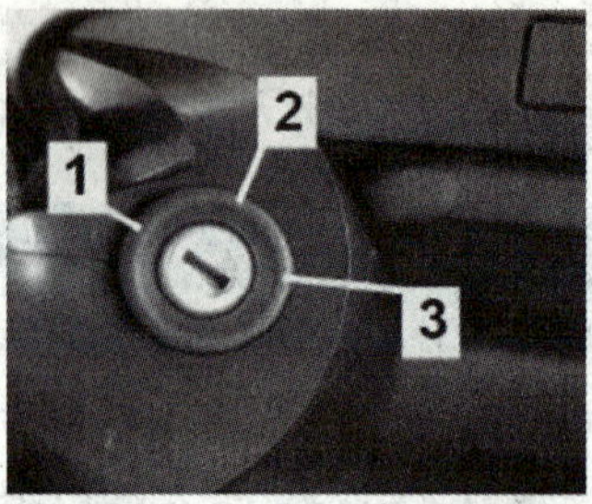

1—点火开关断开；2—点火开关接通；3—起动发动机

图 2-43 桑塔纳汽车点火开关

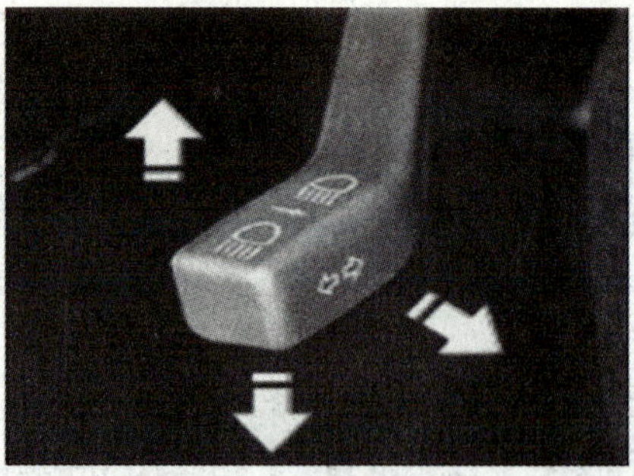

图 2-44 桑塔纳转向信号灯及变光拨杆

9. 风窗刮水及洗涤系统

如图 2-45 所示为桑塔纳 2000GSi 汽车风窗刮水及洗涤系统共用拨杆，用于操纵风窗刮水器运动和洗窗装置。手柄处于“0”挡时刮水器停止运动；处于“1”挡时，刮水器点动刮水；处于“2”挡时，快速刮水；处于“3”挡时，间歇刮水（大约每 6 秒钟工作一次）。

朝上抬起刮水开关拨杆，刮水器及洗窗器即开始工作。复原拨杆洗窗器停止而刮水器继续工作约 4 秒。

如果想要在驾车时保持视野清晰，按一按刮水器开关就可以解决这个问题。

注意：冰冻季节在起动刮水器开关前应检查刮水片是否与玻璃冻在一起。

10. 暖风、通风及空调控制

现代汽车都安装有暖风、通风及空调装置，用于清洁空气和调节汽车内部温度。图 2-46 所示为桑塔纳 2000GSi 汽车暖风、通风及空调控制装置，使用方法如下：

（1）打开开关 E，空调开始工作。

（2）旋转开关 D，可以调节鼓风机转速。

（3）左右拉动拨杆 A 和 B，可以开闭各出风口，调节空气在车内的分布。

（4）左右拉动拨杆C，可以进行温度选择，拨杆C向右，温度提高；向左，温度降低。

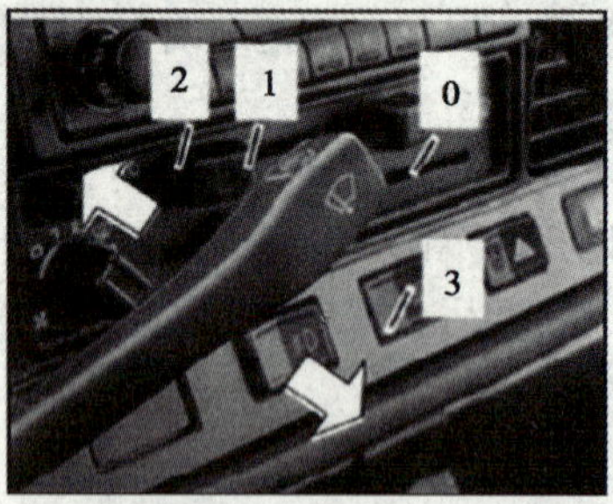

图 2-45 风窗刮水及洗涤系统

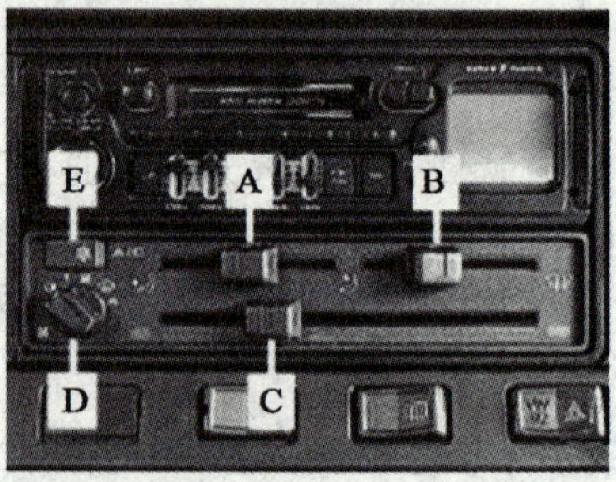

图 2-46 桑塔纳 2000 通风及空调控制装置

学习案例

某日清晨，北京市朝阳区建国门外大街永安里路口处，醉酒驾驶英菲尼迪的司机陈某将正在等候信号灯的轿车追尾撞毁，接着又撞上正常转弯的公交车，造成被撞轿车内一家三口中父亲和女儿身亡，母亲重伤，肇事者陈某弃车逃逸十余小时后被警方抓获。

类似的惨痛事故很多。其实，很多人在买车时都对诸如ABS、EBD等汽车主动安全设施比较重视，殊不知，一些汽车被动安全配置所起到的作用更大。

案例分析

安全座椅

很多家长认为孩子坐在自己旁边容易照看，或者抱着最安全，岂不知抱孩子坐车等于拿孩子当“挡箭牌”，紧急刹车时孩子头部会首先撞到仪表台上，然后大人头部会再次撞到孩子身上，造成孩子二次伤害。如果车辆发生碰撞，安全气囊弹出瞬间也会严重伤害到孩子。

所以最好给孩子准备专业安全座椅，更不要让孩子坐在副驾驶位置，如果没有儿童座椅还是让孩子坐在后排相对安全，但要记得锁上儿童锁，并且有大人陪伴。

安全气囊

虽然目前我国没有强制要求车辆必须安装安全气囊，但是这个装备最好还是要有。某汽车服务公司售后服务总监表示：消费者在选择车辆，特别是经济型轿车时，安全气囊、ABS（刹车防抱死）这样的主、被动安全装备最好都选择。再者，即使有安全气囊也不要过于迷信安全气囊的功效，中国汽车技术研究中心负责人表示：只有在安全带的配合下，气囊才能更好地发挥出最佳功效，如果不系安全带的话，安全气囊会对驾乘人员造成更严重的伤害，其伤害程度不亚于身体直接撞在玻璃上。

后排座椅头枕、安全带

很多时候车辆的后排座位乘客安全容易被忽视，比如后排座椅没有头枕，有安全带但没有插座等等。在车辆发生正面撞击时，安全带的作用是防止驾乘人员向前移动撞击造成伤害，头枕的作用是在发生追尾撞击时保护颈椎免遭过度的伤害，后排座位的乘客缺少这两样安全设备的保护，受伤概率就会大大增加。但在现实生活中，很多乘客只是坐在前排时才系安全带，在后排时很少甚至不系安全带。退一步说，如果坐在后排座位不系安全带的话，起码后排座椅头枕一定要保留，不能省掉。

教学检测

填空题

1. 我国新标准中，将汽车分为_______和_______两大类。
2. 我国标准规定，汽车铭牌中轿车的车辆类别代号为_______。
3. 车辆识别代号由一组字母和阿拉伯数字组成，共_______位。

4. 就汽车整体构造而言，包括________、________、________和________4 大部分。
5. 安装在发动机与变速器之间，用于暂时分离和平顺结合发动机的动力传递，保证汽车平稳起步的是________。

选择题

1. 下列不属于乘用车的是（　）。
   A. 旅居车　B. 无轨电车　C. 消防车　D. 救护车
2. 下列不属于车辆识别代号部分的是（　）。
   A. 世界制造厂识别代号　B. 车辆说明部分　C. 企业自定代号　D. 车辆指示部分
3. 下列不属于汽车底盘系统的是（　）。
   A. 起动系统　B. 传动系统　C. 制动系统　D. 行驶系统
4. 当汽车高速行驶时，（　）的数值将会显著增加。
   A. 滚动阻力　B. 空气阻力　C. 加速阻力　D. 坡度阻力

拓展实训　认识汽车

一、实训目的

通过调研，认识汽车识别代码及外表结构。

二、实训内容

（1）调研一辆汽车，记下它的车辆识别代码，并分析其含义；
（2）调研一辆汽车，识别其外表结构、主要操纵机构位置及基本使用方法。

三、实训结果

____
____
____

四、总结分析

____
____
____

五、教师评分

____
____
____

学习情境三

汽车的发明与汽车工业的发展

情境导入

众所周知，汽车这一现代化的交通工具对人类生活的影响是相当大的。汽车是改变世界的机器，汽车工业对推进社会进步发挥了显著的作用，对一个国家的经济发展具有极大的推动作用。但汽车的发明和发展却经历了漫长的岁月，经过了无数发明家和科学家的努力，绝非一人所为，一日之功。汽车自 1886 年诞生以来，已经走过了一百二十多年的风风雨雨。从卡尔·本茨造出的第一辆三轮汽车以 18km/h 的速度，跑到现在，诞生了从速度为零到加速到 100km/h 只需要 3s 多一点的超级跑车。这一百多年，汽车发展的速度如此惊人！这一百多年，构成了一部丰富的汽车发展史。

学习导航

了解汽车的发明及发展史，需要从以下三个方面进行介绍：

1. 汽车的发明；
2. 世界汽车工业的发展与现状；
3. 中国汽车工业的发展与现状。

学习单元 1　汽车的发明

知识目标

了解汽车的发明史。

技能目标

通过学习，能够了解汽车发明、产生的演变过程。

基础知识

一、汽车的起源

1. 汽车的远祖

提到汽车的发展，追溯其渊源，可以自公元前 5000 年左右有了人类后的原始社会讲起。在公元前 5000 年至公元前 4000 年相当长的时间里，人类在生产劳动及日常生活中主要靠肩扛、肩挑以及牲畜驮运物品，如图 3–1 所示。后来人们为了能搬运更多的东西，又发明了橇，如图 3–2 所示，并且利用驯服的兽类来拉橇。直到今天，狗拉雪橇仍然是雪地里的重要交通工具。但是这种木撬在平滑的地面上行进，还比较省力，当遇颠簸不平的路面时，仍很费力。古人进而把圆木垫在木撬下面，借其滚动而移动木撬，同时人们也借助圆木直接移动重物。后来人们发现用直径大的木轮要比直径小的木轮运输速度快，于是木轮的直径越来越大，逐渐演变为带轴的轮子，这便形成了最早的车轮雏形。图 3–3 所示为圆木车及车轮的演变过程。

（a）肩扛　（b）肩挑　（c）牲畜驮运

图 3–1　原始社会劳作方式

图 3–2　原始雪橇架

（a）圆木车　（b）车轮

图 3–3　圆木车及车轮的演变

利用车轮滚动而行，减少了车与地面的摩擦，既省人力，又可多载重物，还可以长途运输。车轮的发明是人类重大的发明之一，是人类交通史上的第一次飞跃，开创了人类使用交通工具的新纪元。

随着车轮的发明，逐渐出现了带轮子的车（用轮子在地面上行驶的交通工具）。车轮是我们中华民族的祖先首先发明的，人类历史上的第一部车辆，也是在我们祖先灵巧的双手和智慧的开拓下，最早驶上历史的舞台。在中国古代神话中，有黄帝造车之说，故黄帝又号称轩辕氏。轩是古代一种有围棚的车；辕是车的基本构件，是指车前驾驶牲畜的两根横木。所以，车辆应当是黄帝首先发明的。

最初的车辆，都是由人力来推动或拉动的，称为人力车，如图 3–4 所示。后来，人们开始用牛、马拉车，称为畜力车，如图 3–5 所示。

图 3–4 人力车

图 3–5 马车

马车出现后，使用了几千年。尤其是进入 16 世纪欧洲文艺复兴时期，欧洲的马车制造商风起云涌，马车的制造技术有了相当的提高。16 世纪的欧洲马车双轴四门，有转向盘，车身活动车门、封闭结构，车身、车轴之间弹簧连接等，乘坐更舒适，如图 3–6 所示。

（a）英国皇室马车

（b）公共马车

图 3–6 16 世纪的欧洲马车

在车辆发展过程中，有重要技术价值的应为记里鼓车和指南车。

记里鼓车是世界上最早能够记录里程的车辆，如图 3–7 所示，由东汉科学家张衡发明。其原理是利用车轮在地面上的转动带动大小不同的一组齿轮转动，车轮走满一里时，其中一个齿轮刚好转动一圈，该轮轴拨动车上木人抬手击鼓一次，报告行程，当击鼓 10 次，就击钟一次。记里鼓车的记里装置被誉为汽车里程表和减速装置的先驱，现代汽车的记里器即由此而来。

指南车是我国古代用于指示方向的一种轮式机械车，如图 3–8 所示，又称为司南车，由三国时期发明家马钧利用差速原理设计而成。指南车车上有一个小木人，无论车子前进、后退，还是转弯，木人的手一直指向南方。

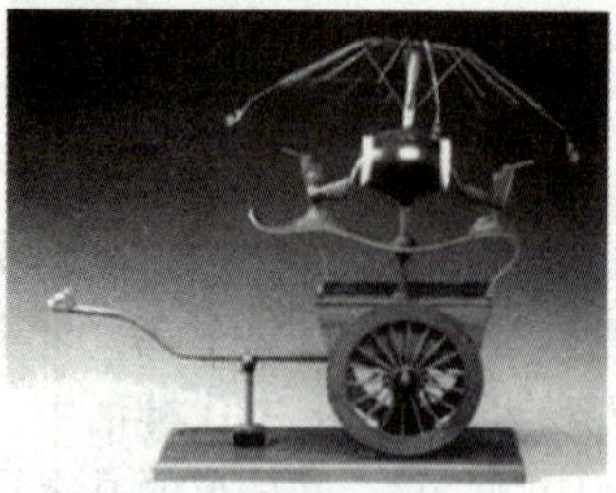

图 3-7 记里鼓车

图 3-8 指南车

2. 汽车的雏形

尽管马车的出现使运输更加方便，但是，马车总要靠牲畜拉，且马车的速度和载重量仍不能令人满意，一辆马车在当时最好的公路上行驶375km，最快需要23.5h。因此，人们希望发明一种比马车更有耐力、更强壮的动力机器，以使车轮转得更快。

于是，人们在寻找原动力的过程中，做过许多尝试，出现了多种汽车的雏形——自动行驶车辆。主要有：

（1）滑轮车。滑轮车于1420年由英国人制造，如图3–9所示。人坐在车内，借用人力使绳子不停地转动滑轮，即可带动车轮行走 。车虽然走了起来，但由于人力有限，滑轮车的速度不能充分地得以发挥，车速很慢。因此滑轮车不具备实用价值，未能得到发展。

（2）风帆车。1600年，荷兰物理学家西蒙·斯蒂芬根据帆船原理，制造出双桅风力帆车，如图3–10所示。这辆车可以看作是在帆船的基础上加装了四个车轮，凭借顺风力的作用即可前进。此车方向感差，且在逆风或无风时都无法行驶。

图 3-9 滑轮车

图 3-10 风帆车

（3）发条车。发条车于1649年由德国一个钟表匠制造，是一辆靠发条驱动的四轮车，如图3–11所示。行驶时就像机械手表一样需要每隔一定时间上一次发条，车辆在发条机械力的作用下使车轮产生驱动力而前进。这辆发条车的行驶速度只有1.6km/h，且每行走230m需上一次发条，工作强度很大，因此没有得到发展。

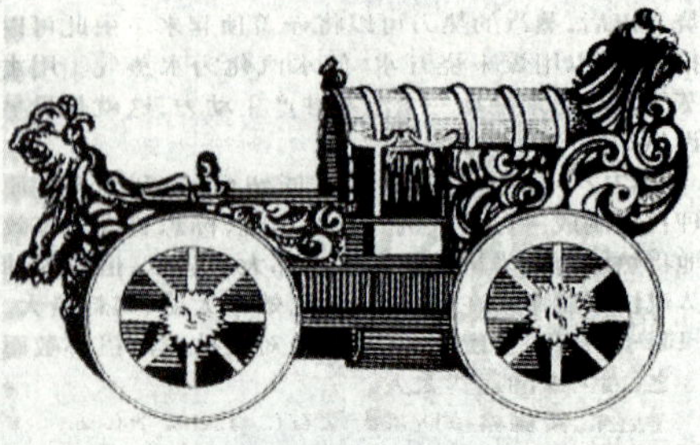

图 3-11 发条车

以上三种车均无实用价值。因此，在相当

长的时间内，人们主要的交通工具仍然是畜力车。

3. 蒸汽机和蒸汽汽车的发明

（1）有真正意义的第一台蒸汽机。

到了18世纪前后，欧洲各国先后发生了资产阶级革命，开始了机械化的大生产。机械化的大生产一方面需要运送大批的原料，另一方面大量堆积如山的产品需要及时运往各地销售。但人力或者畜力车的速度和载重量总是受到很大限制，无法适应日益繁重的运输任务，无法满足人类的需求和生产力的发展。改革交通工具的问题就摆在了人们面前，车辆交通工具的关键是动力问题。随着人类对自然界认识的逐渐加深，人们发现水壶烧开以后，蒸汽热力可以将壶盖顶起来，由此可以推想，可以用煤来烧开水，使水汽化为蒸汽，用蒸汽的热力来推动一个活塞并产生动力。利用这样一个原理，1765年，英国人詹姆斯·瓦特（James Watt）研制出了世界上第一台真正意义上的动力机械——蒸汽机，如图3-12、3-13所示。这为动力车辆的发明奠定了基础，也为内燃机的发展奠定了基础。从此，人类进入了蒸汽机时代。

图3-12 瓦特

图3-13 瓦特发明的蒸汽机

（2）蒸汽汽车的诞生。

由于蒸汽机的出现，许多发明家纷纷把瓦特的成果运用到自己的实践中，从而使得以蒸汽机为动力机械的各种运输工具逐步得到发展。

1769年，法国人古诺制造发明了世界上第一辆蒸汽驱动的三轮汽车，如图3-14所示。这是一辆用来拉炮的蒸汽三轮汽车，这辆汽车车长7.32m，车高2.2m，车架上放置着一个像梨一样的大锅炉，后边有两个气缸，锅炉产生的蒸汽送进气缸，推动气缸里面的活塞上下运动，再通过曲柄把动力传给前轮，从而驱动前轮前进。该车前轮直径1.28m，后轮直径1.50m，前进时靠前轮控制方向。开动之前需要0.5h的时间才能产生足够的蒸汽，且热效率很低，车子每前进12～15min需停车加热15min，运行速度仅为3.5～3.9km/h。由于操纵困难，后来在试车途中撞到石头墙上损坏了，引发世界上第一起交通事故，如图3-15所示。尽管古诺的这项发明失败了，但却是古代交通运输（以人、畜或帆为动力）与近代交通运输（动力机械驱动）的分水岭，具有划时代的意义。毕竟它使汽车朝实用化方向迈出了第一步，开创了轮式车辆用自备动力装置进行驱动的新纪元。第二年，即1770年，这辆车经过修整作为世界上第一辆汽车，至今被珍藏在巴黎的国家技术及机械品博物馆内。随后，以古诺的蒸汽汽车发明为起点，在欧洲各国和美国出现了研究和制造蒸汽汽车的热潮。

图 3-14 第一辆蒸汽汽车

图 3-15 世界上第一起交通事故

1804 年，英国人脱威迪克设计并制造了一辆蒸汽乘用车，如图 3-16 所示。这辆汽车能载 8 名乘客，创造了在平路上时速为 9.6km 的纪录，使蒸汽汽车进入了实用阶段，是世界上第一辆乘用车。

1825 年，英国人嘉内制造了一辆蒸汽公共汽车，如图 3-17 所示，该车有 18 座，车速为 19km/h。1831 年，嘉内利用这辆车开始了世界上最早的公共汽车运营业务，所以这辆车也被认为是世界上最早的公共汽车。

图 3-16 第一辆蒸汽乘用车

图 3-17 第一辆蒸汽公共汽车

1831 年，美国的古勒将一台蒸汽汽车投入运输，美国开始出现公共汽车运输服务。

1834 年，英国人汉考克制造了比嘉内的汽车更好的蒸汽汽车，如图 3-18 所示，成立了世界上最早的公共汽车运输公司——苏格兰蒸汽汽车运输公司，进行固定线路收费的公共运输服务。该车可承载 14 名乘客，速度可达 32km/h。

1865 年，英国颁布了世界上最早的机动车法规，即所谓的“红旗法规”。它规定汽车最高车速郊外不得超过 6.4km/h，市区 3.2 km/h，行车时必须有专人挥动红旗，以警示路上的行人和马车。此法规还规定，严禁驾驶员鸣笛，以免惊吓马匹，与马车相逢时，汽车要为马车让路。之所以颁布这条法规，主要是蒸汽机汽车技术不成熟，有许多不可避免的缺陷，如制动困难、车太重（比现在筑路用的压道机还重，少则 3 ～ 4t 重，多则 10t 重）、惯性大、转向不灵巧等，常常撞坏未经铺修的路面，引起各种事故。此外，蒸汽汽车的迅速发展还引起了保守势力和马车商人的不满，他们利用各自的势力让政府不支持蒸汽汽车，并且对蒸汽汽车横加指责，为此，英国颁布了“红旗法规”。具有讽刺意义的是，这条法规的实施，使得英国在制造汽车的起步上大大落后于其他国家。

总体来说，19 世纪还是马车盛行的时代，由于受到当时技术的限制以及来自保守势力的严重阻碍，到 19 世纪中叶以后，蒸汽汽车事业日趋衰落。进入 20 世纪后，随着内燃机汽车、电动汽车的大量涌现和性能的不断提高，蒸汽汽车渐渐退出历史舞台。

拓展知识

虽然蒸汽机缺陷很多，如汽车笨重、惯性大、制动困难、转向不灵、事故多、污染大、起动困难（约 30~40min）、热效率低（10% 以下）等，但正像恩格斯所说，蒸汽机是“第一个把热能真正转换为有用的机械能的装置”，是实现机械化道路上迈出的关键一步，是革命性的突破。

图 3-18 世界上最早的收费公共汽车

图 3-19 红旗法规

（3）电动汽车的诞生。

图 3-20 杰那茨驾驶的电动汽车

就在蒸汽汽车产生的初期，已有人投入到对电动汽车的研制中（此时，电动机、发电机、蓄电池已发明）。1873 年，英国人罗伯特·戴维森制造的第一部电动汽车问世，比汽油汽车早 12 年。19 世纪 90 年代，电动汽车发展较快，1899 年，法国的杰那茨驾驶着电动汽车创造了时速 105km/h 的最高车速记录，如图 3-20 所示。但无论是电动汽车还是蒸汽汽车，最后都在竞争中让位于后起之秀——内燃机汽车。其主要原因是电动汽车所用的蓄电池本身很重，一次充电的续驶里程太短，充电费用很大，这一系列关键性难点，使得电动汽车不久就退出了汽车历史舞台，但随着当今科学技术的发展，作为零污染的电动汽车又得到新的发展。

二、内燃机的发明和内燃机汽车的诞生

1. 内燃机的发明

由于用蒸汽机作为汽车的动力存在许多不足：蒸汽机必须有锅炉、体积庞大、笨重、机动性很差；热能要通过蒸汽介质再转化为机械功，效率很低、这些缺点都与燃料必须在气缸外部燃烧——“外燃”有关。因此，蒸汽汽车的缺陷促使人们寻求一种

质量轻、功率大、热效率（热量被机械功利用的程度）高的动力机械来取代蒸汽机。为了获取更灵巧、更方便、更经济的发动机，有许多科学家和工程师献身于这一领域的研究，从而以不同燃料为燃烧介质的内燃机相继被发明。

在使用蒸汽机的基础上，科学家和工程师们首先仿造蒸汽机的结构，以照明的煤气作为燃料，成功制造出了煤气内燃机，随后在煤气内燃机的基础上发明了以汽油为燃料的汽油机，最后又研制出了以柴油为燃料的柴油机。

（1）煤气内燃机的发明。1861 年，法国铁路工程师罗夏（罗彻斯）经过长期的理论研究，提出了与今天的内燃机循环一样的进气、压缩、做功、排气的四冲程发动机理论。这一理论后来成为内燃机发展的基础。

1876 年，德国人奥托，如图 3–21（a）所示，运用罗夏的内燃机循环理论，在继承前人研究成果的基础上，反复研究，试制成功了在动力史上第一台以煤气为燃料，用电火花点燃的四冲程内燃机，如图 3–21（b）所示。其工作原理是：煤气机吸入气缸的是煤气和空气混合而成的可燃混合气，经过约 2.5 倍压缩后，用火花点燃，产生剧烈燃烧，高温高压的燃烧气体推动活塞对外做功，然后废气被排出，发动机又进行下一个工作循环。这台单缸卧式四冲程内燃机压缩比为 2.5，功率为 2.9kW，转速为 250r/min，热效率为 14%，比没有压缩冲程的蒸汽机提高了 3 倍。这一成就，被认为是内燃机发展史上的里程碑。为了纪念奥托对内燃机发展所做的贡献，人们称这种循环为奥托循环。这台内燃机于 1877 年 8 月 4 日获得专利，奥托以内燃机奠基人被载入史册。

（a）奥托

（b）奥托四冲程内燃机

图 3–21 奥托和他的内燃机

拓展知识

尽管奥托内燃机当时还不能用在汽车上，但是作为动力源在其他行业中表现出的高效率、体积小、使用方便、运转有力、速度平稳等优点，为汽车的发明解决了最关键问题，为汽车的诞生奠定了坚实基础。

（2）汽油发动机的发展。汽油机是以汽油为燃料的发动机。汽油较之煤气，体积小得多，适用于交通工具。

世界上第一台真正实用的汽油发动机是德国工程师戴姆勒（如图 3–22 所示）和迈巴赫（如图 3–23 所示）共同研制的。1883 年 8 月 15 日，他们根据奥托的发动机模型，制成了今天汽车用发动机的原型——高压点火卧式汽油机，并于同年 12 月 16 日获得了德意志帝国的专利——汽油发动机专利。这是一台单缸四冲程汽油发动机，安装了迈巴赫设计的化油器，采用高压点火，如图 3–24 所示，它的特点是功率大、质量轻、体积小、转速及效率高。当时，其他内燃机的转速一般不超过 200r/min，它却达到了 750r/min。1884 年 5 月，戴姆勒又把卧式汽油机改制成体积尽可能小的风冷立式两冲程汽油机，功率达 809W，如图 3–25 所示，并于 1885 年 4 月 3 日取得了立式汽油机的专利。1885 年 8 月 29 日，他们把所发明的单缸汽油机装到一辆木制的自行车上，制成了世界上第一辆摩托车，每小时能行驶 12km，而负责试车的迈巴赫则成为世界上第一位摩托车手。现在这辆摩托车被保存在德国慕尼黑的科技博物馆内，如图 3–26 所示。

图 3–22 戴姆勒

图 3–23 迈巴赫

图 3–24 单缸卧式汽油机

图 3–25 单缸立式汽油机

图 3–26 戴姆勒摩托车

（3）柴油发动机的诞生。柴油机是以柴油为燃料的发动机，与汽油机的着火方式不同，它采用压燃的方式，热效率比汽油机高。当时的人们在尝试用汽油作为内燃机燃料的同时，也尝试用其他燃油作为内燃机的燃料。主要代表人物就是德国工程师鲁道夫·狄塞尔，如图 3–27 所示。1892 年，狄塞尔经过多年精心研究，提出了压燃式柴油机理论，即将吸入气缸的空气高度压缩后，使其温度超过燃料的自燃温度，再将燃料（柴油）喷入气缸，使之自行燃烧，从而爆发做功。基于压燃式柴油机理论，狄塞尔于 1897 年成功地试制出了第一台柴油机，如图 3–28 所示。柴油机的出现不仅为柴油找到了用武之地，而且它比汽油机省油、动力大、污染小。现在，狄塞尔柴油机被用来为载重汽车、公共汽车、长途客车、小船、铁路机车等提供动力，用途十分广泛。

图 3-27 鲁道夫·狄塞尔

图 3-28 狄赛尔柴油机

鲁道夫·狄塞尔的发明改变了整个世界。人们为了纪念他，就把柴油机称作狄塞尔柴油机。

2. 内燃机汽车的诞生

真正以汽油机为动力的内燃机汽车于 1886 年在德国诞生，分别由本茨和戴姆勒所制造。

（1）第一辆三轮汽车。卡尔·本茨为德国工程师，如图 3-29 所示，于 1879 年首次试制成功一台以煤气为燃料的二冲程内燃机。1885 年 9 月，他试制成功一台单缸两冲程汽油机，并装在一辆三轮车上，成为世界上第一辆三轮汽车，如图 3-30 所示。该车于 1886 年 1 月 29 日获得专利，如图 3-31 所示。

本茨的三轮汽车，采用一台单缸两冲程汽油机，排量为0.576L，输出功率约0.52kW，转速为 300r/min，车速约 15km/h。该车的性能并不十分完善，行驶速度、装载能力、爬坡性能也不十分如意，而且在行驶中经常出故障。但它已具备了近代汽车的一些基本特点，如火花点火、水冷循环、钢管车架、钢板弹簧悬架、后轮驱动、前轮转向和制动把手等，是世界上最早的汽车雏形，可以说是近代汽车的原型。现在，这辆车被保存在德国慕尼黑科学博物馆内，被称为“奔驰一号”。

仔细观察世界上第一辆汽车的构造，会发现它的外形与当时的马车差不多，车速和装载质量也不比马车优越。但是，它的巨大贡献不在于其本身所达到的性能，而在于观念的变化，就是自动化的实现和内燃机的使用。

图 3-29 卡尔·本茨

图 3-30 第一辆三轮汽车

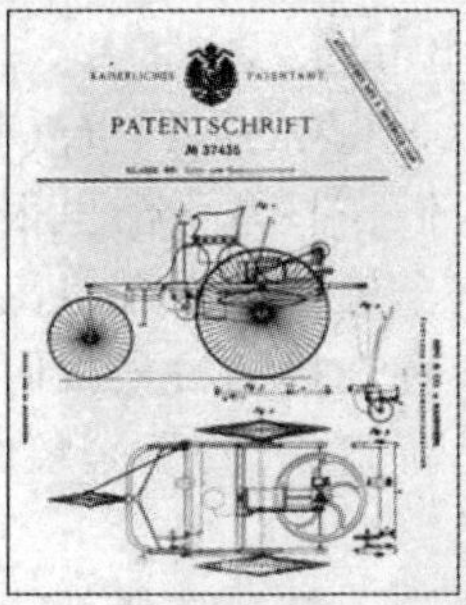

图 3-31 第一辆汽车专利

图 3-32 第一辆四轮汽车

（2）第一辆四轮汽车。在卡尔·本茨研制三轮汽车的同时，另一名德国工程师戴姆勒也于 1885 年，成功发明了第一辆四轮汽车，如图 3-32 所示。如前所述，戴姆勒首先于 1883 年发明了四冲程汽油内燃机，1885 年末，戴姆勒将一台马车经过改装，增加了转向、传动装置等，然后在车身后部装上了一台经过改进的、功率为 1.1kW 的单缸四冲程水冷发动机，装上 4 个轮子，制成了世界上第一辆四轮汽车。该车采用发动机后置，后轮驱动，前轮转向杆转向，最高车速可达 18km/h。

拓展知识

本茨和戴姆勒虽然在同一个国度相距不到 100km 的两个地方从事汽车的研制，但从未见过面，所以他们的研究成果都得到承认。如今，1886 年已被公认为“世界上第一辆汽车诞生年”，而本茨和戴姆勒则被公认为以内燃机为动力的现代汽车的发明者，并尊称为汽车工业的鼻祖。

作为汽车工业的鼻祖，本茨和戴姆勒的发明成为汽车史上最重要的里程碑，他们组成的戴姆勒·奔驰汽车公司早已举世闻名，他们以德国人的精湛技术创造了质量卓越的汽车。120 多年来，头顶“三叉星”商标的戴姆勒·奔驰汽车自信地驰骋在世界的每个角落。

从德国人本茨和戴姆勒于 1886 年制造的第一辆汽车开始，各国都争相发展汽车，汽车工业有了日新月异的变化。法国制成第一辆汽车的时间是 1890 年；美国是 1893 年；英国是 1896 年；日本是 1907 年；俄罗斯是 1910 年。

学习案例

我们能够预见到未来新能源汽车穿行于大街小巷的情形，然而我们还是会有这样一个疑问，新能源汽车会淘汰内燃机汽车吗，就像从前内燃机汽车淘汰蒸汽汽车一样？

案例分析

我们的现实生活里现在完全看不到任何蒸汽汽车的身影，那么将来某一天是不是也看不到任何内燃机汽车的身影呢？我们认为，新能源汽车要真能彻底淘汰内燃机汽车，必须做到：性能足够优越；数量要有压倒性；人们观念认可。这几个条件缺一不可，只有满足了它们，才可能将内燃机汽车赶出市场。

首先，新能源汽车的性能足够优越，人们才会放弃使用已经许久的内燃机汽车。现在内燃机汽车的使用还十分广泛，因为它方便而实用，人们在日常生活里很大程度上都要依赖它，不会轻易放弃这种汽车。如果新能源汽车想要把内燃机汽车赶出市场，那么自身的性能一定要十分优越，这样人们才会将选择的目光投向新能源汽车。人们只会想到一个东西实用不实用，至于它是不是新能源，是不是环保，是不是节能，其实考虑的还真不多。

其次，新能源汽车还必须有足够的数量，只有这样才能让人们只选择新能源车而不选择内燃机汽车。如果新能源汽车的数量足够多，那么就能造成大量的言论影响。人们所谈所述都是关于新能源汽车的话，谁还会去买内燃机汽车呢？当智能手机刚出现时，人们还是会购买普通的功能手机，但是当购买智能手机成为一种时尚以后，大家所谈论的都是智能手机，谁会去买功能手机呢？数量优势会造成一个趋势，造成一种逼迫力，只要数量能占到大头，就能做到通吃，从而才能淘汰旧式的内燃机汽车。

最后，还有一点也很重要，那就是人们观念的认可。新能源汽车有很多理念，这些理念几乎可以说构成了它们的精神内涵，如果大家都还接受不了这些理念，依然大大咧咧地过自己的生活，不理会污染，不理会能源短缺，那么我们怎么有可能让他们放弃那些已经使用习惯了的内燃机汽车呢？人们思想上的改变才是淘汰内燃机汽车的最强大武器。

虽然现在内燃机汽车还占据着庞大的市场份额，但是就像内燃机汽车淘汰蒸汽汽车，智能手机淘汰功能手机一样，转变几乎都是在很短的时间里发生的，所以我们应该对这个情况有所思考。

学习单元 2　世界汽车工业的发展与现状

知识目标

了解世界汽车工业的发展与现状。

技能目标

通过本单元的学习，能够理清世界汽车工业的发展历程。

基础知识

汽车自 1886 年诞生至今，已有 120 多年的发展历史。从卡尔·本茨制造出的第一辆时速仅为 15km/h 的三轮汽车和戴姆勒制造出的时速仅为 18km/h 的四轮汽车发展到今天，经过不断改进和发展壮大，汽车的性能更加完善，已发展成为机电一体化的高科技产物。比如超级跑车的速度从 0 加速到 100km/h 只需要 3s 多一点。120 多年的汽车发展历史表明：汽车诞生于德国（1876～1890 年），成长于法国（1891～1907 年），成熟于美国（1908～1946 年），兴旺于欧洲（1947～1975 年），挑战于亚洲（1976 年至今），目前正向全球化发展。

一、汽车诞生于德国

（1）现代汽车发动机的发明来自于德国。如前所述，1876 年，德国人发明了一台往复活塞式单缸卧式四冲程煤气机，为汽车的诞生奠定了坚实基础。1883 年，世界上第一台真正实用的汽油发动机由德国工程师戴姆勒和迈巴赫研制而成。1892 年，德国工程师狄塞尔发明了柴油机。

（2）现代汽车的发明来自于德国。1885 年，德国工程师卡尔·本茨成功制造出世界上第一辆以单缸两冲程汽油机为动力的三轮汽车，并获得专利。1885 年，德国发明家戴姆勒成功制造出世界上第一辆以单缸四冲程汽油机为动力的四轮汽车，与卡尔·本茨同称为汽车工业的鼻祖。

（3）世界最早的汽车公司来自于德国。1883 年（汽车发明之前），本茨与他人合作成立了本茨公司和莱茵燃气发动机厂，开始生产工业用二冲程发动机，1890 年成为德国第二大发动机制造商。1894 年，卡尔·本茨成立汽车制造厂，开始大量生产第一款维洛（Velo）牌汽车，如图 3-33 所示，至 1899 年，该款车共计生产 1200 辆。1899 年，本茨公司汽车年产量达到 572 辆，雇员达 430 人，是当时世界最大的汽车制造商。

1890 年，德国戴姆勒汽车公司成立。1901 年，第一辆梅赛德斯轿车诞生，如图 3-34 所示，年产量 96 辆。

戴姆勒之所以将“梅赛德斯”作为自己产品的商标，其中有一段不寻常的故事。1898 年，奥地利车手埃米尔·杰里克向戴姆勒订购了一辆赛车，并以自己最喜欢的小女儿的名字“梅赛德斯”命名，如图 3-35 所示。“梅赛德斯”在赛车中一路领先，击败所有对手。后来，杰里克将其代理经销的 36 辆戴姆勒汽车全部取名为“梅赛德斯”。1901 年，戴姆勒公司正式将“梅赛德斯”作为自己产品的商标，一代名车“梅赛德斯”从此诞生了。

一直是竞争对手的戴姆勒公司和本茨公司，迫于市场困境的压力，于 1924 年组成利益联盟，联合进行产品的销售和服务。1926 年，为了避免在日益增大的汽车工业中互相排挤，本茨汽车公司和戴姆勒汽车公司两大汽车巨头终于走到一起，创办了举世闻名的戴姆勒－奔驰汽车股份公司，共同生产梅赛德斯－奔驰汽车。

图 3-33 维洛牌汽车

图 3-34 第一辆梅赛德斯轿车

图 3-35 梅赛德斯

因此可以说，德国既是现代汽车的发祥地，也是世界汽车工业的摇篮。

二、汽车成长于法国

内燃机汽车刚发明时，并没有马上显示出很强的竞争力，主要是因为蒸汽汽车有较长的发展历史，其性能要比发明初期的内燃机汽车完善得多，行驶车速可达40km/h。因此一直到20世纪初的时候还比内燃机汽车销量大。同时电动汽车也占据一部分市场，但是也就在19世纪末20世纪初这一时期，汽车的性能不断完善，技术日益成熟。而汽车性能的完善和技术的发展主要是在法国完成的，原因有三：

（1）法国的社会经济环境较好。

①尽管1886年德国发明了汽车，但由于德国刚刚独立，其经济实力不如法国，人们的购买力低；

②法国经济财力雄厚，修建了公路网，汽车商利用良好的公路网，举行各种汽车竞赛，宣传他们的产品；

③由于法国良好的社会经济环境，奔驰和戴姆勒公司把大部分生产移植到了法国。

（2）较早出现了著名的汽车和配件公司。1896年，法国人阿尔芒·标致成立以狮子为标志的标致汽车公司（即标致－雪铁龙汽车公司的前身）。1899年，标致汽车公司设计制造出第一辆汽车，如图3–36所示。

1898年，路易斯·雷诺汽车公司成立。

1889年，米其林公司成立。

到1904年，法国有汽车厂350家，年产量达到17000辆。1906年，欧洲的汽车年产量占世界汽车年产量的58%，绝大部分为法国生产，可见在此期间，法国汽车公司占据了世界汽车行业的统治地位。

（3）法国人善于学习和创新，发展了汽车技术。法国良好的发展条件，使得初期汽车技术的发展大多在法国完成。19世纪末20世纪初，法国发展的汽车技术主要包括：

1889年，标致成功研制齿轮变速器、差速器。如图3–37所示是该公司1891年安装有四挡变速器的标致III型汽车。

图3–36 标致公司第一辆汽车

图3–37 标致III型汽车

1891年，法国的潘哈德·勒瓦索（Panhardet Levassor）汽车公司首次采用前置发动机后轮驱动的标准形式，设计了专用底盘，使汽车重量合理分布，改善了汽车行驶性能，被世界广泛效仿，如图 3–38 所示。

1891 年，摩擦片式离合器被法国人发明。

1895 年，法国人米其林兄弟发明了充气式橡胶轮胎，如图 3–39 所示。

1898 年，法国雷诺一号车采用了箱式变速器、万向节传动轴和主减速器。

1902 年，法国人雷诺发明了鼓式制动器；后桥独立悬架被法国人装于赛车中。

图 3–38 1891 年潘哈德 · 勒瓦索公司生产的汽车

图 3–39 充气轮胎

当然，汽车技术在其他国家也有一系列卓有成效的发展。例如，1893 年，德国发明了化油器；1896 年，英国首次采用石棉制动片和转向盘等。在汽车技术不断成熟的同时，汽车业也不断发展壮大。除法国几大汽车公司外，美国以及欧洲一些国家也相继出现了许多汽车制造厂，进而出现了许多汽车名人及名车。

需要说明的是，从发明汽车的 19 世纪末到 20 世纪初，虽然生产汽车的厂家很多，但由于当时的技术发展还不具备生产汽车这种大型复杂机械产品的能力，汽车产量很低，价格又高，仅仅是贵族们的奢侈品，无论是欧洲还是美国，都未形成汽车工业。

三、汽车成熟于美国

以大规模生产为标志的汽车工业的形成是 20 世纪初的事，其后整个 20 世纪是汽车工业蓬勃发展的时期。综前所述，世界上最早的汽车诞生在德国，汽车技术的发展主要在法国完成，但最早形成的汽车工业却是在美国。

（1）美国的社会经济发展为汽车的普及创造了条件。由于当时法国都是以手工方式单件小批量生产，价格昂贵，一般人经济条件难以承受，销售市场受到限制，产量不能大幅度提高，从而限制了法国汽车工业的发展。

与法国及德国相比，美国是一个人口众多，土地辽阔、物产丰富的大国。当时，其经济实力已超过了英、法、德等国家，成为世界上最大的工农业国家。随着社会经济的发展，人们对汽车的需求量越来越大。美国政府十分重视国民交通工具的现代化，有意识地引导人们购买汽车。

（2）美国三大汽车公司创立。巨大的国内市场需求推动了美国汽车工业的大发展，也造就了一批后来闻名世界的汽车公司。

1903 年，美国福特汽车公司成立。

1908 年，美国通用汽车公司成立。

1925 年，美国克莱斯勒汽车公司成立。

至此，美国的三大汽车集团相继成立。时至今日，这三大集团仍占据美国 95% 的销售。

（3）福特汽车公司的生产流水线开创了现代工业生产模式的先河。亨利·福特是一位钟表匠，他于 1903 年成立了福特汽车公司，公司成立后，基于当时美国民众对汽车的大量需求，他首先提出了“让汽车由奢侈品变为人们必需品”的造车理念，要求汽车应可靠，耐用、操作方便，售价低廉，符合普通老百姓的需要，即生产普及型汽车。福特汽车公司于 1908 年首次推出一种新型汽车——T 型车，如图 3–40 所示。该车发动机排量 2.89L、18kW（25 马力）、四缸、四冲程、1600r/min，可燃烧劣质汽油，发动机可拆卸，可用于抽水、锯木。整车尺寸小，重量轻，易修理，经济实用，朴实无华。据《福特传》称，“这种车只有骨头和肌肉，没有一点脂肪”。每辆汽车售价 850 美元，因此，深受人们欢迎，产品供不应求。

为适应 T 型车大量生产的需要，福特应用创新理念和反向思维逻辑，先从军工系统引进零件通用制，将 T 型车的零部件设计成统一的规格，实现了总成互换；继而又模仿屠宰场牛羊分块肢解的流水线，反向运用，进行汽车分块组装，于 1913 年创建了世界上第一条汽车装配生产流水线，如图 3–41 所示，使工人分工更加细致，产品的质量和产量大幅度提高，每辆汽车的组装时间由原来的 12.5h 缩短至 10s，生产效率提高了 4488 倍，创造了世界汽车生产史上的奇迹。汽车生产组织形式由家庭作坊式向大规模、标准化和流水线方向发展，从而将汽车工业带入了大批量生产的时代。这不仅仅为汽车制造业，乃至整个工业界带来了伟大变革。由于 T 型车结构紧凑，设计简单、坚固，加上驾驶容易，价格低廉，到 1927 年，每辆汽车售价由首批的 850 美元下降到 265 美元，当时一个工人工作不到 4 个月就可以买一辆 T 型车，因而销售量非常大，如图 3–42 所示为当时美国街头 T 型车盛况。

图 3–40 福特 T 型车

图 3–41 T 型汽车流水线

福特 T 型车出现的意义：汽车从贵族和有钱人的专利品变成大众化的商品；将家庭汽车的神话变成现实；推进了汽车工业的发展，是世界工业史上的重大创举。

福特 T 型车可以说是将家庭轿车变为现实的第一车。至第一次世界大战结束时，福特已控制了北美乃至世界各地的汽车市场，地球上几乎一半是 T 型车。福特也被称为美国“汽车大王”，其汽车公司因此也被誉为“汽车现代化的先驱”。到 1923 年，美国已经有 2/3 的家庭拥有一辆轿车，率先进入汽车社会。

然而，1926 年 T 型车却遭受了致命的打击——严重滞销。因为 20 世纪 20 年代中期的美国民众对汽车的要求已不仅仅局限于经济实惠，更要求汽车还要有漂亮的颜色、四轮驱动、流线型车身等。在通用公司的新型雪佛兰推出之后，如图 3–43 所示，T 型车终于退出了历史舞台。到 1929 年 T 型车停产时，共计生产了 1500 余万辆。这一车型累计产量记录直到 1972 年才被德国甲壳虫型汽车打破。

图 3-42 T 型车盛况

图 3-43 雪佛兰双门双座 8 缸轿车

与此同时，由于巨大的国内市场需求，美国其他汽车公司也得到了快速发展。通用汽车公司、克莱斯勒汽车公司等汽车企业纷纷建立。最多时全美国曾有 181 家汽车厂，到 1927 年通过竞争存留了 44 家，其中美国三巨头的销售量占全国总销量的 90% 以上。美国也因此成为世界上第一个汽车工业发展中心。这一优势直到 20 世纪 70 年代才遭到日本、西欧的挑战。

这一时期，在汽车大规模生产的组织模式上出现了以福特公司为代表的全能厂模式和以通用公司为代表的通过专业化协作，由一些汽车制造企业联合起来，建立集中管理和销售体系的模式。以后的事实表明，后者优于前者，并为世界上许多企业所效仿。

由于受到第一次世界大战的影响（1914 ～ 1918 年），欧洲汽车工业落后于美国，但由于欧洲各国的汽车制造厂有技术优势（美国汽车占据着价格优势），因此也占据了一定的市场份额。欧洲各国占世界汽车生产的 13.8%，而北美却占 85.1%。有许多新技术，例如发动机前置前驱动、后置后驱动、承载式车身、节能型微型轿车等，都首先出现在欧洲，这也为后来欧洲汽车工业的大发展奠定了基础。

因此，汽车成熟于美国，世界第一个汽车工业中心形成于美国。

四、汽车兴旺于欧洲

欧洲汽车工业的大发展始于 20 世纪 40 年代末 50 年代初期。由于第二次世界大战的影响，欧洲汽车工业受到重创。第二次世界大战结束不久，欧洲各国为了振兴国内经济，采取多种措施促进汽车工业的发展。

1．改进产品，使产品多样化，以适应不同的市场需求

欧洲各汽车厂针对战后的经济条件，积极改进国内生产的产品，使产品多样化，开发了许多新车型，以适应各国大不相同的市场需求。如在意大利，国民收入低，燃料税高，人们集中在街道狭窄、停车条件受限制的古老城市，这些条件结合起来导致消费者需求集中在小型汽车上；在瑞典，燃料税低，国民收入高，城市人口密度小，冬天的驾驶条件恶劣，消费者要求耐寒的车辆，耗费更多的燃料也在所不惜；贵族阶层更需要功率大、豪华、气派的汽车，工薪阶层更需要经济实用的微型汽车等等。因而，各种迎合国民不同需要的汽车相继被开发。如严谨规范的汽车奔驰、宝马，如图 3-44 所示；轻盈典雅的法拉利、雪铁龙，如图 3-45 所示；雍容华贵的劳斯莱斯、美洲豹，

如图 3-46 所示；神奇的甲壳虫，如图 3-47 所示；风靡全球的“迷你”微型汽车，如图 3-48 所示；经济实惠的雪铁龙 2CV、菲亚特 500 微型汽车，如图 3-49 所示，等等。

（a）1971 年奔驰 S420

（b）1962 年宝马 3200S

图 3-44 奔驰和宝马汽车

（a）1957 年法拉利赛车

（b）1957 年雪铁龙 11CV 轿车

图 3-45 法拉利和雪铁龙汽车

（a）1954 年劳斯莱斯

（b）1954 年美洲豹敞篷跑车

图 3-46 劳斯莱斯和美洲豹汽车

图 3-47 甲壳虫

图 3-48 Mini 微型汽车

（a）雪铁龙 2CV （b）菲亚特 500 微型汽车

图 3-49 雪铁龙和菲亚特汽车

2. 取消欧盟各国关税，促进贸易流通

为加快战后经济发展，欧盟各成员国之间取消了关税，允许各国汽车可在欧盟成员国内自由销售，多样化的产品一下子变成了最大优势，使汽车生产的规模效益化得以实现。

与此相反，北美的汽车生产已经标准化，汽车体积大，油耗高，价格贵，逐渐不适合世界上其他市场的消费。这也从反面为欧洲车的发展提供了可能。欧洲人利用这个机会把触角伸到了世界各地，大量的汽车出口，因而欧洲汽车工业获得了大发展。1958 年，欧洲汽车占美国市场的 8.1%，到 1970 年上升为 10.5%，其中欧洲人生产的中低档汽车，成为美国市场的走俏商品。

尤其是德国大众公司生产的 1.192L 排量的“甲壳虫”轿车，由于结构简单，价格低廉，流线型设计，风阻小，外形可爱，而“二战”后人们恰好能承受该车的价格，于是需求猛增，1939 年至 1973 年，累计生产量达 2150 万辆，打破福特 T 型车销售记录。

“二战”以前，西欧各国的汽车产量仅为北美（美国和加拿大）的 11.5%，约 80 万辆。“二战”结束后的 1950 年，这一数字提高到 16%，欧洲汽车年产量达到 200 万辆；到 1966 年，北美仅生产 750 万辆，而西欧各国却达到 1037.8 万辆，比 1955 年产量增长 5 倍，年增长率达到 10.6%，超过北美汽车产量，成为世界第二个汽车工业中心；到 1973 年，欧洲汽车产量进一步提高到 1500 万辆。此时，许多欧洲汽车厂家，如德国大众、奔驰、宝马，法国雷诺、标致、雪铁龙，意大利菲亚特（Fiat），瑞典沃尔沃（Volvo）等，均已闻名遐迩。

1973 年以后，由于受两次世界石油危机的影响，同时，这时西欧国家已基本普及汽车，随后，东欧经济条件又出现停滞状态，汽车需求增长势头锐减，欧洲汽车工业进入了徘徊和低速增长状态。40 余年来，欧洲汽车产量波动在 800 万辆到 1500 万辆之间。

因此，汽车兴旺于欧洲。

五、汽车挑战于亚洲

1. 日本汽车工业的崛起

世界汽车工业的第三次变革发生在日本。日本的汽车工业起步较晚，最初是从国外进口整车。1899 年，从美国进口的三辆电动车是在日本第一次出现的汽车；1904 年日本制造出第一辆以蒸汽驱动的汽车；1907 年，日本制造出第一辆以汽油机驱动的汽车。1933 年，丰田汽车公司和日产汽车公司成立。在第二次世界大战期间，日本的汽车工业主要为战争服务，到1941年年产量达到5万辆，绝大多数是载货汽车。直到20世纪50年代，日本的汽车工业仍然发展缓慢，主要以进口欧美汽车为主。“二战”结束后，日本的汽车工业迅速恢复和发展。

（1）一方面国内经济复兴需要大量汽车，另一方面由于朝鲜战争爆发，美国向日本汽车制造公司大量订货，使汽车需求量增大。

（2）国家制定了汽车保护和发展政策。1955年，日本政府发表了“国民车发展纲要”，在银行贷款和税收方面对汽车制造公司实行优惠，鼓励汽车厂家大量生产汽车，鼓励汽车出口，国民车发展纲要发表后，各汽车厂积极响应。同时，为鼓励国民购车，1961年，日本还制定了购买汽车的分期付款法，鼓励国民购车。

（3）丰田生产方式（TPS）使日本的汽车工业上了一个新台阶。20世纪60年代，丰田汽车公司经过多年的探索，创造了风靡全球的“丰田生产方式”，也称精益生产方式。这种精益生产方式的内涵就是用精益求精的态度和科学的方法来控制和管理汽车的设计开发、工程技术、采购、制造、储运、销售和售后服务的每一个环节，精益生产，精心规划，杜绝浪费，从而达到以最小的投入创造出最大价值的目的。

这一思想是丰田集体智慧的结晶，由丰田普及到日本汽车工业，又从汽车工业扩展到整个制造业，从而使日本汽车工业进入高速发展时期，并在较短时间内赶上并超过西欧、美国，创造了世界汽车工业发展的奇迹。

日本人的这一创举具有划时代的意义，这种先进生产方式目前已为各国所效仿。

（4）正确决策，不断创新。“二战”后，日本政府根据国内经济条件差的环境，大力发展物美价廉的经济型轿车，取得了极大成功。一方面，1960年，日本人均国民生产总值达到500美元，1966年人均国民生产总值突破了1000美元，为日本国内汽车的普及创造了条件，于是日本出现了普及汽车的热潮。另一方面，进入20世纪70年代后，世界发生了两次石油危机，使各国对轿车的需求转向小型、省油轿车，而当时美国的汽车厂以生产大型、豪华、大排量汽车为主，销售大受影响。日本开发制造的小型、省油、价廉的汽车，正迎合了石油危机冲击下汽车市场的潮流，日本车开始大量向国外销售，并很快畅销全世界。1970年，日本汽车出口量为100多万辆；1973年，日本汽车出口量达到200万辆；1977年，日本汽车出口量达到400万辆；1980年，日本汽车出口量达到600万辆；1985年达到巅峰，出口量达673万辆。但是，受到金融危机的影响，自2009年日本汽车出口量开始回落，2013年日本汽车出口量为469万辆。

由于日本实现了汽车国内销售量和出口量的双高速增长，迎来了日本汽车工业的发展。日本丰田公司的“车到山前必有路，有路必有丰田车”和日产汽车公司的“古有千里马，今有日产车”的广告语实现了美好愿望。1960年，日本汽车年产量仅为16万辆，远低于当时美国和西欧各主要汽车生产国的水平。1961年，日本汽车产量超过意大利跃居世界第五位；1965年，日本汽车年产量超过法国居世界第四位；1966年，日本汽车年产量超过英国升为世界第三位；1968年，日本汽车产量达到300万辆，追上德国跃居世界第二位。1980年，日本以年产汽车1104.2万辆超过了美国，夺得了世界第一汽车生产大国的桂冠。世界汽车工业发展的重心又从欧洲转移到了日本，成为继美国和欧洲之后的世界第三个汽车工业发展中心，美、日、欧三足鼎立的局面正式形成。到1990年，日本汽车产量达到创历史的1350万辆。自这以后，国内市场趋于饱和，处于徘徊状态，同时出口贸易摩擦加剧，汽车出口量下降，从最高时期的600万辆下降到300多万辆，汽车产量逐渐下降到约1000万辆。到1994年，美国汽车总产量开始超过日本，重新成为世界最大的汽车制造王国，日本退居第二位。2006年后，日本重新超过美国，居世界第一位。根据盖世汽车网整理的OICA数据，2014年上半年日本以506.62万辆的产量位居世界第三位。

拓展知识

目前，尽管世界汽车市场竞争日趋激烈，但日本汽车仍以其优越的性能、合理的价格、可靠的质量、完善的电子设施、低排放、低油耗等在世界汽车市场中立于不败之地，汽车出口量仍然保持世界第一。

2. 韩国汽车工业的崛起

韩国的汽车工业历史较短，最早从事汽车生产的公司是起亚汽车公司。起亚汽车公司始建于1944年12月，但“二战”后由于政治局势动荡，公司长期处于不景气状态。韩国汽车工业的真正起步是在20世纪60年代初，汽车生产商以CKD方式开始试制生产汽车，20世纪80年代得到快速发展。

（1）韩国政府对汽车工业实行指导和扶持政策。20世纪70年代，韩国政府实行“汽车国产化政策”，大规模引进国外先进汽车制造技术，韩国利用学习、消化国外生产技术（借船出海）和实现主要技术的国产化，使得韩国汽车工业得到了飞速发展。

1973年，现代汽车公司引进日本三菱公司发动机、传动系统和底盘技术。1975年它便开始自主开发汽车。大宇汽车公司1972年与通用汽车公司开始合资生产汽车，随着1990年第一辆自主品牌国产汽车“王子”的推出并在市场获得成功，1992年，大宇汽车公司解除了与通用20年的合作关系。

（2）韩国实施了出口导向战略。随着汽车国产化目标的实现，韩国政府又实施出口导向战略。从20世纪80年代开始，韩国汽车开始大量出口。到1994年，年出口量达到73.8万辆，而1995年则为110万辆，增长了48.6%，从而在世界汽车出口国中排名第六位。2013年达到452万辆，占据世界汽车出口国排名第五位。

韩国汽车工业沿着CKD装配→零部件国产化→自主开发的发展道路，在国家相关政策的指导下，成功地实现了技术跨越，使汽车工业得到了快速发展。

20世纪80年代末，韩国进入世界汽车工业十强之列，成为世界汽车产业一个重要的生产基地，产品覆盖了北美、西欧、亚洲等多个国家和地区。汽车生产能力已达到年产450万辆。自1997年亚洲金融危机爆发后，韩国的汽车业遭受了重大打击，五六家汽车生产企业通过兼并，只剩下现代和大宇两家企业。2014年上半年，韩国生产汽车234.25万辆，居世界第五位。

3. 中国汽车工业的崛起

中国的汽车工业，是从新中国成立以后才开始建立的，其发展过程大致经历了创建成长、改革开放和快速成长3个阶段。

（1）相关产业政策的支持。1984年，中央把汽车工业作为发展国民经济的支柱产业；1987年，又把轿车工业作为我国汽车工业发展的重点（前30年发展以卡车为主，轿车只有红旗和上海牌两个小批量生产车型），中国汽车工业开始战略转移；1994 年和 2004 年，国务院颁布了《汽车工业产业政策》，提出到 2010 年使汽车工业成为国民经济支柱产业的奋斗目标，这些都极大地促进了汽车工业的发展。

（2）实行改革开放政策，引进先进技术、建立合资企业。20 世纪 80 年代以后，国家实行改革开放政策，先后引进了许多国家的汽车制造先进技术和管理经验，形成了一汽、东风、上汽三大汽车集团和广本等七大轿车骨干企业，汽车产量快速增长。

1992 年汽车年产量突破 100 万辆，2003 年为 440 万辆，2008 年达到 934.5 万辆，居世界第二位。2009 年以 1379 万辆的年产量成为世界第一大汽车生产国。至 2014 年底，中国汽车产销量连续六年稳居世界第一位。

因此，汽车工业起源于德国，成长于法国，普及于美国，兴旺于欧洲，挑战于亚洲。

六、世界汽车工业的发展现状及趋势

1. 发展现状

（1）汽车保有量。2010 年，全世界汽车保有量突破 11 亿 5 千万辆（其中轿车占 70% 以上），平均每千人拥有汽车 190 辆；美国每千人达 800 辆；我国每千人为 68 辆。

（2）汽车年产量。自 21 世纪以来，世界汽车进入稳步提升阶段。美国、欧盟、日本 3 个传统汽车制造中心的发展较为平稳，以“金砖四国”（巴西、俄罗斯、印度、中国）为代表的新兴汽车市场发展迅猛。受全球金融危机影响，2009 年全球汽车产量出现急剧萎缩，随着各国经济刺激方案的出台以及世界经济的复苏，全球乘用车产量 2010 年就已经恢复并超过 2007 年水平。2012 年及 2013 年，不同国家的汽车产业发展出现一定分化。2011 ～ 2013 年主要国家汽车产量的增长情况如表 3-1 所示。

表 3-1 2011 ～ 2013 年主要国家汽车产量的增长情况

百万辆

国家	2013 年度		2012 年度		2011 年度	
	产量	增速	产量	增速	产量	增速
美国	11.05	6.9%	10.33	19.3%	8.66	11.9%
日本	9.63	-3.1%	9.94	18.4%	8.40	-12.8%
德国	5.72	1.2%	5.65	-8.1%	6.31	6.9%
法国	1.74	-11.6%	1.97	-12.3%	2.24	0.6%
中国	22.12	14.8%	19.27	4.6%	18.42	0.8%
印度	3.88	-7.0%	4.15	5.5%	3.93	10.4%
巴西	3.74	9.9%	3.34	-1.9%	3.41	0.8%

拓展知识

汽车保有量（car parc）指的是一个地区拥有车辆的数量，一般是指在当地登记的车辆。但汽车保有量不同于机动车保有量，机动车保有量包括摩托车、农用车保有量等在内。

（3）世界汽车工业集中度高。2013 年，全球汽车产量为 8738 万辆，而世界前十大汽车生产国汽车年产量占世界总产量的 78.5%。2013 年全球十大汽车生产国排行如图 3–50 所示。

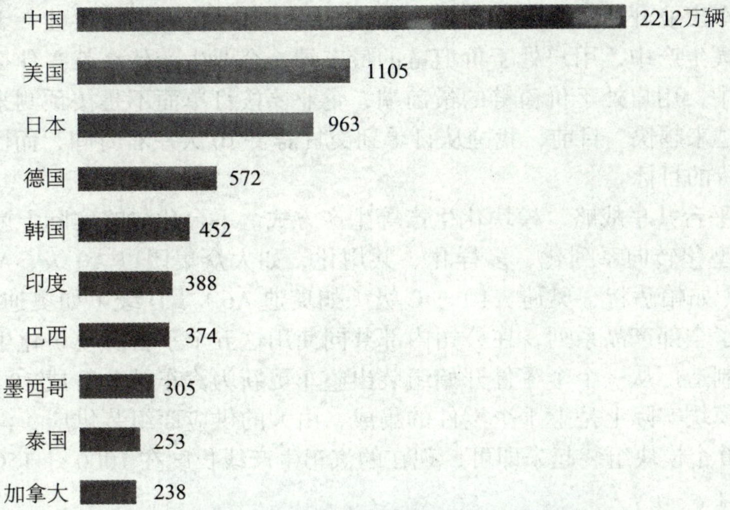

图 3–50 2013 年世界十大汽车生产国排行

（4）世界汽车生产能力过剩现象仍然存在。目前，全球汽车生产能力利用率只有 77% 左右。这导致汽车企业竞争日趋激烈，行业利润下降。

（5）汽车市场竞争激烈。

①各大汽车公司通过参股、控股、转让和兼并，加速了汽车工业国际化和高度垄断。全球汽车工业总的竞争态势是大企业、大集团主宰和垄断市场，领导发展潮流。如雷诺和日产联手，大众收购保时捷等。

②汽车市场竞争激烈，“金砖国家”已成为主要汽车制造商的主要拓展市场。据统计，2014 年，“金砖国家”——巴西、俄罗斯、印度、南非和中国的汽车销量占到全球总量的三分之一，且将以每年 3%～15% 的速度增长，超过成熟市场 2% 的增长率。因此，以“金砖国家”为代表的新兴汽车市场近几年来发展迅速，对新车的需求量不断提高。由于我国汽车市场潜力巨大，所有跨国汽车集团公司均已进入我国，同时，在中国周边国家寻找新的投资地点。如通用、戴姆勒 – 克莱斯勒、宝马、雷诺、日产及铃木在印度投资；丰田、大众在俄罗斯，本田在越南，马自达在泰国都新增或追加投资项目。

2. 发展趋势

随着新工艺、新材料、新技术与新装备在汽车工业中投入使用，全球经济一体化日趋明显，市场竞争日趋激烈，世界汽车工业也必然发生深刻变革。

（1）厂商并购联合化。随着各大厂商竞争实力的接近，国际汽车工业的竞争观念发生了变化。其竞争目标不再是击败对手，而是强调联合、合作和共同发展。

1964 年，全世界独立的较大规模的汽车公司有 52 家，到 1980 年减少为 30 家。目前世界著名的汽车集团或公司主要有通用集团、福特集团、大众集团、丰田集团、戴姆勒汽车股份公司、雷诺 – 日产联盟集团、宝马公司、本田公司、法国标致 – 雪铁龙公司和现代汽车公司等。

（2）汽车生产方式更新化。

①汽车生产由大规模生产方式向大规模定制生产方式转变。在厂商并购联合化的影响下，汽车工业开始进入大规模定制时代，即为每一位顾客提供独一无二的定制产品。在大规模生产中，用户处于价值链的最末端，企业生产什么就买什么，而在大规模定制生产中，用户处于价值链的最前端，企业要按订单而不是按预测来生产，而且定制的速度越来越快。目前，我国从订单到交货需要 10 天左右时间，而国外企业已经提出 5 天交货的目标。

②采用平台共享战略、模块化生产等生产方式。平台化战略实际上就是将汽车的开发从单车型化转向系列化、多样化、共用化，如大众集团以 A0 级、A 级（如高尔夫）、B 级（如帕萨特、奥迪 A4）、C 级（如奥迪 A6）、D 级（如奥迪 A8）五个底盘规格统一了全部产品系列，在公司内部共同使用这五个平台。模块化生产表现在由原有的汽车制造厂从一个个零件开始组装出整车更新为汽车被分解成 10 ～ 20 个大的模块，每个模块实际上是上千个零件的集成，由大的供应商组装供应，汽车厂只需要把这 10 ～ 20 个模块组装起来即可，现在的汽车生产线长度在 1000 ～ 1500m，未来只要 50m 就够了。

（3）汽车产品环保节能化。现在世界上越来越多的国家都更加重视环境保护与可持续发展。因此，21 世纪的汽车将更加注重环保与节能，在产品开发上采用轻型材料、新燃料汽车、汽车新结构新技术（汽油缸内直喷技术、柴油机高压共轨技术）等等。在汽车材料方面，将朝轻量化方向发展，铝合金、工程塑料、碳纤维使用量大幅度增加；在新能源汽车方面，纯电动汽车、混合动力汽车、燃料电池汽车、太阳能汽车、代用燃料汽车等新型汽车将会快速发展；在汽车新结构新技术方面，汽油缸内直喷技术、柴油机高压共轨技术等将被广泛推广使用。

（4）汽车技术电子化。汽车工业正在掀起一场电子化革命，以适应未来汽车智能化与未来数字化时代的发展需要。近年来，汽车电子化的发展较快，汽车上应用的电子器件（元件、装置、系统等）越来越多，价值也越来越高。20 世纪 80 年代初，电子设备只占汽车成本的 2%，而目前已达到 20% 以上，许多中高档轿车采用了十几个甚至二十几个电控单元。可以说，未来汽车的各种性能在很大程度上将取决于电子技术的应用程度。

（5）汽车服务创新化。随着汽车业竞争的日趋激烈，各大厂商在努力降低成本、增加效益和实现技术创新的同时，也将开始展开全新理念的汽车营销和汽车服务。营销服务的全面化和不断创新将是各大厂商争夺目标顾客、赢得竞争主动权的秘密武器，它将使汽车服务业成为第三产业中最富活力的生力军之一，直接促使汽车服务朝着个性化、知识化、系统化、费用低廉化的方向发展。

总之，重组后的 21 世纪汽车工业，将使汽车产品有更多的品种、更好的性能、更低的价格、更多的零部件通用、更好的售后服务、更少的营销费用。

学习案例

在欧债危机的持续影响下，欧洲汽车市场大幅萎缩，汽车业面临严峻考验。

数据显示，截至2012年9月，欧洲乘用车市场销量已经连续12个月下滑，前三季度，欧洲乘用车市场累计销量为972.44万辆，同比下滑7.2%。部分欧洲汽车厂商在战略决策和市场布局上的失误在这场危机的持续发酵中暴露无遗，汽车厂商为挽回损失纷纷采取并购联合、削减投资、裁员等紧缩措施。

案例分析

欧洲汽车业的危机将对世界汽车产业格局产生深远影响。由欧洲危机引发的第一桩跨国汽车企业联姻发生在通用汽车与标致—雪铁龙之间。因为欧洲车市的疲软，通用在欧洲市场的业务欧宝品牌已连续多年亏损，新车研发与市场开拓难以为继，而标致—雪铁龙的境况也不佳。两者缔结同盟关系无疑是为了节省其采购、研发的成本。

除了此类“弱弱联合”外，一些欧洲车企也在积极寻找与欧元重灾区以外的车企进行合作，比如菲亚特与马自达的结盟，宝马与丰田的合作。而此次危机的影响还远未结束，经济学家认为危机国家的经济恢复至少需要5年时间。

盖世汽车研究院的专家分析，市场的低迷以及来自工会和政府的巨大压力，会把部分之前过于专注欧洲本土市场、市场应变能力较差的车企一步步地推到生存悬崖边，破产重组或被竞争者兼并收购将成为这些企业的最终宿命。例如此前传出的菲亚特收购欧宝以及大众收购阿尔法·罗密欧等消息，虽然目前尚未成行，但已经显示出了欧洲汽车企业为尽快跳出危机的泥沼而面临的艰难处境。随着危机的持续，不排除这些并购可能发生，而欧洲甚至全球汽车产业格局将因此重构。

学习单元3　中国汽车工业的发展与现状

知识目标

了解中国汽车工业的发展与现状。

技能目标

通过本单元的学习，能够理清我国汽车工业的发展历程。

基础知识

一、旧中国的汽车工业

中国最早出现汽车是在1901年，汽车的拥有者是匈牙利人李恩时。他从美国运进两辆汽车，专供在上海租界内的外国人使用，如图 3-51 所示。这是在中国出现的第一辆汽车。

第一个拥有私人汽车的中国人是慈禧太后，如图 3-52 所示。1902 年，慈禧太后六十六岁大寿，为了讨好老佛爷，时任北洋大臣和直隶总督的袁世凯，花 1 万两白银给她买了一辆德国产的第二代奔驰轿车，如图 3-53 所示。这是我国历史上“进口”的第一辆汽车。

由于当时慈禧还没有见过汽车，因此见到跑得这么快、坐着这么舒坦的洋玩意，她非常喜欢，就让司机孙富龄拉着她在颐和园里兜风。但慈禧坐了几天车之后，觉得开车的孙富龄不过是个奴才，竟神气十足地坐在她前头，这不是大不敬吗？于是传旨让他跪着开车。孙富龄只好跪下来开车，但手不能代替脚踩刹车和油门，险些酿成大祸，吓得慈禧也不敢坐了，于是这辆车就被闲置在颐和园里。

图 3-51 中国最早出现的汽车

图 3-52 慈禧

1903 年以后，上海已陆续出现了从事汽车或零件销售、汽车出租的洋行。1929 年中国汽车进口量已达 8781 辆，1930 年中国汽车保有量已达 38484 辆，但没有一辆是国产汽车。

最早提出要建立中国汽车工业的是孙中山先生，如图 3-54 所示，孙中山先生在 1920 年发表的《建国方略》一书中写到：“……最初用小规模，而后用大规模，以供四万万人需要。所造之车当用于各种用途，为农用车、商用车、旅行用车、运输用车等。一切车以大规模制造，实可较今更廉，欲用者皆可得之。”

第一次建立汽车厂是在 1928 年，张学良将军（如图 3-55 所示）在辽宁迫击炮厂基础上筹建了民生工厂，试制汽车，于 1931 年试制成功了一辆命名为“民生牌”75

图 3-53 袁世凯送给慈禧的汽车

图 3-54 孙中山

图 3-55 张学良

型汽车，它开辟了中国人试制汽车的先河。由于“九·一八”事件爆发，东北三省被日本占领，汽车停产。

总之，不少有志之士，都想制造中国的汽车，可是，限于当时的条件，都没有实现。

拓展知识

我国第一辆汽车于1929年5月在沈阳问世，由张学良将军掌管的辽宁迫击炮厂制造。张学良让民生工厂厂长李宜春从美国购进“瑞雪”号整车一辆，作为样车。李宜春将整车拆卸，然后除发动机后轴、电气装置和轮胎等用原车零件外，对其他零件重新设计制造，到1931年5月历时两年，终于试制成功我国第一辆汽车，命名为“民生牌”75型汽车，开辟了中国自制汽车的先河，这是值得钦佩的。

至1949年，我国历年进口汽车累计7万余辆，当时的汽车保有量为5万余辆，产品来自很多国家，可以说是“万国”汽车。

二、新中国的汽车工业

中国的汽车工业，是从新中国成立以后才开始建立的，经过半个世纪的努力，已发生了天翻地覆的变化。从一个曾经是“只有卡车没有轿车”、“只有公车没有私车”、“只有计划没有市场”的汽车工业，形成了一个种类齐全、生产能力不断增长、产品水平日益提高的汽车工业体系。2014年，我国汽车产量为2372.29万辆，居世界第一位。其发展过程大致经历了创建阶段（1949～1965年）、成长（1966～1980年）和改革开放（1981～1993年）和快速成长（1994年至今）4个阶段。

1. 创建阶段（1949~1965年）

（1）汽车工业的筹划。

① 1949年，中华人民共和国成立后，就开始了建立我国汽车工业的筹划工作。

② 1949年10月，在中央重工业部内设置了汽车工业筹备组。

③ 1950年2月，毛泽东主席赴苏联访问，签订《中苏友好条约》的同时，双方签订了由苏联援助中国155个合作项目，建设一座现代化的汽车生产厂是其中之一。

④ 1952年秋，党中央任命饶斌为第一汽车制造厂厂长。

⑤ 1953年6月6日，毛泽东主席签发《中共中央关于力争三年建设长春汽车厂的指示》。

（2）第一汽车制造厂的建立。遵照毛泽东主席的指示，1953年7月15日长春第一汽车制造厂奠基，从而拉开了新中国汽车工业筹建工作的帷幕。如图3-56所示。

图3-56 第一汽车制造厂奠基石

1956年7月，长春第一汽车制造厂生产出第一批12辆解放牌CA10型4t载货汽车，如图3-57所示，结束了中国不能制造汽车的历史，圆了中国人自己生产汽车之梦。该车是从莫斯科斯大林汽车制造厂生产的吉斯

150 型汽车仿制而成。

（a）第一批载货汽车出厂情景

（b）解放牌 CA10 型 4t 载货汽车

图 3-57 解放牌载货汽车出厂

1957 年 5 月，一汽开始仿照国外样车自行设计轿车。1958 年 5 月，一汽试制成功 CA71 型“东风牌”小轿车，如图 3-58 所示，开创了中国轿车生产的先河。之后，一汽又为国家领导人研制高档轿车，1958 年 7 月，制造出 CA72 型红旗牌高级轿车，如图 3-59 所示，该车通体黑色，庄重大方，具元首用车气派。红旗高级轿车作为国庆检阅车参加了 1959 年的国庆十周年的阅兵式，毛泽东主席等国家领导人首次坐上了自己国家生产的轿车。1964 年红旗牌高级轿车被正式列为国家礼宾用车，并屡次用作国家领导人乘坐的庆典检阅车。如图 3-60 所示，1984 年建国 35 周年阅兵式，中央军委主席邓小平乘坐红旗 CA770YJ 型特种检阅车检阅海陆空三军；如图 3-61 所示，1999 年建国 50 周年大庆，江泽民主席同样乘用红旗检阅车检阅海陆空三军；如图 3-62 所示，胡锦涛乘坐新型红旗 HQE 红旗检阅车检阅海陆空三军。

（a）东风 CA71 型轿车

（b）毛主席观看东风 CA71 型轿车

图 3-58 汽试制成功的东风 CA71 型轿车

图 3-59 CA72 型红旗牌高级轿车

图 3-60 邓小平乘坐红旗检阅车检阅海陆空三军

图 3-61 江泽民乘坐红旗检阅车检阅海陆空三军

图 3-62 胡锦涛乘坐红旗 HQE 检阅车检阅海陆军空三军

（3）5个汽车生产基地的形成。1958年，中国汽车工业出现了新情况。国家实行企业下放，各省市纷纷利用一些修理厂和汽车配件厂仿制和拼装汽车，形成了中国汽车发展史上的第一次热潮，创建了一批汽车制造厂、制配厂和改装厂。其中，南京、上海、北京、济南4个较有基础的汽车制配厂，经过技术改造后成为第一批汽车制造厂。自此，到1966年，我国汽车工业已形成第一汽车制造厂、南京汽车制造厂、上海汽车制造厂、北京汽车制造厂、济南汽车制造厂5个汽车生产基地（一大四小），年生产能力近6万辆。如图3-63～图3-66分别为4个小型汽车制造厂生产的汽车。1965年底，全国民用汽车保有量近29万辆，国产汽车17 万辆（其中，一汽生产15万辆）。

图 3-63 NJ130 型 2.5 吨载货汽车

图 3-64 上海牌 SH760 型轿车

（a）BJ210C 型越野汽车

（b）BJ212 型越野车

图 3-65 北京汽车制造厂生产的汽车

图 3-66 黄河牌 JN150 型 8t 重型汽车

其中，上海汽车制造厂生产的“上海”牌中级轿车，从 1960 年到 1980 年一直是我国普通干部使用最多、最常用的公务车。

2. 成长阶段（1966 ~ 1978 年）

（1）第二汽车制造厂创建。1964 年，根据当时国际形势，为加强备战，中央提出在三线（沿海地区划为一线、中部地区为二线、纵深山区为三线）建设以生产越野汽车为主的第二汽车制造厂、四川和陕西汽车制造厂。第二汽车制造厂 1967 年 4 月在湖北省西北部武当山下的十堰开工兴建，如图 3-67 所示，1975 年 6 月建成投产，生产东风牌 EQ240 型 2.5t 越野汽车，如图 3-68 所示，1978 年开始生产 EQ140 型 5t 载货卡车，如图 3-69 所示。1978 年底对越自卫反击战中，这两款汽车开赴前线，深得部队好评，因此，二汽日后成为我国军方的主要供货商。与一汽不同，二汽是依靠我国自己的力量创建起来的工厂。二汽的建成，开创了中国汽车工业以自己的力量设计产品、确定工艺、制造设备、兴建工厂的纪录，标志着中国汽车工业上了一个新台阶。

图 3-67 二汽厂址原始地貌

图 3-68 EQ140 型 2.5t 军用越野汽车

（2）川汽和陕汽的创建。在创建二汽的同时，四川和陕西汽车制造厂分别在重庆市大足县和陕西省宝鸡市兴建和投产，主要生产重型载货汽车和越野汽车，分别为红岩牌 6t 和延安牌 5t 越野车。如图 3-70 所示为四川汽车制造厂生产的红岩牌 6t 越野汽车。

图 3-69　EQ140 型汽车

图 3-70　红岩牌越野汽车

（3）开发生产矿用自卸汽车。20 世纪 60 年代中期，国家提出“大打矿山之仗”的决策，为适应需要，从 1969 年开始，汽车行业开发生产了矿用自卸汽车。主要有：上海 32t 矿用自卸车、天津和常州的 15t 矿用自卸车、北京的 20t 矿用自卸车、一汽的 60t 矿用自卸车等。上海 32t 矿用自卸车、常州 15t 矿用自卸车如图 3–71、图 3–72 所示。

图 3–71　上海 32t 矿用自卸车

图 3–72　常州 15t 矿用自卸车

（4）二次“汽车热”。20 世纪 60 年代后期，国家提出调动地方积极性，建设地方工业体系的方针，形成了中国汽车工业发展的第二次热潮，到 1980 年，全国汽车生产厂家达到 56 家，另外还有 100 多家改装厂，这些生产厂家，技术水平低、规模小（年产 1000 辆），几乎全部仿制国产车型重复生产。据粗略统计，生产解放牌车型的有 20 多家，北京 130 车型的有 20 多家，跃进车型的有近 20 家，北京越野车的有近 10 家。尽管如此，这在一定程度上带动了汽车工业的成长。

到 1980 年，我国生产能力已达 22.2 万辆（1965 年是 6 万辆），全国民用汽车保有量 169 万辆。其中，载货汽车 148 万辆，汽车工业总产值达到 88.4 亿元。我国汽车工业体系基本形成。

需要说明的是，因为当时属于计划经济时期，汽车全部由国家计划组织生产和销售，对企业而言不存在市场需求和竞争机制。

3. 汽车工业改革开放阶段（1981 ～ 1993 年）

1978 年，党的十一届三中全会以后，我国实行改革开放，单一的计划经济模式被打破，国民经济的发展对汽车产生了迫切需求，汽车工业进入全面发展阶段。

主要体现在：

（1）1982 年，中国汽车公司再次成立。

（2）发展汽车工业的政策陆续出台。

1985 年，中央在“七五”规划中，提出把汽车工业作为发展国民经济的支柱产业。

1987 年，中央又进一步提出把轿车工业作为我国汽车工业发展的重点（前 30 年发展以卡车为主，轿车只有红旗和上海牌两个小批量生产车型），标志着中国汽车工业开始战略转移。

（3）产品结构调整步伐加快。

①老产品换型。1987、1988 年，生产时间最长的三个载货汽车老产品换型，转产新解放、新跃进和新黄河，改变了汽车产品三十年一贯制的落后局面。

②产品结构全面调整。20 世纪 80 年代初期，产品结构也以中型载货车为主，“缺重少轻，轿车几乎空白”。为适应市场需求的变化，汽车工业及时调整了产品结构，注重微型车、轻型车和重型车的产品开发，同时重点发展轿车工业。1989 年 6 月，第一辆国产斯达－斯太尔重型汽车在济汽总厂下线，如图 3–73 所示，扭转了我国汽车工业“缺重”的局面。轻型微型汽车生产方面，南京汽车制造厂引进意大利菲亚特集团依维柯 S 系列轻型汽车技术开发出轻型依维柯；重庆汽车制造厂引进五十铃 N 系列轻型汽车技术开发出江铃轻卡，如图 3–74 所示；同时一汽、二汽也发展轻型汽车生产。另外，经国家规划批准，形成天津、柳州、哈尔滨、吉林、重庆、江西、陕西共 7 个微型汽车厂，适应了市场需求，提高了轻型微型汽车的生产比例。如图 3–75 所示，为长安汽车厂生产的“长安之星”微型汽车。

图 3–73 斯达－斯太尔重型汽车

图 3–74 江铃轻卡

（4）改革开放，引进先进技术，建立合资企业。为了缩小与世界的差距，我国引进了多项先进技术，建立了多家合资企业。1985 年，上海大众公司成立，如图 3–76 所示，与德国大众合资生产桑塔纳系列轿车，拉开了大量生产轿车的序幕。其后，一汽大众、二汽雪铁龙、广州本田等中外合资轿车纷纷启动，填补了我国轿车基本空白的局面。

1993 年底，我国汽车年产量达到 130 万辆，跃居世界第 12 位。

图 3–75 长安之星

图 3–76 上海大众公司成立

4. 汽车工业快速增长期（1994 年至今）

（1）汽车相关产业政策发布。

① 1994 年，国务院颁布《汽车工业产业政策》，提出汽车产业“到 2010 年成为国民经济的支柱产业”的奋斗目标。

这是我国汽车工业的一部政策性法规，也是我国工业行业第一部出台的政策性法规，极大地促进了汽车工业的发展。

② 2004 年，国家新的《汽车产业发展政策》发布。该项政策重申我国汽车产业在 2010 年前发展成为国民经济支柱产业的奋斗目标；鼓励汽车企业集团化发展，实现汽车产业结构优化和升级，全面提高汽车产业国际竞争力；鼓励汽车企业开展国际合作，坚持引进技术与自主开发相结合。

③ 2009 年 3 月，国务院颁布《汽车产业调整和振兴规划》，提出三年内实现八大目标：培育汽车销售市场，减征小排量汽车购置税，扶持补贴农用车消费，支持产业重组、自主创新、技术改造、新能源汽车和自主品牌发展。

④ 2012 年，国务院印发了《节能与新能源汽车产业发展规划（2012～2020 年）》。该项规划是基于我国经济持续快速发展和城镇化进程加速推进，今后较长一段时间汽车需求量仍将保持增长势头，为了消除或者减少由此带来的能源紧张和环境污染问题而制定的。规划的贯彻执行，旨在加快培育和发展节能汽车与新能源汽车，推动汽车产业的可持续发展的紧迫任务，加快汽车产业转型升级、培育新的经济增长点和国际竞争优势。

（2）改革开放进一步深入。目前，我国汽车行业已与 20 多个国家和地区的企业建立了 600 多家外商投资企业，世界著名汽车厂家均在中国投资建厂，外商投资总规模达 210 亿美元，占全国汽车工业资本的 40% 以上，进一步促进了技术水平和管理水平的提高。

（3）改组兼并，扩大规模经营。为提高国际竞争力，国家大力提倡有条件的汽车企业实施兼并重组，强强联合，扩大经营规模。

一汽组建的一汽集团公司，目前拥有全资子公司 16 家，控股子公司 15 家，形成了生产中、重、轻、轿、客、微和越野汽车、专用车等多品种、宽系列以及零部件的产品格局。2014 年实现整车销量 308.61 万辆，实现营业收入 75005.6 百万美元，位居世界 500 强第 111 位。

二汽组建的东风汽车集团，已陆续建成了十堰、襄阳、武汉、广州等四大主要生产基地，拥有东风、神龙、柳汽和云汽等 11 个汽车生产企业，产品覆盖“重、中、轻、轿”等多品种。2014 年东风汽车集团销售汽车 380.25 万辆，实现营业收入 74008.2 百万美元，位居世界 500 强排名第 113 位。

上汽集团在上海、仪征、柳州、合肥、烟台等地建立了多个汽车生产基地，拥有上海大众、上海通用、新南汽、上汽通用五菱、上汽乘用车等多家企业，产品覆盖“重、中、轻、轿”等多品种。2014 年上海集团实现整车销量 558.37 万辆，实现营业收入 92024.8 百万美元，位居世界 500 强排名第 85 位。

（4）产品结构进一步优化。经过 20 多年的发展，汽车产品结构日趋合理；轿车占汽车总产量的比例从 1990 年的 8% 变化为 2014 年的 52.7%，基本上扭转了改革开

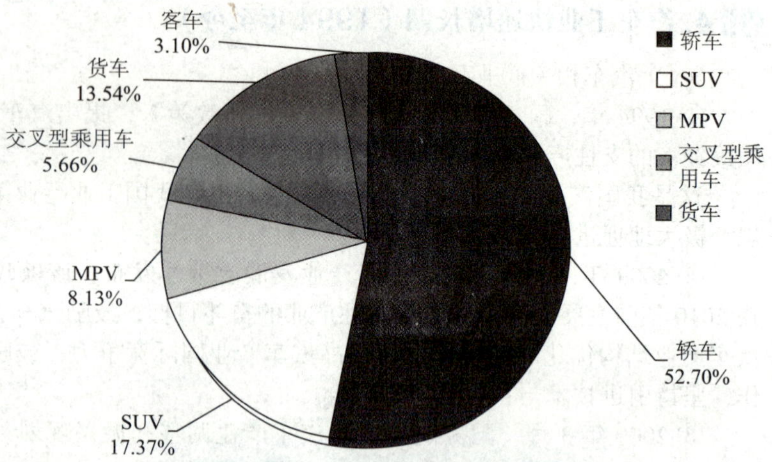

图 3-77 2014 年汽车各主要品种市场占有率

放初期汽车产品结构的不合理局面。2014 年汽车各主要品种市场占有率如图 3-77 所示。

（5）消费结构发生变化。从 1978 年至今，汽车消费结构发生了 4 大转变。

①从以商用车为主变为以乘用车为主。据统计，在 20 世纪 90 年代初，乘用车的市场比例不足 40%，目前，乘用车市场比例超过 70%。

②由卖方市场变为买方市场。过去，人们可选车型非常少，人们购车甚至需要托人找关系。近几年来车型越来越多，消费者可选的对象越来越多。

③以公款购车为主变为以私人购车为主，汽车从少数富人的奢侈品变为普通人的耐用消费品。20 世纪 90 年代初，公车占 50% 以上，目前，私车占 80% 以上。

④消费结构多元化，呈现多层次性。如今，豪华车、中级车、经济型轿车都能在中国市场找到栖身之地，轿车、MPV、SUV 乃至新型的交叉车型都能有不错的销量。

（6）汽车产量稳步增长。2000 ～ 2014 年中国汽车销量及增长率如图 3-78 所示。

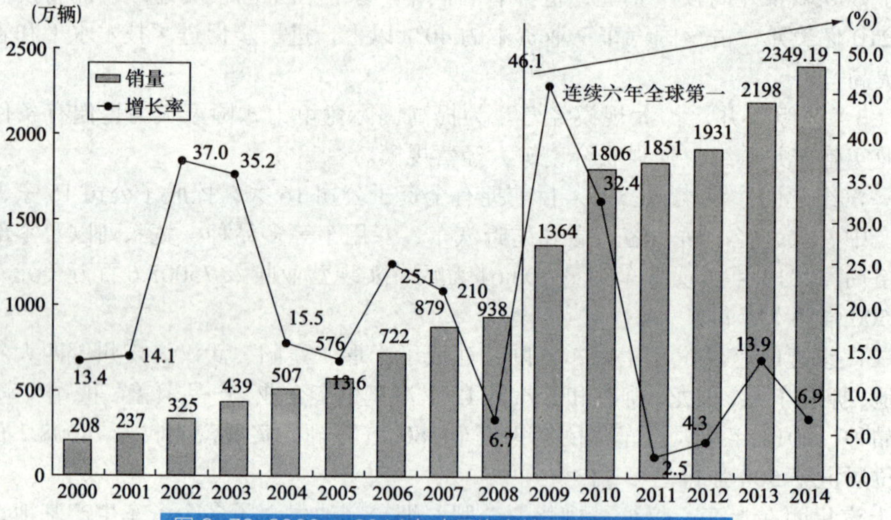

图 3-78 2000 ～ 2014 年中国汽车销量及同比变化情况

（7）生产集中度明显提高，汽车工业形成了“4+X”格局 。目前，中国汽车领域已形成了以上汽、一汽、东风、长安四大集团为主导，以北汽、广汽、奇瑞、比亚迪、华晨汽车、浙江吉利等为重要组成部分的“4+X”的崭新格局。2014 年，前 10 家汽车企业累计销售汽车 2107.66 万辆，占总销售量的 89.7%，生产集中度明显提高。2014 年前十大汽车企业汽车（按集团）和乘用车销量如表 3-2 所示。

汽车生产集中度大幅度提高，标志着我国汽车工业“散、乱、差”的格局已经改变，中国汽车工业产业组织结构的优化已经显现。

（8）拥有自主品牌的轿车生产企业有了较快发展。从2001年起，华晨中国汽车控股有限公司、哈飞汽车股份有限公司、吉利控股集团、奇瑞汽车有限公司、比亚迪汽车有限公司等公司相继获得生产和销售轿车的正式许可。自主轿车品牌已达10多个，有了较快发展。

2014年，自主品牌乘用车销售757.33万辆，占乘用车销售市场的38.4%。轿车销售1238.57万辆，其中自主品牌轿车销售277.44万辆，占轿车市场的22.4%。

尽管自主开发的产品在质量和技术水平上与国外尚存在一定的差距，但中国自主开发企业的低成本使其在私人消费主导的汽车市场上找到了生存空间。

（9）汽车新产品、新技术大量推出。随着汽车市场竞争的加剧和汽车技术的发展，每年都有几十款到上百款新车投放市场，2002年，全国汽车整车投放新产品90种；2006年达到117款新车型，平均3天一款；2014年推出近554款轿车新车型。并且自主品牌车型逐步增加，如2014年就有200多款属于自主品牌。

表3-2 2014年十大汽车企业销量

万辆

排名	汽车		乘用车	
	企业名称	销量	企业名称	销量
1	上汽	558.37	一汽大众	178.09
2	东风	380.25	上海大众	172.5
3	一汽	308.61	上海通用	172.39
4	长安	254.78	上汽通用五菱	158.64
5	北汽	240.09	北京现代	112
6	广汽	117.23	重庆长安	97.33
7	华晨	80.17	东风日产	95.42
8	长城	73.08	长安福特	80.6
9	奇瑞	48.61	神龙	70.4
10	江淮	46.47	东风悦达	64.6
合计		2107.66	1201.97	
所占比重		89.72%	61.01%	

三、中国汽车工业发展现状与趋势

1. 发展现状

（1）又快又大。自2009年中国成为世界第一大汽车销售国之后，2014年我国汽车内需量达到2349万辆，远超欧美、日本等国，2001～2014年年均增长19.7%。如图3-79所示。

（2）整体大而不强。我国汽车目前虽然全球产销量第一，但是由于人口众多，人均汽车保有量仍然很低，达不到世界平均水平。我国汽车工业在技术开发水平上与世界汽车强国还有一定差距，还没有成为全球汽车强国，有待进一步做大做强。

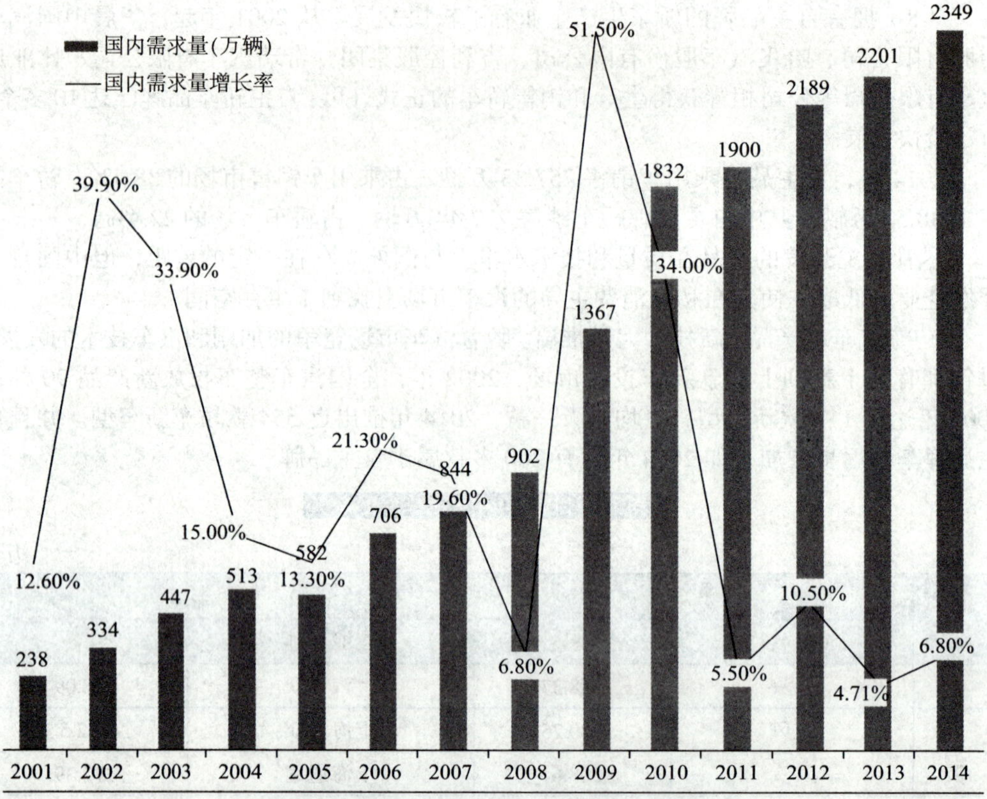

图 3-79 2001～2014 年汽车内需量及增长率

（3）生产规模偏小。中国汽车工业与世界级的汽车生产企业相比，生产规模偏小。目前中国有 73 家整车制造企业，50% 年产不足 1 万辆。尽管上汽、东风、一汽、长安等 4 家汽车企业年产量已突破 200 万辆，但与世界级的汽车集团相比，差距还很大，生产规模偏小。

（4）自主创新能力较弱，技术水平落后，研发能力低。尽管拥有自主品牌的轿车生产企业有了较快发展，在中国汽车市场中占据了一定份额，如图 3-80 所示为 2010～2014 年轿车自主品牌份额变化情况，但汽车产品多为低端产品，国际竞争力低，中国这么大的汽车市场，还缺乏一个在国际上叫得响的知名品牌。

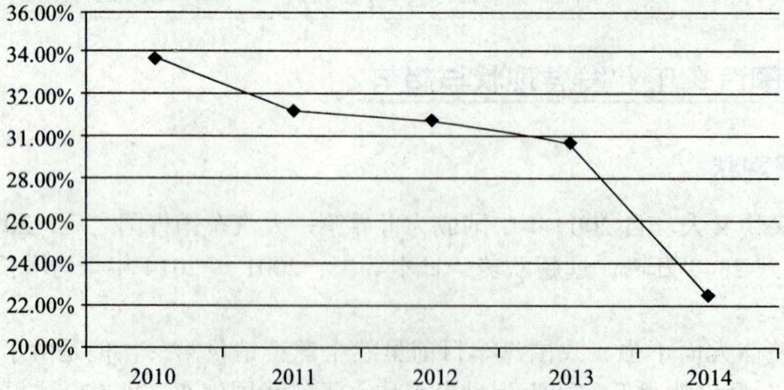

图 3-80 国产轿车自主品牌份额变化

2. 发展趋势

（1）汽车将继续保持较快的增长速度。随着我国经济的快速发展，我国将继续保持汽车产销量第一的位置，预计十二五期间我国汽车产量将达到 2500 万辆。

（2）企业并购重组，形成大企业集团。“十二五”期间，在市场竞争的基础上，通过政府政策支持，调整、优化产业组织结构，有可能推动汽车企业兼并重组为十家大企业集团。这十大企业集团将具有完整的自主开发能力，系列的自主品牌，具有相当的国际竞争力和国际经营能力。

（3）新能源汽车产业化将取得实质性进展。鼓励开发使用节能环保和新型燃料汽车。

（4）自主创新能力进一步增强，自主品牌市场占有率进一步提升。

拓展知识

国家“十一五”规划和国务院第 11 号文件都突出了汽车民营企业和自主品牌的地位，前者提出要增强汽车工业自主创新能力，加快发展拥有自主知识产权的汽车发动机、汽车电子、关键总成及零部件。发挥骨干企业作用，提高自主品牌乘用车市场占有率，汽车自主品牌销量不低于 60%。鼓励开发使用节能环保和新型燃料汽车。后者则要求汽车新增产能要向自主品牌倾斜。预计十二五期间，自主品牌乘用车市场占有率将达到 50%，其中自主品牌轿车市场占有率达到 40%。

总之，中国的汽车工业经过几十年的发展，现在已经在世界汽车市场中占据了一席之地。随着世界汽车工业的发展，发达国家的汽车市场已经进入饱和状态。21 世纪，世界汽车市场的发展重点将转向广大的发展中国家，即亚洲、中欧、南美等国家。21 世纪将成为发展中国家普及汽车的世纪。不远的将来，中国必将成为世界汽车大国、强国。

学习案例

从广义上讲，“市场换技术”指的是始自 80 年代后期少数中外轿车合资企业建立，直至中国加入 WTO，允许世界各大汽车跨国公司在中国合资设厂，进行本土化生产。当初提出“以市场换技术”的目的，是向外方让出市场，通过合资，消化吸收换来的技术，最后开发出有我国自主知识产权的先进车型。30 多年过去了，结果是，极为宝贵的资源——轿车市场的绝大部分轻易地让出去了，但掌握先进技术，开发有中国品牌轿车的目标，基本上没有达到。

案例分析

在提倡自主创新的大语境里，很多有识之士再次郑重地高调提出“对‘以市场换技术’进行反思”。而反思的结论他们已明确：我们的市场是让出去了，但技术却没有换来；换来的不是不入流的技术就是二流技术，没有最先进的核心技术；大规模引进不但没有加强我们的自主创新能力，反而侵蚀了我们自主创新的基础。

首先，自主创新能力是一国经济发展的基础，是国际竞争力的根本所在，而它又是建立在本国自身的制度环境基础之上的，不能依赖别人。且不说我们想要核心技术人家给不给（基本的商业逻辑是，要么不给，要么代价足够大），即使给了，也不见得能用好，更难以达到“水乳交融”，化成自主创新根基的一部分——引进的技术能否消化吸收，起码取决于两方面因素：一是纯技术层面的。接受的企业、员工已有技术水平达到了什么程度，能否理解、掌握更先进的技术，并将其转化成自身的技术能力；二是适宜的制度环境。整个社会、企业、个人是否有充分必要的条件以及足够的动力和压力来完成这个消化吸收过程，然后才谈得上是否有助于提升自主创新能力。所以，当初引进技术的原意，并不是要以此建立自主创新的基础，这应是没有疑问的，后来的反思就有无的放矢之嫌。而在实践中，我们没有形成自己的自主创新能力，该反思的恰恰是我们自己出了什么问题。

在实行开放战略后，我们或许只是意识到了不能封闭发展，封闭只能导致落后，必须引进、学习、借鉴别人的先进技术，以尽快提高自己的技术水平，却并不应该指望把别人的一流技术拿进来，自己的技术水平甚至科研基础和创新能力也就变成一流的了。引进只能解决部分问题，并且主要解决的是时间和效率问题，而不能解决所有问题，尤其是自身的创新能力所赖以存在的制度基础。引进、消化、吸收，这本是任何一个国家、一个企业引进技术必须做的三个步骤，只引进不消化、不吸收，只能从自己的消化系统中找原因，而不能因此否定引进。若说开放、引进侵蚀了我们自主创新的基础，那更是把大前提都搞错了。

其次，“以市场换技术”的反思者们至今为止还没把前提搞明白。原来的“以市场换技术”，只不过是对外开放战略中的一个从属战略，甚至更多是在战术层面的：开放是个大趋势，“以市场换技术”是想在这个开放的过程中，尽可能地获得更多的利益。在这里是把“技术”提了出来，但说“以市场换管理”、“以市场换观念”也未尝不可。况且，实际上市场是不得不开放的，即使别人不给我们技术、管理，我们的市场走向开放也是必然趋势。市场经济讲究公平竞争，我们也一再强调平等互利，假如别人不给我们先进技术我们就不让外国的商品、资本进来（技术本来也不全是孤立存在的，一样包含在货物、资本中），我国的出口也会重重受阻。2005 年中国出口差不多 8000 亿美元，比进口还多大约 1000 亿美元。虽然那些反思者们对这 8000 亿美元的出口也颇有微词（技术含量低、附加值低、都是加工贸易、出口依存度太高等等），但就连他们也知道还不能不出口。假如别人看不上我们的技术，理直气壮地对我们封了关，我国岂不是只能望洋兴叹了。

其实，真正的反思，现在的反思者们都没有做的，就是：“以市场换技术”隐含的前提是错误的。其错误：一在于封闭，二在于计划。有市场经济常识的人们都知道，“市场”既然可以被拿来与一种商品（技术）进行交换，那它就必须具备两个要素：第一是物质条件，这个市场的价值可以衡量而且必须是可支配的；第二是所有权明确。这就导出了两个基本前提：首先这个市场是封闭的；其次这个市场是政府的，或者起码是由政府来代行处置权的。或许，十年前这两个前提还部分存在，或者说有存在的合理性，而如今其错误也是显而易见的了——我们应该很清楚，“以市场换技术”在什么样的情况下才适用，它的根本缺陷在哪里，今天以至以后还应不应该——不，应是“可不可能”继续实施“以市场换技术”。这本是层窗户纸，点破了也就没什么了，如果继续默认着这些错误的前提反思，反思的结果却又是强化这些错误，那才真是会令人遗憾。

“以市场换技术”当然解决不了自主创新的问题，但与其在那些错误的反思上下工夫，不如老老实实地在基础教育、基础科研和制度建设上下功夫。或许见效慢，但那才是真正的底子。

教学检测

填空题

1. 1765 年，英国人詹姆斯·瓦特研制出了世界上第一台真正意义上的动力机械____。
2. ______和______被公认为以内燃机为动力的现代汽车的发明者，并尊称为汽车工业的鼻祖。
3. ______的建立，拉开了新中国汽车工业筹建工作的帷幕。
4. 改革开放以来，我国第一家合资汽车公司是______。

选择题

1. 被称作内燃机奠基人的是（　）。

A. 奥拓　　B. 瓦特
C. 戴姆勒　　D. 迈巴赫

2. 汽车诞生于（　）。

A. 美国　　B. 法国
C. 德国　　D. 日本

3. 开创了现代汽车工业生产模式的先河的是（　）。

A. 通用汽车公司　　B. 福特汽车公司
C. 克莱斯勒汽车公司　　D. 大众汽车公司

4. 新中国成立后，我国生产的第一批汽车品牌是（　）。

A. 红旗牌　　B. 东方红牌
C. 上海牌　　D. 解放牌

拓展实训　了解汽车的发展史

一、实训目的

通过观看纪录片了解百年来汽车的发展史。

二、实训内容

《汽车百年》是第一部由中国导演周兵制作的汽车历史纪录片，是中国第一部以百年汽车发展史为线索，反映人类为理想而不断进取的大型高清电视专题片。组织学生观看《汽车百年》，直观感受汽车工业百年来的发展壮大，见证中国制造力量和一个民族的崛起。

三、实训结果

____

____

____

四、总结分析

____

____

____

五、教师评分

____

____

____

学习情境四

世界主要汽车公司及商标

情境导入

从最初仅仅起到识别作用的字母，到如今一个品牌甚至一个国家的象征，汽车标志在当今的汽车产业中扮演着越来越重要的角色。最早的汽车标志出现在法国。1889 年法国人潘哈德和瓦莱尔取他们各自名字中的字母 P 和 L 组成了世界上最早的汽车标志。不过随着汽车产业的不断发展，汽车标志也被赋予了新的功用，它不仅代表了不同的汽车品牌，更是浓缩了整个品牌的文化精髓。而在当今，汽车标志又有了新的使命——品牌的潜在财富与无形资产。

学习导航

每个汽车企业都有自己独特的汽车品牌及相应的车标，本情境主要介绍世界著名汽车公司及商标，具体内容有：

1. 汽车品牌与车标概述；
2. 美国主要汽车公司及商标；
3. 欧洲主要汽车公司及商标；
4. 日本主要汽车公司及商标；
5. 韩国主要汽车公司及商标；
6. 中国主要汽车公司及商标。

学习单元 1　汽车品牌与车标

知识目标

了解汽车品牌和汽车车标的含义和作用。

技能目标

通过学习，能够了解汽车品牌的命名方式。

基础知识

在汽车发展的历史长河中，汽车工业发展的重心于 20 世纪初由发源地欧洲移向北美，形成了一个汽车生产的强国——美国。与此同时，欧洲汽车工业在老牌汽车强国德国的带领下，依托该地区发达的工业基础，一直保持着稳定的发展势头。第二次世界大战结束后，亚洲经济迅速崛起，促成了亚太地区汽车工业圈的形成。

在世界汽车产业变迁的过程中，每一步所留下的足迹都是耸立于世界各地的汽车生产厂家。它们有些曾经强大过，有些现在依旧辉煌，有些可能将要成为书写汽车历史的新主角。

1. 汽车品牌

品牌（Brand）：用来标志并识别企业或产品的符号系统。

汽车品牌就是指汽车的牌子。品牌作为产品的代表，不但代表着车型，而且是汽车功能、质量、信誉和形象的综合反映。不同的汽车品牌，蕴含着不同的文化内涵和品质，每一种品牌都代表着一种品味、一种风格。

（1）国外汽车品牌命名方式。

①以公司创始人或其他名人的姓名命名。如，戴姆勒－奔驰公司是以创始人戴姆勒和卡尔·本茨的姓名来命名的；林肯轿车是以美国总统林肯来命名的，以示轿车档次的尊贵。

②以神话、传说或比喻命名。如，美国通用雪佛兰部的“泰坦（Titan）”牌轿车，其名称来源于希腊神话，“泰坦”是位大力神，以此命名表示轿车马力强劲。

③以爵位、职位或其他身份命名。如，日本日产公司的“总统”、“公爵王”、“王子”轿车。

④以动物名称命名。如，日产“蓝鸟”、马自达“猎鹰”、福特“美洲豹”等。

⑤以地名命名。如，桑塔纳原是美国加州的一座山谷，而且山谷中常常刮起一股强劲的旋风，人们称之为“桑塔纳（Santana）”。德国大众用“桑塔纳”作为其汽车名，就是希望这种车如旋风般风靡世界。

⑥其他比喻。如，丰田“皇冠”，象征其永占日本国产车的王位。

（2）国内汽车品牌命名方式。

①以山川、地名命名。如，“松花江”、“北京”和“泰山”等汽车。

②以动、植物命名。如，“云雀”、“羚羊”和“红叶”等汽车。

③以寓于政治意义和时代特征命名。如，“解放”、“跃进”、“红旗”和“东风”等汽车。

2. 汽车车标

所谓车标，就是汽车的标志，汽车的商标。它不但是人们识别不同汽车的主要标志，而且对汽车的造型具有装饰和美化作用，一般安装在汽车的醒目位置。汽车车标是艺术性和象征性的统一，是汽车公司生存和发展的缩影。汽车车标都有一段不寻常的来历，蕴含着企业文化，是一种知识产权和无形的财富。因此，每一个汽车公司都十分重视汽车车标的设计，既要具有动人的魅力，又要能够触发人们对企业及其产品的美好印象和联想。

拓展知识

纵观世界车坛五花八门的汽车车标，它们大体可以分为四类：图形、文字、动物图腾以及立体标志。不论车标以怎样的形式出现，一个成功的车标必须具备醒目、简单、易懂、易记的特性。

学习案例

梅赛德斯品牌的由来

1889 年 9 月 16 日，埃米尔·杰林耐克的第三个孩子在维也纳出生，杰林耐克夫妇给这个女儿取了一个基督教名字——梅赛德斯。“梅赛德斯”取自西班牙语，有“优雅”的含义。

1897 年，杰林耐克到甘斯塔特旅行时专程到戴姆勒汽车工厂进行参观，然后订购了他的第一辆戴姆勒汽车——一辆 6 马力用皮带驱动的二缸发动机的汽车，并于 1897 年 10 月交付使用。但不久，杰林耐克发现，汽车的最高时速为 24 公里，实在太慢了。为此，他又订购了两辆最高时速为 40 公里的汽车。1898 年 9 月，世界上第一辆 8 马力的带四缸发动机的戴姆勒汽车“凤凰号”被送到杰林耐克手中。

从 1898 年开始，杰林耐克作为一个商人，致力于把戴姆勒汽车推广和销售给社会上层阶级。1899 年，戴姆勒提供了 10 辆汽车给杰林耐克。截止到 1900 年，戴姆勒公司共供应了 29 辆汽车给杰林耐克。

1900 年 4 月，杰林耐克与戴姆勒公司签订了一份有关汽车和发动机销售的合约，决定启用“梅赛德斯”作为产品的名字。另外，合约中还提到开发一种新的“戴姆勒－梅赛德斯”发动机。2 个星期后，杰林耐克用 550000 马克订购了 36 辆采用全新发动机的汽车。几个星期后，他订购了另外 36 辆带 8 马力发动机的汽车。杰林耐克在下订单的时候提出了两个条件：一是他要获得奥匈帝国、法国和美国的独家代理权；二是这批汽车要以他的女儿梅赛德斯（Mercedes）的名字来命名。

这个新名字极受欢迎，不久后戴姆勒公司把全部汽车都命名为“Mercedes”。1902 年，“Mercedes”成为注册商标。

案例分析

从上述案例，我们不难看出，梅赛德斯品牌之所以每一次亮相都伴随着人们艳美的目光，是因为梅赛德斯－奔驰不断追求完美。其完美的技术水平、过硬的质量标准、推陈出新的创新能力，使得它一系列经典跑车款式有口皆碑。自从1901年奔驰制造了第一辆梅赛德斯以来，已经走过了一百多年的风风雨雨。在这一百多年里，涌现出了很多厂家，但最终保存下来的百年老店仅奔驰一家，梅赛德斯斯依创业之初，以高品质、高质量征服着世界汽车产业。

学习单元2　美国主要汽车公司及商标

知识目标

了解美国主要汽车公司发展概况及商标。

技能目标

通过学习，能够快速通过车标或车型特点辨别美国主要汽车公司旗下各子品牌。

基础知识

拓展知识

汽车工业、钢铁工业和建筑工业被称为美国经济的“三大支柱”。通用、福特、克莱斯勒三大汽车集团，垄断着全美国轿车总产量的90%以上。2010年，全美国汽车产量776万辆。

美国汽车的特点：追求大气，张扬个性，霸气十足，宽敞舒适，豪华气派，注重安全，车身线条舒展流畅，油耗较大，强劲有力。

一、通用汽车公司（General Motors Corporation）

1. 公司概况

通用汽车公司是全球著名的汽车公司之一，由威廉·杜兰特（如图4-1所示）于1908年9月合并别克、凯迪拉克等多家汽车公司组成，总部设在美国底特律。

通用汽车公司是美国最早实行股份制和专家集团管理的特大型企业之一，所生产的汽车体现了美国汽车豪华、宽大、内部舒适、速度快及储备功率大等特点。由于其重视质量和新技术的采用，通用汽车公司的产品始终在用户心中享有盛誉。

但是，随着世界汽车市场竞争更加激烈、能源价格飞涨，通用汽车因产品结构不合理、经营管理不善、劳工成本高等，在百年之后走到破产边缘。具有百年历史的美国通用汽车公司于 2009 年 6 月 1 日正式申请破产保护。2009 年 7 月 9 日，通用汽车公司正式走出破产获得重生。新重组的通用汽车有限公司股比分配如图 4-2 所示。

通用汽车公司是一个跨国公司，它在世界 40 个国家都设有子公司、装配厂、零部件厂和销售中心。六个生产轿车的分部，一个生产载货汽车的分部，都设立在美国本土，另外，通用还拥有很多控股公司，如图 4-3 所示。它除生产、销售汽车外，还涉足航空航天、电子通信、工业自动化、金融等领域。

重组后的新公司保留了凯迪拉克、别克、雪佛兰、GMC 等四大核心品牌，关闭或出售土星、庞蒂克、悍马、欧宝、萨博等品牌。目前，悍马品牌已于 2010 年 5 月正式停产。

经过重组和战略调整，通用汽车有限公司又获得了较快发展。2014 年，通用汽车有限公司汽车营业收入 155427.0 百万美元，世界 500 强排名第 21 位，世界十大汽车公司排名第四位，美国及世界各地雇员达 26.6 万人。

图 4-1 威廉 · 杜兰特

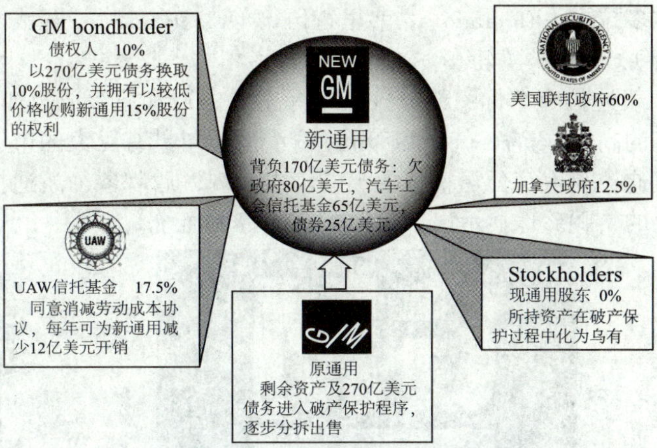

图 4-2 新通用汽车有限公司股比分配

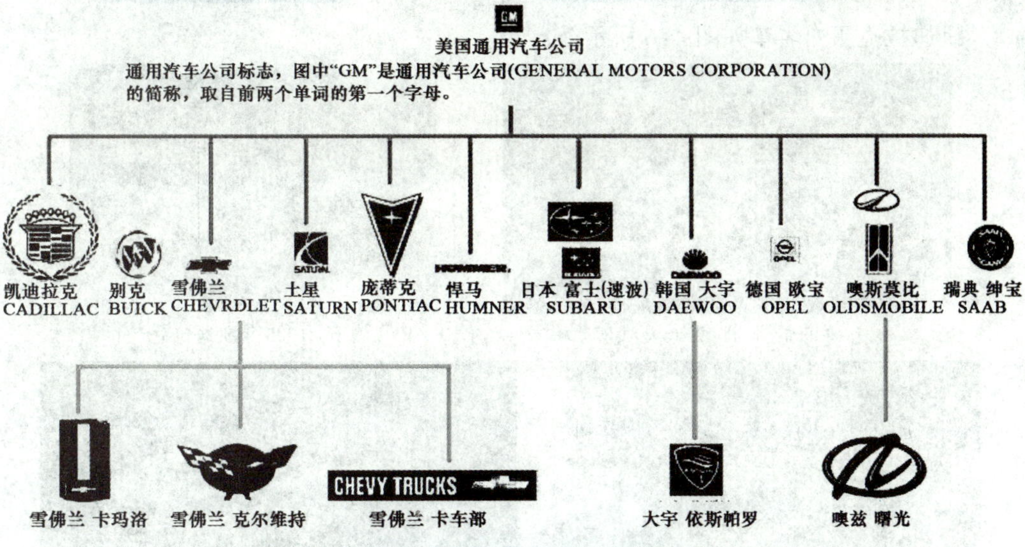

图 4-3 通用汽车公司主要组成

2. 公司商标

通用汽车公司商标如图 4-4 所示，取自其英文名称（General Motors Corporation）的前两个单词的第一个字母。“GMC”商标是通用汽车公司载货车的专用标志。

3. 子公司及主要品牌

（1）凯迪拉克分部。

凯迪拉克汽车公司建立于 1902 年，创建人是亨利 · 利兰得。凯迪拉克有“同类中最为出色、最具声望的事物”之意，被一向以追求极致尊贵著称的伦敦皇家俱乐部冠以“世界标准”的美誉。1909 年，亨利 · 利兰得把公司卖给了通用汽车公司，他本人做了通用汽车公司凯迪拉克部的经理。从那时起，凯迪拉克牌汽车更加重视豪华和舒适性，并将这一传统延续至今。

凯迪拉克以专门生产高级轿车而闻名世界，其主要产品有凯迪拉克（Cadillac）、埃尔多拉多（Eldorado）、弗里特伍德（Fleetwood）、赛威（Seville）、帝威（Deville）、凯帝（Catera）等轿车。

凯迪拉克车标：凯迪拉克车标主要由冠和盾组成，如图 4-5 所示。比喻凯迪拉克汽车的高贵、豪华、气派和潇洒，喻示该公司具有巨大的市场竞争力和取得胜利的信念，是凯迪拉克汽车公司精神内涵的集中体现，盾牌象征凯迪拉克的英勇，花环表示荣誉，冠上的 7 颗珍珠显示出了皇家贵族的尊贵血统。

图 4-4 通用汽车公司商标

图 4-5 凯迪拉克车标

凯迪拉克历史名车如图 4-6 所示。

（a）首辆凯迪拉克 A 型汽车

（b）1905 年凯迪拉克

（c）1914 年装有 V8 发动机的凯迪拉克

（d）1927 年凯迪拉克拉赛尔

（e）1931 年装载 V-16 大排量发动机

（f）1949 年凯迪拉克

（g）1959 年凯迪拉克

（h）1989 款的凯迪拉克

（i）2008 款凯迪拉克 CTS

（j）凯迪拉克 16 型高级轿车

图 4-6 凯迪拉克历史名车

（2）别克汽车分部。

1903 年 5 月 19 日，大卫 · 别克（David Buick）（如图 4-7 所示）创建了别克汽车公司。1904 年，别克汽车公司被转手卖给通用汽车公司的创始人威廉 · 杜兰特。1908 年，别克汽车的年产量达到 8820 辆，位居美国第一位，威廉 · 杜兰特以别克汽车公司为核心成立了通用汽车公司。别克汽车具有大功率、外观个性化、实用性强等特点。

公司特色：主要设计制造中档轿车。主要产品有世纪（Century）、君威（Regal）、林荫大道（Electia/Parkavenue）等轿车。如图 4-8 所示 2011 款 3.0 博鳌亚洲论坛版，甚至可以与林肯、凯迪拉克相媲美，车体宽大舒适、精致豪华、尊贵气派、性能优越，充分体现了美国高档轿车的特征。

图 4-7 大卫 · 别克

图 4-8 2011 款 3.0 博鳌亚洲论坛版

别克车标：别克车标如图 4-9 所示。三把利剑排列于不同高度，象征公司积极进取，不断登攀的精神。文字是公司创建人大卫·别克的名字。三把利剑从左到右为红、白、蓝递升，而且高度节节上升，给人一种积极进取、不断攀登的感觉，也表示别克内部采取顶级技术、游刃有余，是无坚不摧、勇于攀登的勇士。

BUICK

图 4-9 别克车标

别克历史名车如图 4-10 所示。

（a）1936 年别克

（b）1953 年别克爱都

（c）1954 年别克轿车

（d）1959 年别克旗舰车

（e）1996 ～ 2005 年别克林荫大道

（f）别克 GL8 汽车

图 4-10 别克历史名车

（3）雪佛兰（Chevrolet）分部。

1911 年 11 月 3 日，威廉·杜兰特和瑞士的赛车手、工程师路易斯·雪佛兰（图 4-11）共同创建了雪佛兰汽车公司。1981 年 5 月，雪佛兰汽车公司并入通用汽车公司。公司主要生产经济型轿车及中、高级跑车。雪佛兰品牌是通用汽车全球销量最大的品牌，自 1912 年推出第一部产品至今，销售总量已超过 1 亿辆，先后十多次获得美国《汽车时尚》杂志的“年度最佳轿车”奖。

雪佛兰车标：如图 4-12 所示，雪佛兰车标由图形和文字两部分组成。图形是抽象化的蝴蝶结，象征汽车的大方、气派和风度。文字是创始人路易斯·雪佛兰的名字。

图 4-11 路易斯 · 雪佛兰

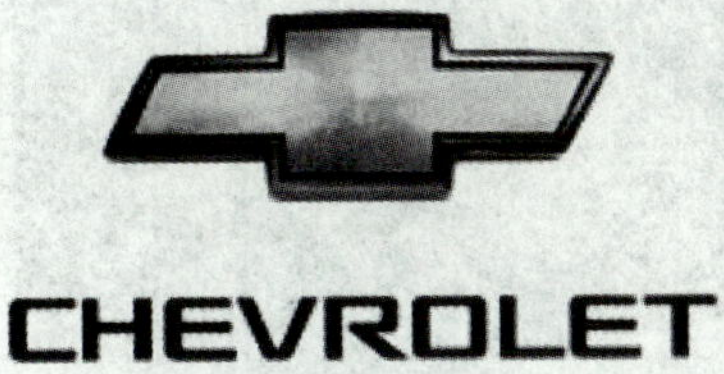

图 4-12 雪佛兰车标

雪佛兰历史名车如图 4-13 所示。

（a）1915 年雪佛兰 H4

（b）1934 年雪佛兰车

（c）1957 年雪佛兰敞篷跑车

（d）2007 年雪佛兰 Camaro 跑车

图 4-13 雪佛兰历史名车

（4）宠蒂克分部。

庞蒂克分部原为奥克兰汽车公司，由爱德华 · 墨菲创建。奥克兰汽车公司因 1908 年生产了一种性能较高的四缸发动机轿车而得到了迅速发展。1909 年，奥克兰汽车公司正式加入通用汽车公司。1932 年，更名为通用汽车公司庞蒂克汽车分部。2009 年 4 月 29 日，通用正式宣布砍掉庞蒂克这个品牌。拥有 102 年历史的庞蒂克从此消失。

宠蒂克车标：由“PONTIAC”和带十字标记的箭头组成，如图 4-14 所示。十字形标记表示宠蒂克是通用汽车公司的重要成员，也象征宠蒂克汽车安全可靠；箭头则表示宠蒂克的技术超前和公关精神。

图 4-14 宠蒂克车标

宠蒂克历史名车如图 4-15 所示。

（a）1926 年宠蒂克轿车　　（b）1967 年宠蒂克“火鸟”

图 4-15　宠蒂克历史名车

（5）奥兹莫比尔分部。

奥兹莫比尔汽车分部创立于 1897 年，是美国最老的小型客车生产厂之一。1908 年，它并入通用汽车公司。通用奥兹莫比尔分部是美国第一个大量生产及销售汽车的企业，以生产中档车为主。

奥兹莫比尔车标：如图 4-16 所示，奥兹莫比尔车标由图形和文字两部分组成。文字是奥兹加上莫比尔得来的；图形表示该公司积极向上和勇往直前的精神。

图 4-16　奥兹莫比尔车标

奥兹莫比尔历史名车如图 4-17 所示。

（a）1966 年生产的“龙卷风”　　（b）1995 年奥兹莫比尔旗舰 Aurora

图 4-17　奥兹莫比尔历史名车

（6）土星汽车公司。

土星汽车公司创建于 1985 年，它是通用汽车公司唯一从内部建立的分部，以抵御外国汽车大规模进入美国市场。土星汽车分部设在美国田纳西州春山市。1992 年，土星轿车正式投产，主要产品为豪华轿车 SL、旅行轿车 SW 和跑车 SC。土星是通用汽车公司最年轻的品牌，不存在历史包袱和损害传统的顾忌，以市场需求为准绳，标新立异，轻装上阵，在外观和性能上都有创新，在价格上有优势。因此，土星主宰了美国价格较低的紧凑型汽车市场。

土星车标：如图 4-18 所示，土星车标由图形和文字组成。Saturn 是土星的英文名；图形由两条美丽的星球运行轨迹组成，寓意高分子运行轨迹，象征着其产品追求高科技成果，给人一种高科技、新观念、超时空的感觉，寓意土星汽车技术先进且最具时代魅力。

图 4-18　土星车标

土星历史名车如图 4-19 所示。

（a）1999 年土星 SC 三门跑车

（b）土星旅行轿车 SW2

图 4-19 土星历史名车

（7）欧宝汽车公司。

欧宝汽车公司创建于 1862 年，是以创建人德国人亚当 · 欧宝（Adam Opel）的姓氏 Opel 命名的。该公司最初生产缝纫机和自行车，1897 年开始生产汽车，1914 年成为德国最大的汽车生产厂家，1929 年被通用公司并购，使其成为它在德国的子公司。被收购的欧宝公司的汽车产品仍保留着原有的设计风格，生产适应欧洲市场的车型。

公司特色：欧宝汽车公司十分重视汽车技术创新和空气动力学方面的研究。它生产的轿车风阻系数低，性能优良，价位合理，是美国通用公司属下效益最好的子公司，是西欧畅销品牌。如图 4-20 为欧宝雅特汽车。

欧宝汽车车标：如图 4-21 所示，欧宝汽车车标为闪电图案，代表了公司的技术进步和发展。像闪电一样划破长空、震撼世界，喻示欧宝汽车风驰电掣，力量与速度无与伦比，同时也炫耀它在空气动力学方面的研究成就。

图 4-20 欧宝雅特

图 4-21 欧宝汽车车标

欧宝历史名车如图 4-22 所示。

（a）1924 年欧宝绿蛙

（b）1935 年欧宝

图 4-22 欧宝历史名车

chapter 01
chapter 02
chapter 03
chapter 04
chapter 05
chapter 06
chapter 07

二、福特汽车公司及车标识别

1. 公司概况

图 4-23 亨利·福特

1903 年，亨利·福特（如图 4-23 所示）在美国底特律创建福特汽车公司。1908 年，福特汽车公司生产出世界上第一辆属于普通百姓的汽车——福特 T 型车。1913 年，福特汽车公司开发出世界上第一条生产流水线。福特先生为此被尊称为“为世界装上轮子”的人。目前，福特汽车公司是世界上最大的汽车生产企业之一。

2014 年，公司年营业收入 146917.0 百万美元，世界 500 强排名第 26 位，世界十大汽车公司排名第五位，美国及世界各地雇员超过了 37 万人，在全球五大洲有 110 个全资、控股和合资汽车制造工厂，还涉足航空航天、电子通信、钢铁和军工等领域。

目前，福特汽车公司在北美拥有福特和林肯 – 水星两个分部。另外，福特还拥有很多控股公司，如图 4-24 所示。

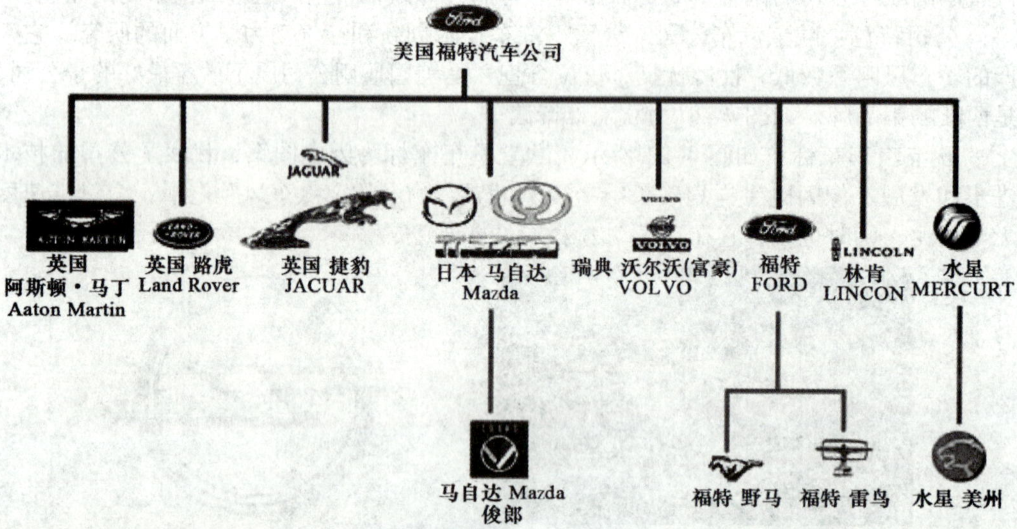

图 4-24 福特公司主要组成

2. 公司商标

图 4-25 福特汽车公司商标

福特汽车公司商标如图 4-25 所示，采用英文 Ford 字样，蓝底白字。由于创建人亨利·福特喜欢动物，标志设计者为了迎合福特的嗜好，就将英文 Ford 设计成形似奔跑的小白兔形状，象征福特汽车奔驰在世界各地。

3. 主要品牌及车标识别

（1）福特品牌。

福特品牌是福特汽车公司品牌家族的第一个成员，福特车标为福特汽车公司的商标。其代表性产品包括嘉年华（Fiesta）、蒙迪欧 – 致胜（Mondeo Emblem）、雷鸟（Thunder bird）、野马（Mustang）、F 系列、稳达（Wind-star）、皇冠维多利亚（Crown

Victoria）、伊普拉（Explorer）、全顺（Transit）及福克斯（FOCUS）等品牌。福特福克斯为福特品牌中销量最大的汽车。如图 4–26 所示为福特品牌汽车。

（a）蒙迪欧 – 致胜

（b）福克斯

图 4–26 福特品牌汽车

福特历史名车如图 4–27 所示。

（a）1920 年 T 型双座跑车

（b）1928 年 T 型皮卡

（c）1958 福特活顶轿车

（d）1961 福特星航者轿车

图 4–27 福特历史名车

（2）林肯品牌。

林肯（Lincoln）品牌由亨利·利兰得（Henry Leland）创立于 1907 年。以美国第 16 任总统林肯命名，专门生产高级豪华轿车。1922 年，福特汽车公司以 800 万美金收购了林肯品牌，并由此进入豪华车市场。由于林肯车具有杰出的性能、高雅的造型和无与伦比的舒适性能，它一直是美国车舒适和豪华的象征，是历届美国总统的首选用车。可以说，林肯轿车，是名望、地位、财富的象征。

林肯品牌汽车主要有城市（Town Car）、领航员（Navigator）、林肯 MKT 和林肯 LS 等。如图 4–28 所示为林肯·大陆加长型“总统”级轿车，该车配有 7.5L 的 V8 发动机，动力强劲，全车采取了严格的防弹、防雷措施。车内宽敞舒适，甚至可以在里面举行小型首脑会议，车上还备有酒吧、冰箱、电视、音响、计算机以及先进的卫星通信设备等。

林肯车标：林肯车标如图 4–29 所示，一颗闪闪发光的辰星和一个近似矩形的外框组成的图案，表示林肯总统是美国联邦统一和废除奴隶制的启明星，喻示林肯轿车有光辉灿烂的明天。

图 4-28 林肯·大陆加长型“总统”级轿车

LINCOLN

图 4-29 林肯车标

林肯历史名车如图 4-30 所示。

（a）1932 年林肯轿车

（b）1959 年林肯帝王轿车

图 4-30 林肯历史名车

（3）水星品牌。

水星品牌是福特汽车公司唯一自创的中档汽车品牌。1938 年 10 月，福特正式推出水星品牌，用罗马神话中主管商业与道路之神水星命名。水星品牌一直是创新和富于个性的美国车的代表。主要生产紧凑型轿车和越野车。如图 4-31 为水星品牌汽车。

（a）水星登山者 SUV

（b）2008 款水星水貂轿车

图 4-31 水星品牌汽车

水星车标：水星品牌采用太阳系的水星作为车标图案，如图 4-32 所示，在一个圆中有三条行星轨道，使寓意更加深刻，表明水星汽车具有太空科技和超时空创造力。

Mercury

图 4-32 水星车标

（4）捷豹（美洲豹）品牌。

捷豹（Jaguar）公司由英国人创建，1989 年被美国福特公司收购，素以生产豪华高级轿车和跑车而闻名于世。其中，XK8 跑车被认为是 E 型车及其他经典捷豹跑车的真正传世之作，如图 4-33 所示，它在各主要市场连连创下跑车的销售纪录。如图 4-34 为捷豹 XJ4.2 跑车，其轻盈而坚固的结构技术标志了汽车工业在碰撞安全性方面的突破。

图 4-33 XK8 跑车

图 4-34 捷豹 XJ4.2

捷豹车标：如图 4-35 所示，捷豹车标采用一只扑跃向前的美洲豹为图案，怒目咆哮，盛气凌人，形神兼备，具有时代感和视觉冲击力，它既代表了公司的名称，又表现出向前奔驰的速度和力量，象征捷豹汽车如美洲豹一样驰骋于世界各地。

图 4-35 捷豹车标

捷豹历史名车如图 4-36 所示。

（a）1938 年美洲豹敞篷跑车

（b）1951 年美洲豹双座敞篷跑车

（c）1951 年美洲豹赛车

（d）1972 年美洲豹敞篷跑车

图 4-36 捷豹历史名车

（5）阿斯顿 · 马丁品牌。

阿斯顿 · 马丁（Aston Martin）建于 1913 年，是英国豪华轿车、跑车生产厂之一。1997 年它成为美国福特全资子公司。2007 年 3 月，被出售给英国一个赛车企业。

阿斯顿 · 马丁品牌以生产敞篷旅行车、赛车和限量版跑车闻名于世，一直是造型别致、精工细作、性能卓越的运动跑车的代名词。阿斯顿 · 马丁品牌的多款汽车都曾是 007 系列影片中邦德的座驾。如图 4-37 为阿斯顿 · 马丁跑车。

阿斯顿 · 马丁车标：一只展翅飞翔的大鹏，分别注有 ASTON MARTIN 或 LACONDA 字样，如图 4-38 所示，喻示该公司像大鹏一样，具有从天而降的冲刺速度和远大的志向。

图 4-37 阿斯顿 · 马丁跑车

图 4-38 阿斯顿 · 马丁车标

（6）路虎品牌。

路虎（Land Rover）汽车公司的前身是创建于 1884 年的自行车制造厂。1904 年开始生产汽车。1989 年，更名为路虎集团，1994 年被德国宝马公司接管。

2000 年 3 月，福特汽车公司向宝马集团支付 30 亿欧元以购买路虎所有四轮驱动系列产品。路虎品牌是全球著名的越野汽车品牌，其中以揽胜（Range Rover）吉普车系（图 4-39）、发现者（Discovery）车系及神行者（Freelander）等车型较为出名。

路虎车标：路虎车标采用椭圆里面包含“LAND ROVER”为图案，如图 4-40 所示，寓意路虎汽车遍布全世界。

图 4-39 揽胜（Range Rover）吉普车

图 4-40 路虎车标

三、克莱斯勒（Chrysler）汽车公司及车标识别

1. 公司概况

克莱斯勒汽车公司始建于 1925 年，创始人是瓦尔特 · 克莱斯勒（图 4-41），公司总部设在美国汽车城底特律。1929 年，克莱斯勒已成为美国三大汽车制造厂家之一。

图 4-41 瓦尔特 · 克莱斯勒

克莱斯勒公司以生产轿车为主，各种载货汽车也得到较大发展。2007 年，克莱斯勒汽车年产量为 268 万辆，排名世界第九位。2008 年，汽车年产量 189.3 万辆。在全球五大洲有多个全资、控股和合资汽车制造工厂。

克莱斯勒汽车公司目前拥有克莱斯勒、道奇（中级运动型轿车）、吉普 – 鹰（轿车和吉普越野车）3 个分部。

2. 公司商标

克莱斯勒汽车商标像一枚五角星勋章，体现了克莱斯勒家族和公司员工们的远大理想和抱负，以及永无止境的追求和在竞争中获胜的奋斗精神。五角星的 5 个部分，表示公司汽车将走向亚、非、欧、美、澳5大洲（如图4–42所示）。

图4–42 克莱斯勒汽车公司商标

3. 主要品牌及车标识别

（1）克莱斯勒品牌。

克莱斯勒品牌下的著名车型有PT漫步者Cruiser、300C、君王和MPV大捷龙等。如图4–43所示为克莱斯勒MPV大捷龙和克莱斯勒300C轿车。

（a）克莱斯勒MPV大捷龙　（b）克莱斯勒300C

图4–43 克莱斯勒品牌车型

克莱斯勒车标：如图4–44所示，克莱斯勒车标由一个圆环和展翅雄鹰组成，象征公司开拓进取、欣欣向荣。

图4–44 克莱斯勒车标

（2）道奇品牌。

1914年，道奇兄弟（约翰·弗朗西斯·道奇和霍瑞斯·埃尔金·道奇）创建了道奇（Dodge）汽车公司。1928年，道奇汽车公司被克莱斯勒汽车公司收购，成为克莱斯勒汽车公司的一个分部。道奇部是克莱斯勒汽车公司中级轿车生产分部，素以廉价和大众化著称，其生产的汽车产品包括蝰蛇（Viper）、酷博（Caliber）、隐形（Stealth）、小精灵（Spirit）、影子（Shadow）及霓虹（Neon）等。如图4–45所示为道奇隐形（Stealth）和道奇蝰蛇跑车。

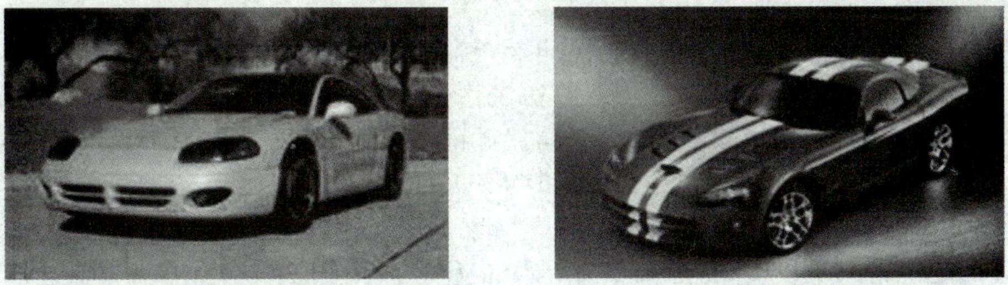

（a）道奇隐形（Stealth）　（b）道奇蝰蛇跑车

图4–45 道奇品牌车型

道奇车标：在一个五边形中有一个羊头形象，如图4–46所示，该车标象征道奇汽车强壮剽悍、善于决斗，也展现了道奇部的汽车产品朴实无华、美观大方的平民倾向。

图4–46 道奇车标

（3）鹰·吉普品牌。

1987年，克莱斯勒公司兼并了以生产轻型四轮驱动车而闻名的美国汽车公司，使其成为自己的又一个分部——鹰·吉普（Jeep）部。它具有传奇的历史和响亮易记的名字，以生产轻型越野车而著名，其产品有牧马人（Wrangler）和切诺基（Cherokee）等。目前吉普车朝着舒适、豪华、美观方向发展，具有车身宽敞、造型新颖、操纵灵活、动力强大及适应性强等优点。牧马人（Wrangler）如图 4-47 所示。

鹰·吉普车标：如图 4-48 所示，鹰·吉普车标的含义就是英文吉普的意思，是戴姆勒·克莱斯勒公司旗下生产越野车的公司 Jeep 的名称，泛指有越野性能的车，也象征着其汽车产品矫健、强悍和自豪。

图 4-47 牧马人（Wrangler）

Jeep®

图 4-48 吉普车标

学习案例

2013 年 7 月 8 日，被称为“汽车城”的美国底特律市正式申请破产保护。据悉，这座城市申请破产时负债已经达到 180 亿美元，其衰落的主要原因与该城市汽车产业发展衰落有关，央视也在其报道中给出“兴也汽车 衰也汽车”的标题。

案例分析

底特律申请破产保护之后，市政府会呈交一份平衡预算计划，以便“消除”现有的 180 亿美元公共负债，而底特律破产将会成为美国历史上最大一宗公共破产案。

至于破产的原因，这要归根于底特律的汽车产业。据了解，20 世纪初期包括福特、通用等诸多汽车公司进入底特律，它们当时的产销量也位居世界前列，同时汽车产业的繁荣昌盛带动了其他零部件配套商及钢板和橡胶等生产企业快速发展，这座城市便开始拥有许多就业机会，因为汽车而昌盛，所以当时底特律就被称为“汽车城”。据历史资料，1950 年底特律人口超过了 180 万。

不过，随着汽车产业的变化，起初在底特律发展的美国汽车厂家开始寻求更大发展，并在其他地区建立新工厂。加上同一时期一些日本、德国和韩国的汽车企业进军美国市场，包括福特、通用和克莱斯勒等品牌在竞争中连连败退。期间，包括通用、克莱斯勒、福特在内的汽车厂家也曾濒临破产，诸多汽车工厂倒闭，失业问题经常出现，人口也从最开始的 180 万人缩减至现在的约 70 万人。

由于人口锐减导致税收基础减少，加之不少企业撤离底特律，底特律市财政状况日益恶化。不仅如此，房地产也出现崩盘现象（15 万座建筑空置、闲置），同时底特律城市的犯罪率节节攀升，导致市民生活质量下降。

所以说，底特律的这次破产保护与美国汽车工业有直接关系，包括福特、通用和克莱斯勒目前都已经关注美国其他州或者全球市场，底特律便出现逐渐衰落的情况。在“汽车城”底特律申请破产约 16 个月后，美国联邦法官于 2014 年 11 月 7 日对其破产退出计划做出许可裁决。这项裁决的出台，使得美国历史上规模最大的城市破产案，宣告落幕。

学习单元3 欧洲主要汽车公司及商标

知识目标

了解欧洲主要汽车公司发展概况及商标。

技能目标

通过学习，能够快速通过车标或车型特点辨别欧洲主要汽车公司旗下各子品牌。

基础知识

拓展知识

自1886年卡尔·本茨发明第一辆汽车至今，德国汽车工业已走过120多年的发展历程，是德国国民经济的主要支柱产业。2010年，德国汽车工业生产汽车590万辆，每千人轿车拥有量达550辆。德国汽车产品设计考究、装配精良、性能卓越，产品质量无与伦比、有口皆碑，奔驰、宝马、奥迪等豪华轿车和保时捷跑车在世界车坛享有盛誉。

德国汽车造型特点：造型严谨、传统，深藏不露；工艺精细、线条挺拔有力；内在表现优良、耐用。

一、戴姆勒－奔驰汽车公司

1. 公司概况

1926年，戴姆勒－奔驰汽车公司（以下简称为“奔驰汽车公司”）创立，创立人是被誉为“汽车之父”的德国人戈特利布·戴姆勒（Gottlieb Daimler）和卡尔·本茨（Karl Benz）。奔驰汽车公司除以高质量、高性能豪华汽车闻名外，也是世界上最著名的大客车和重型载货汽车的生产厂家。

奔驰汽车公司在德国直接控制的子公司和参与的公司最重要的有10多家，在欧美许多国家设有子公司，在全世界范围内都设有联络处、销售点以及装配厂。20世纪80年代，奔驰汽车公司和我国北方工业公司合作，向我国转让奔驰重型汽车的生产技术，并和北汽合作生产北京吉普、大切诺基、奔驰E级轿车。2014年奔驰汽车公司在世界500强排名第20位，年营业收入达156628.4百万美元。

2. 公司商标

奔驰汽车公司的商标经历了一个发展变化过程，如图4-49所示。1909年6月，戴姆勒公司申请登记了“三叉星”作为商标，象征着陆上、水上和空中的机械化。1916年在它的四周加上了一个圆圈，在圆的上方镶嵌了4个小星，下面有梅赛德斯“Mercedes”字样。“梅赛德斯”是幸福的意思，意为戴姆勒生产的汽车将为车主们带来幸福。

图 4-49 戴姆勒 - 奔驰汽车公司标志

3. 主要品牌及车标识别

（1）梅赛德斯 - 奔驰品牌。

梅赛德斯 - 奔驰汽车已经发展成为目前的 12 个系列（表 4-1），共 122 个品种。梅赛德斯 - 奔驰车标采用奔驰商标。奔驰轿车共分 4 大类别，即 A 级（微型轿车）、C 级（小型轿车）、E 级（中型轿车）和 S 级（高级轿车）。此外，还有跑车系列 SLK、CLK、SL 及 CL，多用途厢体车系列 M 和 V 级等。

表 4-1 梅赛德斯 - 奔驰汽车的 12 个系列

字母	含义	字母	含义	字母	含义
A	微型轿车	M	SUV	CLK	中级跑车
C	小型轿车	G	越野车	SL	高级跑车
E	中级轿车	V	多功能厢式车	SLK	小型跑车
S	高级轿车	CL	高级轿跑车	SLR	超级跑车

奔驰汽车历史名车如图 4-50 所示。

（a）奔驰 1936 年生产的 200 型轿车

（b）奔驰 S600 高级轿车

（c）奔驰 SLK350 跑车

（d）奔驰 1956 年生产的 300SL 轿车

图 4-50 奔驰汽车历史名车

（2）迈巴赫品牌。

被誉为“设计之王”的威廉·迈巴赫与其子卡尔·迈巴赫共同缔造了“迈巴赫”这一传奇品牌。迈巴赫（Maybach）品牌汽车动力出众，采用世界上最先进的电子控制设备，突出了该品牌汽车的豪华性与舒适性，如迈巴赫 62S（图 4-51）。迈巴赫是戴姆勒—奔驰汽车公司的超豪华顶级轿车品牌，以手工生产为主，年产量 500 辆。

迈巴赫车标：迈巴赫车标由 2 个交叉的 M，围绕在一个球面三角形里组成，如图 4-52 所示。品牌创建开始的 2 个 M 代表的是 Maybach Motorenbau 的缩写，而现在 2 个 M 代表的是 Maybach Manufaktur 的缩写。

图 4-51 迈巴赫 62S

图 4-52 迈巴赫车标

（3）精灵品牌。

斯玛特（Smart）又译为精灵，是奔驰汽车公司和瑞士钟表集团斯沃奇（Swatch）共同开发的车型。Smart 中的 S 代表了斯沃奇（Swatch），M 代表了戴姆勒 - 奔驰（Mercedes-Benz）。这款车代表了斯沃奇公司和戴姆勒 - 奔驰公司合作的艺术，而斯玛特车名本身在英文中有“聪明伶俐”的意思，这也契合了斯玛特公司的设计理念。

斯玛特是为城市用车而设计的，其外形类似一个大玩具车，如图 4-53 所示为斯玛特微型车。

图 4-53 斯玛特微型车

二、大众汽车集团

1. 公司概况

大众汽车集团创建于 1938 年，创始人是世界著名的汽车设计大师费迪南德·波尔舍（图 4-54）。总部在德国沃尔斯堡。大众汽车集团 2014 世界 500 强排名第八位，年营业收入达 261539.1 百万美元，德国及世界各地雇员增至 50 万人。该公司是跨国汽车集团，国内主要有大众和奥迪两个公司，国外有西班牙、墨西哥、斯柯达等公司，与中国合作有上汽大众、一汽大众。

图 4-54 费迪南德·波尔舍

大众汽车公司下属有大众和奥迪两大品牌群。大众品牌群包括大众客车、斯柯达（Skoda）、宾利（Bentley）和布加迪（Bugatti）四个品牌。奥迪品牌群包括奥迪（Audi）、西亚特（Seat）和兰博基尼

（Lamborghini）三个品牌。各个品牌均有其自己的标志，产品从超经济的紧凑车型到豪华型小轿车，应有尽有。在全世界，大众汽车集团公司有 13 家生产性子公司。整个汽车集团年产销能力为 300 万辆汽车。

2. 主要品牌及车标识别

（1）大众品牌。

大众汽车品牌的主要产品有甲壳虫（Beetles）、宝来（Bora）、高尔夫（Golf）、捷达（Jetta）、帕萨特（Passat）、新甲壳虫（New Beetles）、辉腾（Phaeton）及 Polo 等。如图 4-55 所示为大众汽车品牌轿车。

（a）新宝来轿车

（b）甲壳虫（Beetles）

（c）高尔夫（Golf）

（d）大众 Polo

图 4-55 大众汽车品牌轿车

大众汽车车标：大众汽车车标如图 4-56 所示，由三个用中指和食指构成的“V”组成，图案简捷、大方、明了，表示大众汽车公司及其产品必胜 - 必胜 - 必胜。

图 4-56 大众汽车车标

（2）奥迪品牌。

奥迪是一个国际著名的汽车品牌。1964 年被大众汽车公司收购，目前是大众汽车集团公司最大的子公司，总部设在德国的英戈尔施塔特。

奥迪品牌主要汽车产品有 A3 系列、A4 系列、A6 系列、A8 系列、R 系列、敞篷车及运动车系列等。如图 4-57 所示奥迪典型车型，它以优美的造型和最低风阻系数赢得美誉。

奥迪车标：奥迪汽车的车标如图 4-58 所示，车标为 4 个圆环，代表 4 家公司的联合，四个相同的紧扣着的圆环，象征了公司成员向往平等、互利、协作的亲密关系和奋发向上的敬业精神。

（a）奥迪 A8

（b）奥迪 Q7

（c）奥迪 R8

（d）奥迪 TT

图 4-57 奥迪典型车型

图 4-58 奥迪车标

（3）宾利品牌。

宾利汽车公司原是英国一家独立的汽车公司，由沃尔特·欧文·宾利于1919年创建。1931 年，劳斯莱斯公司将宾利公司买下，之后的宾利公司以生产运动型豪华轿车为主。1998 年，宾利被大众汽车集团公司收购。

目前，宾利汽车公司的主要汽车产品分为雅致（Arnage）和欧陆（Contihental）两大主要车系。其中，雅致车系的车型包括雅致 T、R、RL、RL 隔屏版、雅致 728 及软顶敞篷雅骏（Azure）等。如图 4-59 所示为宾利典型车型。

（a）宾利雅骏轿车

（b）软顶敞篷雅骏（Azure）

（c）雅致（Arnage）

（d）欧陆（Contihental）

图 4-59 宾利典型车型

宾利车标：宾利汽车公司车标如图 4-60 所示，以公司名的第一个字母“B”为主体，生出一对翅膀，似凌空翱翔的雄鹰，喻示宾利汽车公司在全球范围内的无限发展能力。

图 4-60 宾利车标

（4）兰博基尼品牌。

兰博基尼汽车公司原是意大利超级跑车制造商，由兰博基尼于 1963 年创建。在意大利，汽车有“两王一后”，“两王”分别指的是法拉利和兰博基尼，“一后”指的是玛莎拉蒂。

兰博基尼汽车公司生产的第一辆车实际上是拖拉机，该公司创始人用这些拖拉机满足了经历第二次世界大战后意大利农业生产对拖拉机的迫切需要。第一辆兰博基尼跑车 350GT 于 1963 年诞生。1998 年兰博基尼汽车公司被德国大众公司旗下的奥迪子公司收购。

兰博基尼的两大主流车型是康塔什和 Diablo。兰博基尼具代表性的车 V12 巨兽 -Murcielago 跑车如图 4-61 所示，它配以排量为 6.2 L 的 12 缸发动机，最大功率可达 427 kW，最高时速超过 337 km/h，百公里加速时间仅需 3.8s，是一款超豪华跑车。

兰博基尼车标：兰博基尼车标是一头斗牛正准备向对手发起猛烈攻击（如图 4-62），体现了兰博基尼汽车大功率、高速的运动型特点。

图 4-61 兰博基尼 V12 巨兽 -Murcielago 跑车

图 4-62 兰博基尼车标

兰博基尼历史名车如图 4-63 所示。

（a）1963 年兰博基尼

（b）兰博基尼隐形车

（c）兰博基尼 V12 巨兽 -Murcielago

（d）2001 年兰博基尼 Diablo VT 6.0 SE

图 4-63 兰博基尼历史名车

（5）斯柯达品牌。

斯柯达汽车公司位于捷克的姆拉达·博雷斯拉夫，创建于 1894 年，是世界五个最早的轿车生产厂家之一。1991 年 4 月 16 日，斯柯达汽车公司成为德国大众集团公司的一个子公司，大众集团购买了斯柯达公司 70% 的股份，其余 30% 由斯柯达公司和在捷克企业中投资的西方企业共同持有。

斯柯达汽车公司生产的主要汽车品牌有昊锐（Superb）、明锐（Octavia）和法比亚（Fabia），其中 1/3 销售给国内用户，其余的产品销售到全球 63 个国家。

如图 4-64 所示斯柯达典型车型。

（a）斯柯达明锐

（b）斯柯达昊锐

图 4-64 斯柯达典型车型

斯柯达车标：斯柯达车标如图 4-65 所示，圆环象征着斯柯达品牌汽车是全世界无可挑剔的产品；鸟翼象征着技术进步的产品行销全世界；向右飞行着的箭象征着先进的工艺；外环中朱黑的颜色象征着斯柯达公司百余年的传统；中央的绿色衬底表达了斯柯达人对资源再生和环境保护的重视，也象征着企业的无限生命力，喻示这家百年老厂永远焕发青春。现在生产的斯柯达弗雷西

图 4-65 斯柯达车标

亚牌汽车的车标最下边部分为桂枝树叶图案，寓意胜利。

斯柯达历史名车如图 4-66 所示。

（a）1905 年斯柯达（skoda）Voiturette　（b）1930 年 skoda

（c）1959 年斯柯达费利西亚（Felicia）　（d）斯柯达 Superb OHV 老爷车

图 4-66 斯柯达历史名车

（6）布加迪品牌。

1909 年，意大利人埃多尔 · 布加迪（Ettoren Bugatti）在德国创立布加迪汽车公司，专门生产运动跑车和高级豪华轿车。布加迪（Ettoren Bugatti）汽车品牌是世界著名的老牌运动车品牌。布加迪的汽车产品工艺精湛，性能卓越，每一辆轿车都可誉为世界名车。1909 年至 1956 年，共计生产 7950 辆。1998 年，大众汽车公司买下了布加迪品牌所有权。

BUGATTI

图 4-67 布加迪车标

布加迪车标：布加迪车标如图 4-67 所示，其中的英文字母即创始人布加迪，上部的 EB 为埃多尔 · 布加迪。

布加迪历史名车如图 4-68 所示。

（a）1929 年布加迪 T44 跑车　（b）1936 年布加迪 T57C 轿车

（c）1938 年布加迪 T57 轿车

（d）1937 年布加迪 T57C 轿车

图 4-68 布加迪历史名车

（7）西亚特品牌。

西亚特汽车公司于 1950 年成立于西班牙巴塞罗那，是西班牙最大的汽车公司，1990 年被大众汽车公司收购，现在属于大众汽车公司的子公司。西亚特归属大众后，得到大众资金与技术的支持。它采用大众的零部件，有些车型的底盘、转向及悬架系统由大众设计，经营状态日趋好转。20 世纪 90 年代初，西亚特公司成为西班牙效益最好的汽车公司。

西亚特品牌汽车如图 4-69 所示。

（a）西亚特 ibx 未来

（b）西亚特 leon

图 4-69 西亚特品牌汽车

西亚特车标：西亚特车标由厂名“SEAT”和图标两部分组成，如图 4-70 所示，SEAT 是公司全称的缩写，图标以大红色做底色，“S”字母中空状态，看似一只欲展翅腾飞的火凤凰，喻示着西亚特汽车的灵活和动力，能适应时代发展，随时把握时代动向，永不落伍。

图 4-70 西亚特车标

三、宝马汽车公司

1. 公司概况

1916 年，宝马汽车公司的前身——巴依尔飞机制造厂成立，以制造侦察机闻名于世，创始人是吉斯坦·奥托（图 4-71）。1917 年，此制造厂更名为宝马（BMW）公司。

图 4-71 吉斯坦·奥托

宝马作为国际汽车市场上的重要成员，其业务遍及全世界 120 多个国家。目前，宝马公司在全球有 15 个生产厂、8 家装配厂。其产品主要有宝马品牌、MINI 品牌及劳斯莱斯品牌。公司 2014 年世界 500 强排名第 68 位，年营业收入达 100971.7 百万美元。1998 年，收购劳斯莱斯汽车品牌。中国合作项目：华晨集团，生产宝马。宝马公司目前在 13 个国家设有子公司和生产厂，德国及世界各地雇员达 12 万人。

2. 公司商标

在双圆环的上方标有 BMW 字样，是公司全称三个单词的首位字母缩写（图 4–72）。内圆蓝白相间图案，代表蓝天，白云和旋转不停地螺旋桨，喻示宝马公司渊源悠久的历史，象征该公司过去在航空发动机技术方面的领先地位，又象征公司一贯宗旨和目标：以先进的精湛技术、最新的观念，满足顾客的最大愿望。

图 4–72 宝马公司商标

3. 主要品牌及车标识别

（1）宝马品牌。

宝马（BMW）汽车被誉为“世界上最好的跑车和豪华轿车”。宝马品牌车标采用的是宝马公司商标。目前，宝马产品主要有 3、5、6、7、8 五个系列汽车及双座敞篷跑车等。3、5 系列是标准型也是其主要的车系，6 系列为双门运动车，7 系列是豪华型高级轿车，而 8 系列则是同时具有赛车性能和豪华轿车性能的高级车，是 BMW 的旗舰车。

如图 4–73 所示是宝马经典车型及历史名车。

（a）宝马 X6

（b）宝马 7 系列

（c）1935 年宝马 319 敞篷跑车

（d）1950 年宝马 328AFM 赛车

（e）1962 年宝马 3200S 轿车

（f）1938 年宝马 328 活顶轿车

图 4-73　宝马经典车型及历史名车

（2）劳斯莱斯品牌。

1906 年，劳斯莱斯汽车公司成立，创始人是劳斯（Rolls）和莱斯（Royce），汽车产品称为劳斯莱斯。劳斯莱斯以外形独特、性能优越著称于世，1998 年 6 月，劳斯莱斯被大众收购。1998 年 7 月，宝马公司出资 4000 万英镑购买劳斯莱斯车标。2003 年，宝马公司开始生产劳斯莱斯牌轿车。

劳斯莱斯汽车公司生产的主要名车有银鬼（Silver Ghost）、鬼怪（Phantom）系列、银云（Silver Cloud）、险路（Corniche）、银影（Silver Shadow）、银刺（Silver Spur）及幻影（Phantom）等。如图 4-74 所示为劳斯莱斯幻影轿车。

劳斯莱斯车标：如图 4-75 所示，车标图案为双 R 字样，是两位创始人名字的首字母，两个 R 交叉，表示你中有我，我中有你，团结奋斗，携手共进。劳斯莱斯的另一传统标志为具有古典风格的“飞翔女神”雕像，如图 4-75 所示，它出现于 1911 年。据说这个标志的创意取自巴黎卢浮宫艺术品走廊的一尊有两千年历史的胜利女神雕像。当汽车艺术品大师查尔斯·塞克斯应邀为劳斯莱斯汽车公司设计标志时，深深印在他脑海中的女神像立刻使他产生创作灵感，于是一个两臂后伸、身上披纱的女神像飘然而至，意为速度之魂。

图 4-74　劳斯莱斯幻影轿车

图 4-75　劳斯莱斯车标

劳斯莱斯历史名车如图 4-76 所示。

（a）1927 年劳斯莱斯幻影 1 轿车

（b）1960 年劳斯莱斯 Silver Cloud Ⅱ轿车

（c）1954 年劳斯莱斯 Silver Dawn 轿车

（d）1932 年劳斯莱斯影幻影Ⅱ Continental 跑车

图 4-76 劳斯莱斯历史名车

（3）迷你品牌。

迷你（Mini）汽车于 1959 年在英国诞生，设计别具一格，精巧、有趣，是 20 世纪 60 年代英国的标志之一。1994 年，德国宝马集团从迷你原来的生产商英国罗孚汽车公司接手，使 Mini 成为宝马旗下的一个品牌。经改良后的新车品牌定位为 MINI，有四种车型，即 MINI one、MINI Cooper、MINI Cooper S 和 MINI 敞篷车。迷你的几款车型在外观上存在细微差别。目前，MINI Cooper 是宝马公司在我国最为畅销的车型，如图 4-77 所示。迷你车标如图 4-78 所示。

图 4-77 MINI Cooper

图 4-78 迷你车标

四、保时捷公司

1. 公司简介

费迪南德·波尔舍于 1931 年创建保时捷汽车公司，它既从事保时捷牌超级跑车、赛车的设计和生产，也承接其他公司委托的技术研究和设计开发工作。公司总部位于德国斯图加特。保时捷跑车在世界汽车拉力赛中多次夺冠。2009 年，它被德国大众收购，成为大众公司第 10 个子品牌。

2. 保时捷车标

车标如图 4-79 所示，是公司所在地斯图加特市的市徽，最上方是“PORSCHE”字样；中间是一匹黑色的骏马，表明斯图加特以产马而闻名；马的上方是“STUTTGART”字样，表明公司所在地；背景左上和右下的鹿角表明这里以前是狩猎场；金色底色代表成熟了的麦子，黑红相间的条纹代表肥沃的土地和人们的智慧。

图 4-79 保时捷车标

3. 保时捷历史名车

保时捷历史名车如图 4-80 所示。

（a）1958 年保时捷 GT3A Carrera 赛车（德车）

（b）1961 年保时捷 356BT5 Super 90 跑车

（c）1967 年保时捷 911S 轿车

（d）1979 年保时捷 911SC 3.0Targe 轿车

图 4-80 保时捷历史名车

拓展知识

法国拥有两大汽车公司，标致 - 雪铁龙和雷诺。2010 年汽车产量 222 万辆，世界排名第 10。法国汽车的总体特点是车体较小而设计新颖，乘坐舒适，符合大众化，在西欧是家轿热门，但在豪华车、跑车领域不及美、德、日。在造型上秉承了法兰西民族浪漫多姿的风格，线条简练，极富动感。

五、标致 - 雪铁龙汽车公司

1. 公司概况

标致 - 雪铁龙汽车集团公司由著名的法国标致汽车公司和雪铁龙汽车公司组成，总部设在法国巴黎。1976 年，标致汽车公司购买了经营不善的雪铁龙汽车公司 60% 的股份，组建了标致 - 雪铁龙集团公司，公司名称是由两个公司的创始人（图 4-81）的名字组合而成。目前是欧洲第二大汽车公司。

图 4-81 阿尔芒·标致和安德烈·雪铁龙

目前，标致－雪铁龙汽车集团拥有标致和雪铁龙两大品牌。两个品牌遍及了世界150多个国家。2014年世界500强标致－雪铁龙汽车集团排名第119位，年营业收入达71807.8百万美元。

20世纪80年代，标致汽车公司和中国合作在广州建立合资企业，将标致504、505型汽车输入到中国，后失败。现在与东风公司合作生产标致206、307、神龙富康。

拓展知识

法国当地时间2014年2月18日，东风汽车集团股份有限公司(以下简称东风)、法国政府、标致家族旗下控股公司和标致－雪铁龙集团（以下简称PSA）各方签署谅解备忘录。根据谅解备忘录，东风和法国政府有意分别注资约8亿欧元入股PSA。此交易完成后，东风、法国政府与标致家族旗下控股公司将成为PSA并列第一大股东，三方分别持股约14%。

2. 主要品牌及车标识别

（1）标致品牌。

1890年，法国人阿尔芒·标致创立了以生产自行车和三轮车为主的标致(Peugeot)汽车公司，公司总部设在法国巴黎。1935年10月，标致401在巴黎登台。标致曾被译为“别儒”，美感、可靠、活力、创新是标致品牌在一个多世纪的成功经验中凝结的四大核心价值。

标致品牌的主要车型有标致207、标致307、标致308、标致407、标致607及标致807等。如图4-82标致508和标致4008。

(a) 标致508　　(b) 标致4008

图 4-82 标致主要车型

标致汽车公司商标及车标是一只站着的雄狮，如图4-83所示，雄狮是标致家族的徽章，喻示标致汽车像雄狮一样威武、敏捷，永远保持旺盛的生命力。

PEUGEOT

图 4-83 标致车标

标致历史名车如图 4-84 所示。

（a）标致狮子王　（b）标致激动

图 4-84 标致历史名车

（2）雪铁龙品牌。

雪铁龙汽车公司创立于 1915 年，创始人是安德烈·雪铁龙。汽车公司总部设在法国巴黎，主要产品是小客车和轻型载货车。1976 年，雪铁龙汽车公司加入标致集团，成为标致 - 雪铁龙集团成员之一。但它仍然有很大的独立性，其经营活动仍然由自己把握。该公司生产的主要车型有雪铁龙 C4、雪铁龙 C5、雪铁龙 C6、雪铁龙 C2、雪铁龙 C3、毕加索及雪铁龙 C-Crosser 等。

雪铁龙经典车型如图 4-85 所示。

（a）雪铁龙 C6　（b）雪铁龙 C-Crosser

图 4-85 雪铁龙经典车型

雪铁龙汽车公司车标如图 4-86 所示，用齿轮为背景，人字形齿轮构成，象征着人们密切合作，同心协力，步步高升。

CITROËN

图 4-86 雪铁龙车标

雪铁龙历史名车如图 4-87 所示。

（a）1948 年雪铁龙 2CV

（b）1957 年雪铁龙 11CV 轿车 h

（c）1957 年雪铁龙 11CB 土匪轿车

（d）1976 年雪铁龙 2CV 旅游轿车

图 4-87 雪铁龙历史名车

六、雷诺汽车公司

1. 公司概况

图 4-88 路易 · 雷诺

1898 年 10 月，被誉为法国“汽车工业之父”的路易 · 雷诺（图 4-88）与其兄菲尔南德 · 雷诺及马塞尔 · 雷诺共同创立雷诺工厂，总部设在法国比昂古，以生产各种车辆为主。雷诺（Renault）汽车公司是法国第二大汽车制造企业。

雷诺公司下设乘用车、商用车、自动化设备以及工业产品四个分部。2009 年，雷诺 - 日产联盟的汽车产品全球占有率已达到 98%，成为名副其实的国际汽车业巨头。2014 世界 500 强雷诺汽车公司排名第 190 位，年营业收入达 54339.8 百万美元。雷诺轿车在亚洲比较少见，尤其在中国。

2. 雷诺车标

雷诺汽车公司标志如图 4-89，是四重菱形图案。它象征雷诺三兄弟和汽车工业融为一体，表示雷诺能在无限（四维）的空间里竞争、生存和发展的决心，也表示雷诺汽车的刚劲有力，产品精良和不同凡响。

雷诺品牌汽车如图 4-90 所示。

RENAULT

图 4-89 雷诺车标

（a）雷诺 wind

（b）雷诺概念车

图 4-90 雷诺汽车

chapter 01
chapter 02
chapter 03
chapter 04
chapter 05
chapter 06
chapter 07

拓展知识

英国曾经拥有相当发达的汽车工业，近百年的汽车生产历史。许多世界知名的汽车品牌诞生于英国，但保守的汽车工业因缺乏活力而逐渐落后于世，许多汽车品牌先后被世界其他著名汽车公司所收购。英国轿车造型优雅脱俗，充满了绅士贵族风度，表现为复古保守、精贵稀少。英国汽车产品由外到内大多都散发出浓郁的传统风格，但缺少活力，往往深受中老年消费者的喜爱。

七、捷豹路虎汽车公司

捷豹路虎（英文简称 JLR）是一家拥有两个顶级奢华品牌的英国汽车制造商，属于印度塔塔汽车旗下。公司主要业务是开发、生产和销售捷豹和路虎汽车。其中，拥有辉煌历史的捷豹是世界上生产豪华运动轿车和跑车的主要制造商，而路虎则是全球生产顶级奢华的全地形 4X4 汽车制造商。

1922 年，威廉·里昂（William Lyons）（图 4-91）创建捷豹（美洲虎）汽车公司，早期专事三轮摩托车生产，后转为生产车身，专门为包括菲亚特等许多汽车企业提供车身。1931 年，开始设计生产汽车，并在伦敦汽车展上展出了 SSI 型轿车（图 4-92）和 II 型轿车。

图 4-91 威廉·里昂

图 4-92 SSI 型轿车

1945 年开始以美洲虎的名称生产高档轿车、敞篷车和跑车。1989 年，美国福特汽车公司以控投方式收购了捷豹汽车公司，现已成为福特汽车公司旗下重要的豪华轿车生产基地。

捷豹汽车公司现有轿车产品主要包括 S 型、XJ 型、X 型系列轿车和 XK 型等。捷豹汽车产品是与奔驰和宝马同级别的轿车。由于限量生产和品牌的含金量，捷豹是世界各地许多贵族、富豪的首选，也是极有保存价值的古董车。

捷豹车标为一只正在跳跃前扑的“美洲虎”雕塑（图4–93），矫健勇猛，形神兼备，极具时代感与视觉冲击力，它既代表了公司的名称，又表现出向前奔驰的力量与速度，象征捷豹汽车如美洲虎一样驰骋于世界各地。

JAGUAR

图4–93 美洲虎（捷豹）车标

美洲虎（捷豹）历史名车如图4–94所示。

（a）1934年美洲豹SS1型双座敞篷跑车

（b）美洲豹SS1 3.5升活顶轿车

（c）1938年美洲豹SS100型双座敞篷跑车

（d）1951年美洲豹e–原型赛车

图4–94 美洲虎（捷豹）历史名车

罗孚集团是英国一家古老的汽车公司，罗孚（Rover）是北欧的一个民族，生产自行车时就使用罗孚作商标名。

1904年生产汽车，仍以“罗孚”为车牌名。罗孚车标如图4–95所示，2008年3月26日，印度塔塔集团出资23亿美元，收购福特旗下的捷豹和路虎两大品牌，在国际车坛引起震动。路虎销售于140多个国家，它已经从1948年的实用性车型发展成为今天的多功能四驱车，面向的是那些不断追求全新生活体验的人士。路虎得到了普遍的认可和尊敬，这是其他制造商的汽车无法与之相媲美的。路虎车是其品牌价值的终极体现：直至今天，由路虎公司生产的所有路虎车中，还有四分之三仍然在被使用，这的确很神奇。

ROVER

图4–95 罗孚车标

而到了1966年，罗孚公司并入利兰汽车公司，成为利兰公司的美洲虎－罗孚－凯旋部，1988年被英国宇航公司收购，1989年正式更名为罗孚集团，1990年又与日本本田汽车公司在技术和资金上进行合作，1994年被德国宝马公司接管。

现该集团生产的汽车产品分为三类：越野车、轿车和MG跑车。2000年3月，福特汽车公司向宝马集团支付30亿欧元（39亿美元），以购买其旗下所有四轮驱动系列产品，包括Range Rover，Discovery，Freelander和Defender。

2005年7月22日，南京汽车集团有限公司成功收购了英国MG罗孚汽车公司及其发动机生产分部，开创了中国企业收购国外著名汽车企业的先河，收购合并之后的公司叫南京名爵汽车有限公司。

罗孚（路虎）汽车公司生产的轿车产品主要有25系列、45系列和75系列轿车（图4-96），MGTF系列，MG ZR系列，MG ZF系列和MG ZT系列跑车。

（a）75系列轿车

（b）MG ZT系列跑车

图4-96 罗孚轿车产品

MG罗孚汽车车标：2000年MG汽车公司与罗孚汽车公司合并，成为MG罗孚汽车公司。MG车标为一个八角形文字徽标（图4-97），象征热情和忠诚。

图4-97 MG车标

MG罗孚历史名车如图4-98所示。

（a）1948年路虎卫士越野车

（b）MG TF系列跑车

图4-98 MG罗孚历史名车

1989年，美国福特Ford汽车收购英国捷豹Jaguar。

1994年，德国宝马BMW汽车收购英国路虎Land Rover。

2000年，福特从宝马手中购得路虎品牌。

2002年，福特公司将捷豹与路虎业务合并成一个部门。

2008年，印度塔塔汽车从福特公司收购捷豹路虎业务，同年正式成立捷豹路虎汽车公司。

拓展知识

意大利汽车工业已有百年历史，在世界汽车工业发展中起着举足轻重的作用，具有“汽车设计师之国”之称。欧洲50%的汽车专利是出自意大利设计师之手。世界各地顶级豪华名车、跑车领域中，几乎处处都有意大利设计师的影子。意大利汽车热情奔放，浪漫多情，造型风格大胆，独树一帜，深受年轻人喜爱。

八、菲亚特公司

1. 公司概况

1899年7月菲亚特汽车公司在意大利都灵市创建，创始人是乔瓦尼·阿涅利（图4-99），世界上第一个生产微型车的汽车生产厂家。1979年，菲亚特汽车公司成为菲亚特汽车集团中一个独立经营的公司。

在世界汽车工业中，菲亚特一直是充满着艺术气息、“特立独行”的一派，它起源于赛车，在体育赛事中屡创辉煌，实现的却又是为大众造车的梦想，并以小排量车型屹立车市百年。

图4-99 乔瓦尼·阿涅利

2. 公司商标

菲亚特汽车公司商标的演变过程如图4-100所示。1899年，菲亚特采用盾形商标。1901年，开始采用公司全称四个单词的首字母“FIAT”为商标，FIAT在英语中具有“法令”、“许可”的含义，因此在客户的心目中，菲亚特轿车具有较高的合法性与可靠性，深得用户的信赖。1931年，菲亚特汽车公司开始使用在方形中含有“FIAT”字样的商标。2006年，菲亚特汽车公司启用新商标。

图4-100 菲亚特公司标志

3. 菲亚特汽车公司品牌及车标识别

（1）菲亚特品牌。

菲亚特（Fiat）品牌生产的主要有城市轿车、小型轿车、中型轿车、中高等轿车、多功能性 MPV、厢式车 VIN 及敞篷车 Spider 等车型。其主要产品有菲亚特 600、熊猫、鹏托、多能及优力赛等，其车标还是公司商标。

菲亚特典型车型如图 4-101 所示。

（a）菲亚特熊猫

（b）菲亚特轿车

（c）菲亚特敞篷车

（d）菲亚特 147

图 4-101 菲亚特典型车型

（2）法拉利品牌。

法拉利（Ferrari）汽车公司是世界上最闻名的赛车和运动跑车的生产厂家之一，创建于 1929 年，创始人是世界赛车冠军、划时代的汽车设计大师恩佐·法拉利（图 4-102），公司总部设在意大利的摩德纳。菲亚特公司拥有法拉利公司 50% 的股权，但法拉利汽车公司却能独立于菲亚特公司运营。法拉利汽车大部分采用手工制造，因而产量很低。

图 4-102 恩佐·法拉利

法拉利汽车公司生产的主要跑车有法拉利 F430、法拉利 599、法拉利 612 等。2000 ～ 2008 年，法拉利汽车公司生产了 F2000、F2001、F2002、F2003、F2004、F2005、F2006、F2007 及 F2008 等 F1 赛车，而 F2000 ～ F2004 是 2000 ～ 2004 年夺冠的 F1 赛车。如图 4-103（a）所示为法拉利 612S 跑车。20 世纪 90 年代生产的法拉利 550（超级跑车），如图 4-103（b）所示，从 0 加速到 100 km/h 仅用 4.3 s，最高车速达 320 km/h。

（a）法拉利 612S 跑车

（b）法拉利 550

图 4-103 法拉利跑车

法拉利车标：法拉利车标如图 4-104 所示，其上部的绿、白、红三色是意大利的国旗色，下部是法拉利的意文名，腾空跃起的黑马彪悍而有几分野性，它伴随着法拉利赛车驰骋赛场，向世界挑战，而车标底色为公司所在地摩德纳的金丝雀的颜色。

图 4-104 法拉利车标

法拉利历史名车如图 4-105 所示。

（a）1963 年法拉利 250GTE2+2 轿车 12 缸 /240ps 最高车速 225km/h

（b）1962 年法拉利 250GTSWB 轿车 12 缸 /240ps 最高车速 230km/h

（c）1965 年法拉利 250GTO 轿车 12 缸 /290ps 最高车速 270km/h

（d）1977 年法拉利 512BB 轿车 12 缸 /339ps 最高车速 280km/h

（e）1975 年法拉利 309GT4 轿车 8 缸 /255ps 最高车速 260km/h

（f）1975 年法拉利 365GT4BB 轿车 12 缸 /360ps 最高车速 278km/h

图 4-105 法拉利历史名车

拓展知识

瑞典汽车工业如同北欧人一如既往的风格，稳健、踏实、简洁、严谨，在世界汽车产品中独树一帜。北欧的地理气候环境特点，直接导致了瑞典汽车追求高度安全性的技术特色，诞生了沃尔沃、绅宝等世界知名汽车品牌。2010 年 3 月中国吉利控股集团收购沃尔沃公司，从此，沃尔沃汽车成为中国的品牌。

九、绅宝公司

1. 公司简介

绅宝汽车公司前身是 1937 年成立的斯文斯卡飞机制造公司，简称 SAAB，公司总部设在瑞典的特洛海腾。2000 年，通用汽车公司完全收购 SAAB 汽车公司，并于当年 8 月启用了 SAAB 的新图标。如图 4-106 所示 SAAB 9-3 敞篷和 SAAB 97x。

（a）SAAB 9-3 敞篷　　（b）SAAB 97x

图 4-106 绅宝汽车车型

2. 公司车标

绅宝汽车车标以头戴皇冠的狮子头像结合文字组合而成（图 4-107），皇冠象征尊严和权威的至高无上，狮子则是权力与力量的代表，寓意该车的高贵、显要。

图 4-107 绅宝车标

学习案例

美国《财富》杂志网站 2013 年 6 月 21 日发文称，汽车制造商发现，欧洲大陆现在俨然成为他们的“噩梦”。欧洲汽车制造商每月都在祈祷，低迷的市场能有所改观。更糟糕的是，分析人士预计，由于消费者信心不足，欧洲市场持续低迷的情况将持续至 2019 年。

案例分析

欧洲政治与经济的动荡对汽车产业影响巨大，由于消费者需求疲软，汽车商产能利用率降至半个多世纪以来的低点。欧洲各国政府已划拨数十亿以刺激购买，而现在它们不得不面对汽车工厂的闲置而引起的失业问题。

通用公司旗下子公司，以及标致－雪铁龙、菲亚特、雷诺和福特等公司所受影响尤为严重。不过，宝马、戴姆勒和大众等企业则在新兴市场销售业绩较好，躲过最严重的资金影响。唯一没有受到影响的是英国，其5月份的销量上升了11%。英国的情况要比其他欧洲国家好很多。

有分析认为，德国被视为欧洲经济的发动机，今年秋天的大选或许会让欧洲消费者重拾信心。汽车制造商纷纷抱怨，各国政府和欧盟对他们进行限制，在需求疲软时，没有给他们足够的机会来关闭工厂、裁员或是减少生产。目前，各制造商都在奋力做出改变，来迎合青年消费者的口味，这些消费者已不再将汽车视为地位的象征。

学习单元4 日韩主要汽车公司及商标

知识目标

了解日韩主要汽车公司发展概况及商标。

技能目标

通过学习，能够快速通过车标或车型特点辨别日本、韩国主要汽车公司旗下各子品牌。

基础知识

拓展知识

日本是亚洲汽车工业最发达的地区，拥有多家世界级的汽车制造公司。日本的汽车工业以及汽车文化是在一个良好的体制和科学的环境下发展的。日本在“二战”后国内各个领域遭受重创，然而就在短短的几年之间，日本的工业又一次崛起，又在短短的十年后日本的电子业成为全球领先行业，又在短短几十年间，丰田、本田、日产成为全球知名车型。汽车工业、造船工业、钢铁工业是日本的三大支柱产业。其中，汽车生产行业最为重要。

日本汽车工业特点：兼收并蓄，追求完美，用料精打细算，轻巧，省油。

一、丰田汽车公司

1. 公司简介

1937年8月28日，丰田喜一郎创建了丰田汽车公司，现在已发展成为以汽车生产为主，业务涉及机械、电子、金融等行业的庞大工业集团。丰田汽车公司总部设在日本东京。创始人丰田喜一郎（见图 4–108）是发展日本汽车工业的功臣，被日本人称为“大批量汽车生产之父”。

据丰田汽车公司最新快报显示，丰田（包括丰田、大发、日野）2014 年度全球销量为 1023.1 万辆，与 2013 年同比增长 3%。丰田汽车公司 2014 世界 500 强排名第 9 位，年营业收入达 256454.8 百万美元，世界十大汽车公司排名第二位。目前，在 27 个国家和地区共有 54 个生产工厂，世界各地雇员达 33.9 万人。与中国合作项目有：天津一汽丰田，主导产品是“威驰”（VIOS）、“花冠”（COROLLA）、“皇冠”（CROWN）、“锐志”（Reiz）轿车；广汽丰田，主导产品是凯美瑞（图 4–109）、普锐斯（PRIUS）；柯斯达中型豪华客车。

图 4–108 丰田喜一郎

图 4–109 广汽丰田凯美瑞

2. 公司主要品牌及车标识别

（1）丰田品牌。

丰田汽车是丰田公司最大的品牌，丰田（Toyota）品牌已经发展成为拥有数个车系、数十个车型和车款的庞大家族。目前，皇冠（Crown）、锐志（Reiz）、普锐斯（Prius）、卡罗拉（Corolla）、普拉多（Prado）、RAV4、普瑞维亚（Previa）、陆地巡洋舰（Land Cruiser）、威驰（Vios）、柯斯达（Coaster）、汉兰达（Highlander）、雅力士（Yaris）及凯美瑞（Camry）等车型被大众所知。

如图 4–110 所示为丰田典型车型。

（a）锐志轿车

（b）丰田 RAV4

（c）雅力士（Yaris）

（d）陆地巡洋舰（Land Cruiser）

图 4–110 丰田典型车型

丰田车标：丰田车标由三个椭圆形的环组成，中间的两个椭圆形环相互垂直相交，构成了一个“T”字，如图4–111所示。车标外边的大椭圆代表地球，而“T”字最大限度地占据了外面大椭圆的空间，寓意着丰田公司要把自己的技术及产品推向全世界，也象征着丰田公司对未来的信心和雄心，还象征着丰田公司对顾客的保证。

图 4–111 丰田车标

（2）皇冠品牌。

皇冠品牌是丰田汽车历史最长的中高级轿车，有皇家级和豪华级两种。第一代皇冠轿车生产于 1955 年。

如图 4–112 所示为皇冠典型车型。

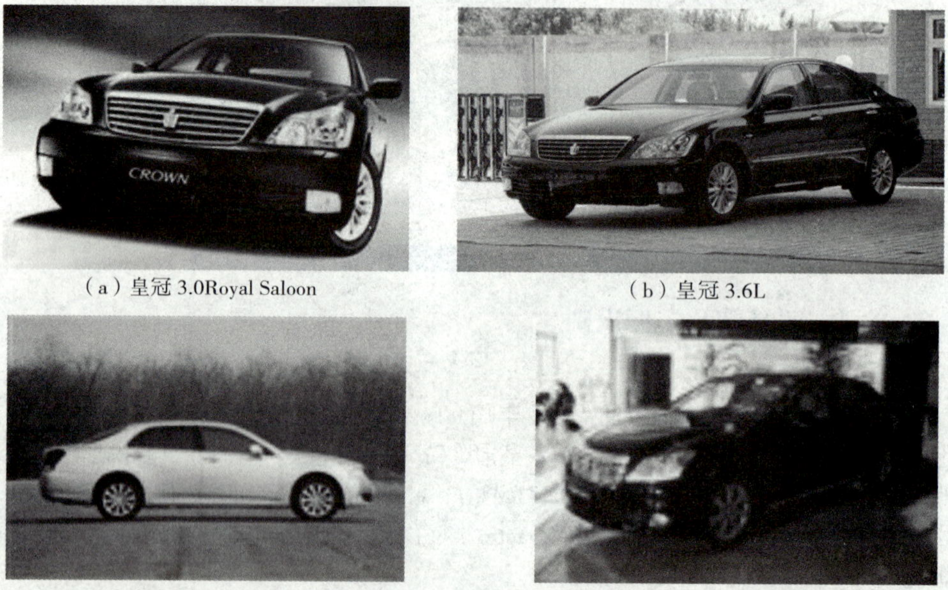

（a）皇冠 3.0Royal Saloon

（b）皇冠 3.6L

（c）V6 2.5 Royal

（d）3.0L VIP 版 07 款

图 4–112 皇冠典型车型

皇冠车标：皇冠车标为一顶皇冠，如图 4–113 所示，象征高贵、典雅。英文“CROWN”是皇冠的意思。

图 4–113 皇冠车标

（3）雷克萨斯品牌。

2005 年，丰田汽车公司宣布凌志改名成雷克萨斯，也就是 Lexus 的音译名字。雷克萨斯品牌汽车是丰田汽车公司专门在国外销售的豪华轿车。因为雷克萨斯（Lexus）的读音与英文豪华（Luxe）一词的读音相近，使人联想到该车是豪华轿车的意思。

目前，雷克萨斯已拥有 LS、GS、IS、LX 等车系。

如图 4–114 所示为雷克萨斯品牌轿车。

（a）雷克萨斯 LS430

（b）LS460 4.6L

（c）3.3L SUV

（d）雷克萨斯 ct200h

图 4-114 雷克萨斯品牌轿车

雷克萨斯车标：雷克萨斯车标如图 4-115 所示，其以在一个椭圆中镶嵌英文“Lexus”的第一个大写字母“L”为图案，椭圆代表着地球，表示雷克萨斯轿车遍布全世界。该标志被镶在散热器正中间，车尾标有文字车标“Lexus”，喻示该车像一匹黑马，驰骋在世界各地的道路上。

图 4-115 雷克萨斯车标

（4）大发品牌。

大发（Daihatsu）工业株式会社成立于 1907 年，地址在日本的大阪。1998 年，大发被丰田收购，主要生产小型轿车。大发公司以其独特的技术力量和生产能力在国际上享有较高的声誉，生产的汽车遍及数十个国家。1984 年，大发汽车公司与中国天津合作生产夏利微型轿车。

大发公司主要生产的车型为夏来多（Charade）、阿普劳斯（Applause）、罗奇（Rocky）及米拉（Mira）等轿车。

如图 4-116 所示为大发典型车型。

（a）大发 Rocky

（b）大发特锐

图 4-116 大发典型车型

大发车标：大发车标如图 4–117 所示，车标以流线型字母“D”为图案，并将“D”图案化，喻示大发汽车公司“永葆青春活力”，显示着公司的向上发展。

图 4–117 大发车标

（5）日野品牌。

1942 年，日野（Hino）汽车公司成为独立的公司。1950 年，Hino 开始专注于商用车辆的制造。现在，Hino 已经成为日本最大的商用车制造企业。2001 年 8 月，丰田汽车公司向 Hino 注资的比例达到 50.1%，使 Hino 成为丰田集团的一个子公司。日野商用车主要是货车和客车，如图 4–118（a）、（b）所示分别为日野豪华旅游车和重卡。

沈飞日野汽车制造有限公司是沈飞工业集团有限公司与日野自动车株式会社及丰田通商株式会社共同建立的全新合资公司。

（a）日野豪华旅游车　　（b）日野重卡

图 4–118 日野商用车

日野车标：日野车标如图 4–119 所示，车标由一个艺术化了的字母“H”和日野拼音组成。艺术化的“H”看似一个轴对称图形，由一主轴连接两端，喻示着日野将在丰田公司的领导下向前发展。整个图形成半封闭状态，又喻示着公司将前途无量。

图 4–119 日野车标

二、日产（Nissan）汽车公司

1. 公司概况

日产汽车公司创立于 1933 年，是日本第二大汽车公司，总部设在日本东京。日产汽车公司拥有豪华型和普及型轿车、越野车、MPV、商用车在内的三十多个系列产品，如公爵、蓝鸟、千里马、无限、光荣、桂冠和总统等豪华型轿车品牌，阳光、自由别墅、地平线和兰利等普通型轿车品牌，途乐（Patrol）、奇骏（X–trail）和开创者（Pathfinder）等越野车品牌，贵士（Quest）品牌 MPV。目前，中国合作项目有郑州日产和东风风神汽车有限公司。

如图 4–120 所示为日产品牌汽车。

（a）日产轩逸

（b）日产 nismo

（c）日产骊威

（d）日产新逍遥客

图 4-120 日产品牌汽车

2. 公司车标

圆表示太阳，中间的字是“日产”两字的日语拼音形式，整个图案表明了日产汽车公司位于“日出之国”的日本。如图 4-121 所示。

图 4-121 公司车标

三、本田（Honda）汽车公司

1. 公司概况

本田（Honda）汽车公司创建于 1984 年 9 月，创始人是本田宗一郎。公司总部设在东京。本田公司先后建立了本田美国公司、本田亚洲公司及本田英国公司，公司已成为一个跨国生产和销售汽车、摩托车的集团公司。

1998 年 7 月，广州本田汽车有限公司和东风本田发动机有限公司成立，投资生产广州本田、东风本田、本田飞度等品牌。

本田品牌汽车如图 4-122 所示。

（a）本田雅阁

（b）本田锋范

（c）本田 CRV

（d）本田奥德赛

图 4-122 本田品牌汽车

2. 公司车标

本田公司车标中的 H 是“本田”拼音 HONDA 的第一个字母。本田公司车标也就是带框的 H。周围用方框围着，体现了技术创新、团结向上、经营有力的精神。如图 4-123 所示为本田车标。

图 4-123 本田车标

四、马自达公司

1. 公司概况

马自达（Mazda）公司成立于 1920 年，20 世纪 60 年代曾经是日本产量最大的汽车公司。1979 年，福特汽车公司购买了马自达公司 25% 的股份。1996 年，福特汽车公司成为马自达最大的股东。

1998 年以后，马自达尝试进入中国市场，一汽海南马自达开始投入运转，推出了福美来、普利马两种车型，2004 年推出马自达 3。2003 年与一汽轿车合作推出马自达 6。此举使马自达品牌在 2003 年的中国市场总销量一跃升至 8 万辆。现在，马自达已把中国汽车市场放在与美国同等重要的位置。马自达品牌的代表车型有马自达 3、马自达 6 及马自达 RX-8 系列等。如图 4-124 所示为马自达 RX-8 和马自达 6。

（a）马自达 RX-8

（b）马自达 6

图 4-124 马自达品牌汽车

2. 公司车标

马自达车标是椭圆中包含展翅飞翔的海鸥，同时又组成“M”字样，如图 4-125 所示。“M”是“Mazda”第一个大写字母，意味着马自达公司将展翅高飞，不断实现技术突破，以无穷的创意和真诚的服务走向世界。

图 4-125 马自达车标

五、日本其他汽车公司

（1）三菱汽车公司是日本生产卡车、轿车和发动机的制造商，于 1970 年由三菱重工业公司和美国克莱斯勒公司共同出资成立。其车标是 3 个菱形。

（2）富士重工属下的速波汽车公司是生产四轮驱动轿车的日本汽车制造公司。其车标是 6 颗闪亮的星星。

（3）铃木汽车公司是以生产小型车与中小型越野车著称的日本汽车制造商。其车标是铃木 Suzuki 的第一个字母 S。

（4）五十铃汽车公司是日本专门生产载重汽车、越野汽车和客车的公司。

拓展知识

韩国汽车工业起步于 20 世纪 60 年代初，借助于西方工业发达国家的汽车技术力量，大规模引进国外生产技术，并使之国产化，韩国的汽车工业由此获得了飞速发展。20 世纪 80 年代韩国汽车业已形成了以现代、起亚、大宇、双龙 4 家汽车公司四足鼎立的格局，也因此而一跃成为世界汽车生产大国。

六、现代汽车公司

1. 公司简介

1967 年，郑周永创建现代汽车公司，公司总部设在韩国汉城。现代汽车公司拥有世界最大规模之一的汽车生产基地蔚山工厂，以及全州车厂和牙山工厂，8 个研究开发中心和韩国唯一具有国际水平的汽车综合试验场等。同时在北美、亚洲、非洲和欧洲等地区建立了汽车生产基地，在全世界 190 多个国家和地区拥有近 4000 家销售商。主要生产雅绅（Accent）、伊兰特（Elantra）、酷派（Coupe）、索纳塔（Sonata）、特杰（Trajet）、圣塔菲（Santa Fe）、君爵（Grandeur）和得利（Terracan）等品牌轿车以及各类大中小型客车、载货汽车、牵引车、自卸车和各种专用汽车等。

如图 4-126 所示为现代品牌汽车。

2002 年，现代汽车公司与北汽合资成立北京现代汽车有限公司。

（a）特杰（Trajet）

（b）索纳塔

（c）现代 ix35

（d）现代悦动

（e）现代瑞纳

（f）现代劳恩斯

图 4-126 现代品牌汽车

2. 现代车标

如图 4-127 所示，现代车标在椭圆中采用斜体字“H”，“H”是现代英文名“Hyundai”的第一个大写字母。椭圆即代表汽车转向盘，又可看作地球，二者结合寓意了现代汽车遍布地球。

HYUNDAI
Drive your way™

图 4-127 现代车标

七、起亚公司

1. 公司简介

起亚公司成立于 1944 年 12 月，是韩国最早的汽车制造商。受 1997 年发生的亚洲金融风暴影响，起亚公司濒临破产，后由韩国政府出面，指令现代公司收购了起亚公司。目前是韩国的第二大汽车公司。公司在牙山湾工厂和所下里工厂拥有完善的乘用车和商用车生产流水线，具备年生产 120 万辆汽车的生产力，产品包括轿车、货车和大中型客车等，产品已出口到 130 多个国家和地区。主要轿车品牌有利欧（Rio）、索兰托（Sorento）、佳乐（Carens）、欧菲莱斯（Opirus）、赛菲亚（Sephia）、欧迪玛（Optima）等。

如图 4-128 所示为起亚品牌汽车。

（a）索兰托（Sorento）轿车

（b）起亚 K5

（c）起亚智跑

（d）起亚福瑞迪

图 4-128 起亚品牌汽车

2. 起亚车标

如图 4–129 所示，起亚车标是英文“KIA”。含义源自汉语，“起”代表起来，“亚”代表在亚洲。因此，起亚的意思，就是“起于东方”或“起于亚洲”。源自汉语的名字、代表亚洲崛起的含义，正反映了起亚的胸襟——崛起亚洲、走向世界。

图 4–129 起亚车标

八、大宇汽车公司

1. 公司简介

1967 年，金宇中创建大宇汽车公司。公司总部设在韩国首尔，主要产品为轿车和货车。由于经营不善，资不抵债，于 2000 年 11 月 8 日宣布破产。汽车年产量 100 万辆。通用汽车公司（控股 42.1%）联合中国上汽集团（控股 10%）于 2002 年 10 月 28 日收购大宇汽车公司，在韩国汉城成立通用大宇汽车科技公司。

大宇典型车型如图 4–130 所示。

（a）大宇 Winstorm

（b）大宇旅行家

（c）大宇蓝龙

（d）大宇典雅

图 4–130 大宇典型车型

2. 大宇车标

形似地球和正在开放的花朵作为标志，表现了大宇汽车的未来和发展意志。如图 4–131 所示。

DAEWOO

图 4–131 大宇车标

九、双龙汽车公司

1. 公司简介

双龙汽车公司创办于 1954 年，是韩国第四大汽车公司，主要生产越野车。2005

年1月27日，上海汽车集团股份有限公司完成韩国双龙汽车公司的股权交割手续，获得双龙汽车51.33%的股份，正式成为其第一大股东。

双龙汽车公司的主要产品有豪华轿车CHAIRMAN，四驱越野车REXTON、KORANDO、MUSSO和豪华MPV RODIUS等。其典型车型如图4-132所示。

（a）双龙爱腾　（b）双龙柯兰多

（c）双龙雷特斯　（d）双龙享御

图4-132 双龙典型车型

2. 双龙车标

双龙车标将“SSANGYONG”中的“S”抽象成“8”字，形似“双龙”飞舞，除了表示“双龙”情深义重，同样，也寓意双龙汽车能像诗里说的一样，“大鹏一日同风起，扶摇直上九万里。”如图4-133所示。

图4-133 双龙车标

学习案例

1924年，福特汽车公司在横滨成立了日本福特汽车公司。1926年，通用汽车公司在大阪成立了日本通用汽车公司。美国两大汽车巨头依靠强大资本和技术优势，迅速占领了日本汽车市场，对日本汽车产业的发展带来了很大阻力，但其快速扩张也刺激了日本民族汽车工业的发展。在日本政府采取一系列保护主义政策，以及推行“引进技术—消化吸收—自主创新”的技术路线后，日本汽车工业得到迅速壮大，涌现出丰田、日产、本田等一批初具规模的汽车生产企业。

从20世纪60年代到1973年世界第一次石油危机之前，日本处于经济高速发展阶段，汽车工业成为日本三大经济支柱产业之一。石油危机的冲击和国内市场趋向饱和的现状，使得日本政府通过政策法规，及时将汽车产业的发展引导到环保节能可持续发展之路。1978年，日本修改并实行了堪称当时世界最严格的《排放与噪声法规》，这一举措迫使国内汽车生产厂商改进和革新生产技术，不断探索研发新的发展轨迹，将重点转向研究如何提高汽车安全性能，减少排放污染和降低噪声。这些研究和探索使得日本小型车拥有重量轻、耗油低、质量好、设施完善、价格低的特点，为其赢得了广泛赞誉与市场口碑，并以此撬开了海外市场大门。其后日本汽车工业走上以资本输出为主的加速国际化扩张道路。1980年，日本汽车产量达到1104万辆，超过美国成为世界最大的汽车生产国和出口国，一举奠定了其日后汽车强国的霸主地位。

案例分析

我们的近邻，日本汽车工业发展比我们早近50年，但起步阶段与我们极为相似，汽车制造水平远落后于欧洲发达国家，汽车的发动机等主要零部件都依赖于进口。

从1953年7月15日，第一汽车制造厂破土动工，到1992年汽车年产量首次突破100万辆。从第一辆到100万辆，我们用了40年，从100万辆到1000万辆，只用了17年时间。如今，我国年产销已突破2300万辆。毫无疑问，我们可以很自豪并当之无愧地被称为汽车大国。然而这离我们梦想中的汽车强国仍有很大的差距。我们要清醒地认识到中国汽车工业由大到强的转变仍然任重道远。

中国作为迅速发展起来的新兴汽车市场，选择产业依附型作为过渡亦是合理的必然阶段，没学会"走"就想"跑"是不切实际也不符合中国国情的。在发展的初期，我们的合资企业自然会经历受制于外方的这种阵痛。所以，处于弱势地位的中方企业要借鉴国外成功经验。做大做强的根本之策是提高研发及技术水平，进行产业链地位升级，加快兼并重组淘汰落后产能，才能有效突破行业瓶颈，实现快速发展。

学习单元5　中国主要汽车公司及商标

知识目标

了解我国主要汽车公司发展概况及商标。

技能目标

通过学习，能够快速通过车标或车型特点辨别我国主要汽车公司旗下各子品牌。

基础知识

目前，我国整车汽车制造企业73家，分布在全国各个省市、自治区，主要汽车生产企业2012～2013年的销售量如图4-134所示。由此可以看出，我国汽车工业目前已形成4+X的格局。其中，有以第一汽车集团公司和东风汽车集团公司为首的国家特大型汽车企业，也有以上海汽车工业（集团）总公司为代表的地方型汽车厂家，它们大多与国外知名汽车公司组建了合资企业，引进国外先进的技术和产品，生产国外品牌的轿车、客车或载货汽车。同时，我们也拥有一批自主品牌的汽车企业，如奇瑞汽车有限公司、比亚迪汽车有限公司等，它们也得到了较快发展。

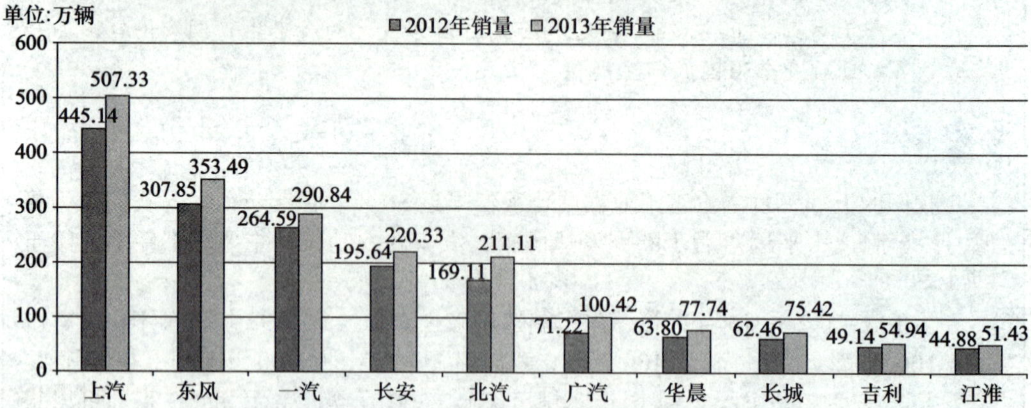

图 4-134 2012 ~ 2013 年我国主要汽车企业销售情况

一、上海汽车工业（集团）总公司

1. 公司简介

公司前身是 1955 年 12 月成立的上海内燃机配件公司，1995 年 9 月，上海汽车工业（集团）总公司成立。2004 年底，上汽集团改制重组，成立上海汽车集团股份有限公司（控股 83.8%），是中国汽车行业三大集团之一。

公司主要从事乘用车、商用车和汽车零部件的生产、销售、开发、投资及相关的汽车服务贸易和金融业。2013 年，上海汽车工业（集团）总公司整车销售达到 510.6 万辆，同比增长 13.7%，继续保持国内汽车市场领先优势，并以 2014 年度 920 亿美元的合并销售收入，第 11 次入选《财富》杂志世界 500 强，排名第 85 位，比上一年上升了 28 位。根据企业十二五规划，到 2015 年，上汽年产销汽车将达 600 万辆。

上汽集团主要汽车生产企业如图 4-135 所示，形成了合资品牌和自主品牌共同发展的格局。

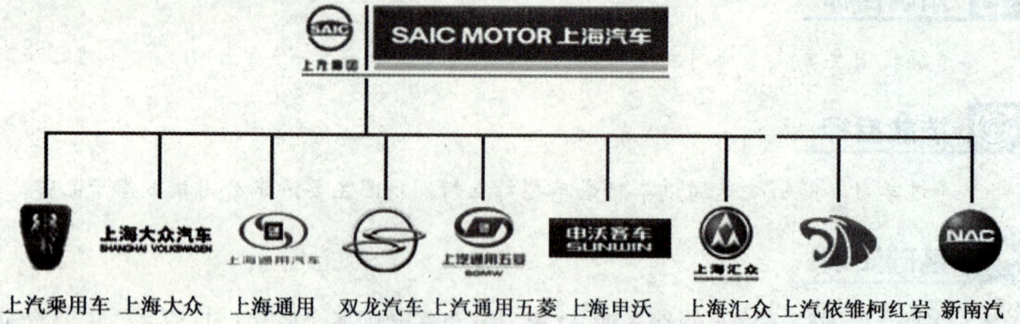

图 4-135 主要汽车生产企业

公司生产基地分布在柳州、重庆、烟台、沈阳、青岛、仪征、南京等地，同时在美国、欧洲、日本和韩国设有海外公司，如图 4-136 所示。

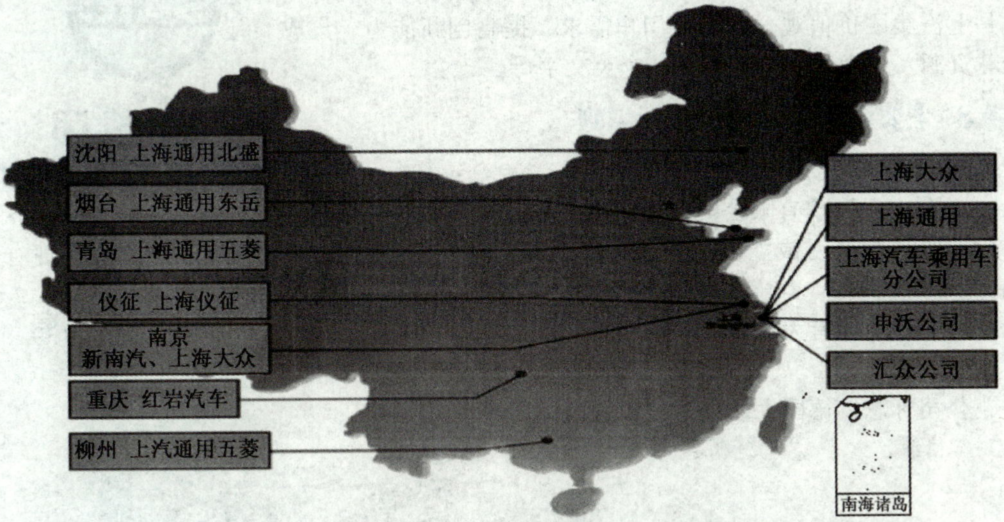

（a）国内生产基地

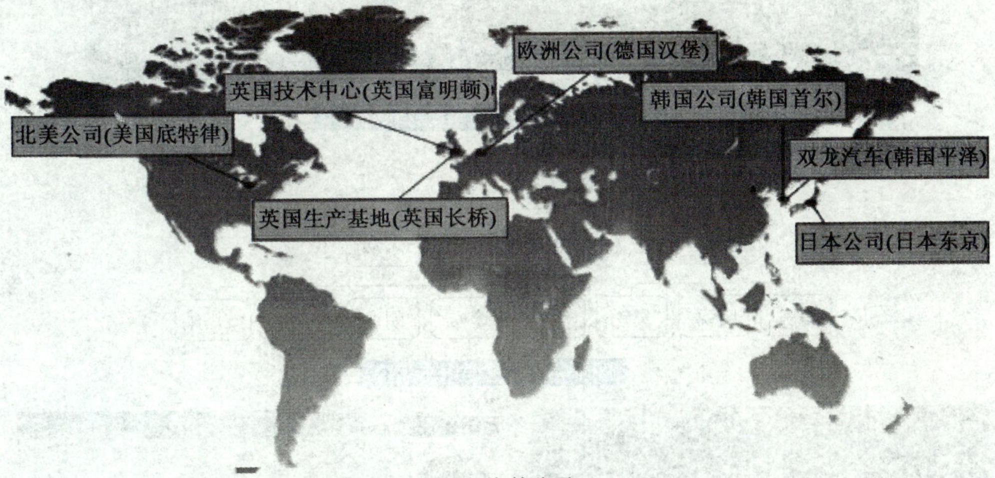

（b）海外公司

图 4-136 上海生产基地和海外公司

2011、2012、2013 年上海通用、上海大众、上海乘用车、上海通用五菱等四大主要汽车生产企业的销售情况如表 4-2 所示。

表 4-2 2011、2012、2013 年四大主要汽车生产企业的销售情况

万辆

	2011	2012	2013
上海通用	123.2	139	157.5
上海大众	116.6	128	152.5
上海通用	16	20	23
上汽通用五菱	130.1	145.8	160

2. 公司商标

公司商标是 SAIC，如图 4–137 所示，上汽集团的简称，也是上汽集团价值观——满足用户需求、提高创新能力、集成全球资源、崇尚人本管理的第一个英文字母。

SAIC
上汽集团

图 4–137 上汽集团商标

3. 主要汽车子公司及车标识别

（1）上海大众汽车有限公司。

上海大众汽车有限公司是上汽集团和德国大众汽车集团的合资企业，如图 4–138 所示。1985 年 3 月成立，中德双方各投资 50%，注册资本 63 亿元人民币。公司现有职工 14000 多人。

公司目前拥有大众、斯柯达两大品牌共八大系列产品，主要汽车品牌如图 4–139、图 4–140 所示。

公司标志：德国大众汽车公司的商标。

图 4–138 上海大众汽车有限公司

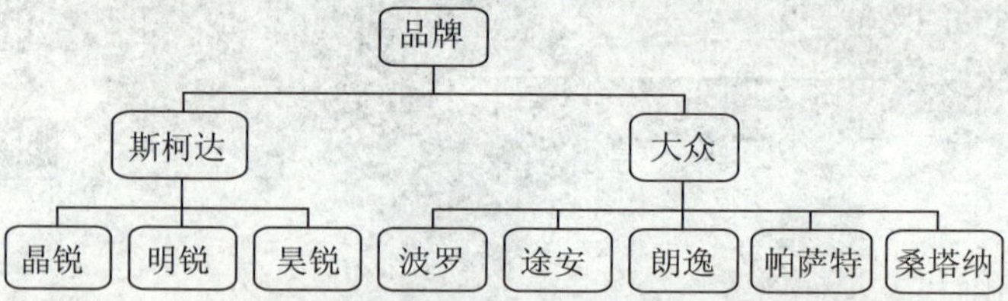

图 4–139 主要汽车品牌

（a）桑塔纳志俊

（b）帕萨特

（c）昊锐

（d）晶锐

图 4–140 上海大众汽车品牌

（2）上海通用汽车公司。

上海通用汽车公司是上汽集团和美国通用汽车集团的合资企业。上海通用汽车公司厂貌如图 4–141 所示。上海通用汽车公司成立于 1997 年 6 月，由双方各投资 50% 组建而成，注册资本 15.2 亿美元。2013 年公司旗下别克、雪佛兰、凯迪拉克三大品牌全年销量 15755167 辆，实现同比增长 13.1%，再创公司年度销量新高，并继续引领国内乘用车市场。

图 4–141 上海通用汽车公司厂貌

公司商标：上海的第一个拼音 S 从椭圆形中穿过，在 S 的中部为通用汽车公司的商标，表示上海通用汽车公司由上海汽车工业总公司与美国通用汽车公司双方的合作，如图 4–142 所示。

图 4–142 公司商标

主要品牌：凯迪拉克、别克、雪佛兰等品牌，共 25 大系列，产品覆盖顶级豪华车到经济型轿车，以及 MPV、SUV 等宽泛的领域，如图 4–143 所示。

车标：使用通用车标。

（a）凯迪拉克

（b）别克林荫大道

（c）雪佛兰景程

（d）别克 GL8

图 4–143 上海通用汽车品牌

（3）上海通用五菱汽车公司。

上海通用五菱汽车公司成立于 2002 年 11 月 18 日，是由上汽集团、通用汽车（中国）公司、柳州五菱汽车有限责任公司三方共同组建的大型中外合资汽车公司，拥有柳州与青岛两大生产制造基地。2013 年上汽通用五菱整车销量再创历史新高，达到 1600550 辆，超额完成 150 万辆的年度销售目标，跃升为中国整车销量最高的车企。其中五菱宏光全年销量超过 53 万辆，同比增长 67%，成为中国销量最高的乘用车产品。

公司总部：中国青岛。

车标：由五个鲜红的菱形组成，形似鲲鹏展翅，雄鹰翱翔。有上升、腾举之势，象征着五菱的事业不断发展，如图 4-144 所示。

图 4-144 五菱车标

主要品牌：五菱鸿途、五菱荣光、五菱之光、五菱兴旺、五菱小旋风、五菱单双排货车等。五菱鸿途、五菱单双排货车、五菱之光、五菱小旋风如图 4-145 所示。

（a）五菱鸿途

（b）五菱单双排货车

（c）五菱之光

（d）五菱小旋风

图 4-145 上海通用五菱主要品牌

（4）上海汇众。

上汽集团集商用车制造与轿车底盘系统生产的企业，于 1992 年 1 月 11 日正式成立。主要有轻型客车、重型卡车与轿车底盘系统三大业务板块，如图 4-146 所示。

汇众车标如图 4-147 所示。

（a）汇众陆舰

（b）德驰

图 4-146 上海汇众汽车品牌

图 4-147 汇众车标

（5）上海乘用车分公司。

上海乘用车分公司是上汽集团生产自主品牌汽车的乘用车公司，投资 36.8 亿元。2006 年开始生产，有荣威 750、550 两大品牌。2013 年公司总销量为 23 万辆。

2004 年 12 月，上汽出资 6700 万英镑购买了英国罗孚的核心技术知识产权，采用所收购的罗孚 75 开发平台，研制出首款中高档自主品牌产品荣威 750，全面融汇了欧洲豪华车技术，其整车性能和内部舒适性可以与同级别的国际中高级产品媲美。

汽车评级机构 J. D. Power 亚太公司发布的 2009 年中国汽车销售满意度指数调研（SSI）报告中，上汽荣威品牌以 851 分的成绩（满分 1000 分）荣登榜首，中国品牌首次以创纪录的最高分荣获冠军，实现了历史性的突破，也是对荣威品牌的最佳肯定。

车标：荣威车标如图 4-148 所示。

图 4-148 荣威车标

荣威车标内涵：

①荣威中文内涵："创新殊荣、威仪四海"，"荣"有荣誉、殊荣之意；"威"含威望、威仪及尊贵地位之意。

②英文内涵："Roewe"，源自西班牙语 Loewe（狮子），寓意"雄狮"。

③经典盾形徽标：暗喻其产品可信赖的尊崇品质。

④色彩感观：红、黑、金三色调构成，红色代表热烈与喜庆，金色代表富贵，黑色象征威仪和庄重。

⑤核心形象：两只站立的东方雄狮，气宇轩昂，凌然不可侵犯，代表着吉祥、威严、庄重。

⑥符号寓意：图案的中间是双狮护卫着的华表。华表是中华文化中的经典图腾符号，不仅蕴含了民族的威仪，同时具有高瞻远瞩，祈福社稷繁荣、和谐发展的寓意。

⑦图案下方是用现代手法绘成的字母“RW”的融合，是品牌名称的缩写。

图 4–149 所示为排量为 2.5L 的荣威 750 轿车，其车身内外散发着纯正浓厚的英伦新经典主义气息，于沉稳时尚之中呈现出鲜明的大不列颠审美风尚，气派非凡，个性十足。

该车有较高的配置：五速智能电子控制自动变速器，前大灯自动延时功能，外后视镜带电动折叠，电动加热外后视镜，自动防炫目内后视镜，前后排座位智能加热，智能光学雨量感应器，电子稳定程序，前排及前排侧双安全气囊，ABS+EBD，车内超声波防盗，定速巡航，全自动智能双区域恒温空调，倒车雷达，电子导航系统等等。

图 4–149　荣威 750 轿车

（6）上海申沃客车有限公司。

由上汽集团、瑞典沃尔沃客车公司投资组成，公司厂貌如图 4–150 所示，总投资 9700 万美元，中外双方各占 50%。公司现有员工 1200 余名，具有年产 2500 辆城市客车、城郊客车及 500 辆底盘的生产能力。其主要客车车型如图 4–151 所示。

图 4–150　上海申沃客车有限公司厂貌

图 4–151　主要客车车型

（7）南京汽车集团有限公司。

2007 年 12 月 26 日，上汽集团与跃进汽车集团公司签署合作协议。2008 年 4 月 1 日，新南汽领取了新的营业执照，同步变更了股东和法定代表人，资产整合后的新南汽正式成为上海汽车集团股份有限公司的全资子公司。

南汽目前拥有跃进、依维柯、MG 名爵等整车品牌系列，年综合生产能力 40 万辆。2005 年 7 月 22 日，南汽成功收购了英国 MG 罗孚公司和动力总成公司的资产。2006 年 3 月成立南京名爵（MG）汽车有限公司，MG 名爵汽车总投资 35 亿元，占地面积 1200 亩，总建筑面积 30 万平方米，拥有南京和英国长桥两个基地。未来将形成年产 20 万辆整车、25 万台发动机和 10 万台变速箱的生产规模。MG 名爵汽车已陆续投产 MG7 系、MG5 系、MG3 系、MGTF 跑车等系列车型。MG5、MG7 如图 4-152 所示。位于英国长桥的南汽英国公司，经过战略调整和重新规划，目前已全面恢复生产和销售。2008 年 9 月份，第一批总数为 104 辆的名爵 TF 限量版跑车，已顺利在英国本土销售，标志着上汽集团自主品牌国际化战略打响了第一枪。

南京依维柯汽车有限公司是南京汽车集团与意大利菲亚特集团依维柯公司共同成立的合资公司。公司产品分为依维柯（轻型汽车）和跃进（轻、中、重型汽车）两大平台。

依维柯车型如图 4-153 所示。

（a）MG5

（b）MG7

图 4-152 MG 名爵车型

（a）跃进轻型汽车

（b）依维柯轻型客车

图 4-153 南京依维柯车型

跃进、依维柯、名爵车标如图 4-154 所示。

跃进集团
YUEJIN GROUP

（a）跃进车标

IVECO

（b）依维柯车标

MG

（c）名爵车标

图 4-154 南汽车标

二、第一汽车集团

1. 公司简介

第一汽车集团公司的前身是第一汽车制造厂，1953年在吉林省长春市破土动工，在当时苏联专家的帮助下，于1956年生产出新中国第一批解放牌载货汽车。1958年中国第一辆自主开发的“东风”轿车在第一汽车制造厂问世，同年又开发生产出红旗牌高级轿车，1991年与德国大众汽车公司合资建立了轿车生产基地，2002年完成了与天津汽车工业（集团）有限公司的联合重组，并成功地与日本丰田汽车公司实现合作。

六十多年来，公司经历了建厂创业、换型改造、结构调整和全面发展四个大规模的发展阶段。经过战略重组和调整，一汽集团拥有全资子公司16家（主要全资子公司如表4-3所示）、控股子公司15家（主要控股子公司如表4-4所示）。

表4-3 主要全资子公司

企业名称	主营业务 / 主要产品
一汽集团技术中心	整车、零部件、工艺、材料的研发、试制、试验
一汽解放汽车有限公司	解放品牌中、重型卡车和发动机、车桥、变速箱三大总成等
一汽客车有限公司	客车底盘和远征牌、太湖牌、华西牌大客车
一汽专用汽车有限公司	解放品牌中、重型卡车专用车、改装车
长春一汽轻型车厂	3吨载重卡车和1吨载重客车底盘
一汽吉林汽车有限公司	微型客车、卡车
中国第一汽车集团柳州特种汽车厂	解放品牌中、重型卡车、专用车、特种车
海南汽车试验研究所	湿热带各类汽车试验、技术服务

表4-4 主要控股子公司

企业名称	主营业务 / 主要产品
一汽轿车股份有限公司	红旗品牌系列轿车、奔腾轿车和马自达6轿车
一汽－大众汽车有限公司	大众品牌捷达、宝来、高尔夫、开迪轿车和奥迪品牌A4、A6轿车
长春一汽四环汽车股份有限公司	中、重型卡车变型车、改装车和车厢、车轮总成
天津一汽夏利汽车股份有限公司	夏利系列和NBC系列经济型轿车
天津一汽丰田汽车有限公司	丰田品牌威驰、花冠、皇冠、锐志轿车
四川一汽丰田汽车有限公司	丰田品牌普拉多多功能运动车、柯斯达豪华客车
一汽海马汽车有限公司	普力马、福美来轿车

公司所属企业分布在全国14个省、市、自治区的19个城市，如图4-155所示。

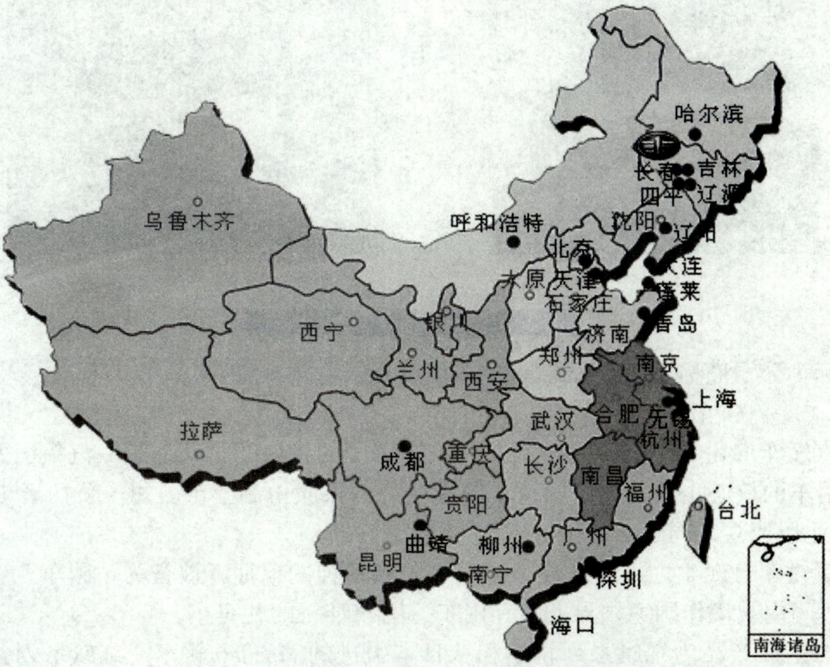

图 4-155 第一汽车集团公司国内分布情况

目前，公司已形成生产中、重、轻、轿、客、微和越野汽车、专用车等多品种、宽系列以及零部件的产品格局。公司资产总额 1725 亿元，拥有员工 12 万人。2014 年世界 500 强第一汽车集团排名第 111 位，实现营业收入 75005.6 百万美元，利润 3366.6 百万美元。

第一汽车集团公司“十二五”目标：2015 年汽车年总销量突破 500 万辆，市场份额达到 20%。

2. 公司商标

集团公司商标如图 4-156 所示，由阿拉伯数字“1”和汉字“汽”两个字艺术化的组合，构成一只展翅翱翔在蔚蓝天空中的雄鹰。该标志既代表不断进取、展翅高飞的中国一汽精神，又表达了中国汽车工业冲出国门、走向世界的决心。

图 4-156 第一汽车集团公司商标

3. 主要汽车子公司及车标识别

（1）一汽解放汽车有限公司。

一汽解放汽车有限公司成立于 2003 年 1 月 18 日，是一汽集团公司的全资子公司，拥有完全知识产权。

主导产品：中重型系列载货汽车（5 ～ 30t），达 500 多个品种，奥威、悍威如图 4-157 所示。产品出口到欧洲、非洲、亚洲 20 多个国家和地区。在世界中重型载重车生产企业中，解放中重型卡车产销规模已经连续多年位居第一。

（a）奥威　　（b）悍威

图 4-157 一汽中重型载货汽车

车标为公司商标。

（2）一汽轿车股份有限公司。

一汽轿车股份有限公司是中国第一汽车集团的控股子公司，是一汽集团发展自主品牌乘用车的核心企业，是中国轿车制造业第一家股份制上市公司。公司于 1997 年 6 月 10 日注册成立，同年 6 月 18 日上市。

红旗轿车自诞生之日起就成为国家和民族精神的象征，被誉为“国车”。它在相当长的时间内被用作国家领导人的专用车、国家唯一的礼宾车。

公司主导产品为红旗系列轿车和从日本引进的 Mazda6 轿车。红旗系列轿车主要包括：红旗旗舰、世纪星、明仕、红旗 HQ3、红旗盛世、奔腾、红旗 HQE 等轿车系列。

红旗轿车车标：一种是红旗，寓意为毛泽东思想的伟大红旗；另一种是象征一汽集团的美术字“1”，如图 4-158 所示。

图 4-158 红旗车标

红旗 HQ3 是 2006 年推出的红旗品牌全新产品，如图 4-159 所示，是我国第一款自主品牌的高端豪华轿车，是一款搭载 4.3L（V8）、3.0L（V6）汽油发动机、6 挡手自一体的豪华、公务用车，具有高性能的操纵稳定性和舒适感，采用了大量尖端技术，如夜视系统、制动型主动避撞系统、膝部气囊、智能调节前照灯系统等，现已改为红旗盛世。

奔腾是一汽轿车 2006 年推出的自主品牌新产品，如图 4-160 所示，是一款中高级轿车，有 2.0L 和 2.3L 两种排量、手动和手自一体两种操纵方式的多品种系列产品。

2014 年 11 月 5 ～ 11 日在我国首都北京举行的亚太经合组织（APEC）第二十二次领导人非正式会议，我国政府提供了红旗 H7 和红旗 L5 轿车为地区领导人、部长级高级官员以及其他各国与会官员服务，得到好评。

图 4-159 红旗 HQ3

图 4-160 奔腾

红旗旗舰系列车型是一汽轿车公司和美国福特公司联合设计开发的具有独立知识产权的顶级豪华轿车，如图 4-161 所示，其设计制造工艺与福特公司的林肯都市车型属于同一技术平台。在整车外形设计方面，既继承了老红旗庄重典雅、厚重气派的风格，又兼收并蓄了当今国际车坛所流行的豪华时尚、丰满圆润的流线造型，给人以雍容华贵、尊崇显赫之感。

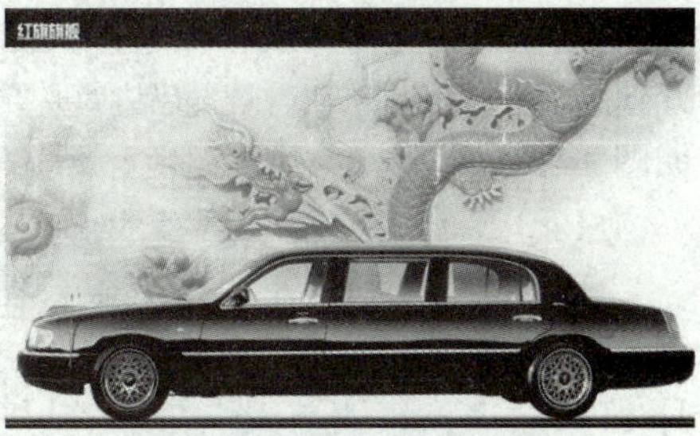

图 4-161 红旗旗舰

红旗 HQE 轿车是国内顶级乘用车，如图 4-162 所示，是一汽集团献礼国庆 60 周年的车型。该车目标定位高于宝马 7 系和奔驰 S 级，可以比肩劳斯莱斯幻影、宾利雅致 728 等国际顶级豪华车，达到了汽车制造的国际最先进水平。该车长 6.4m、车宽 2.08m，有三排座椅，全手工制造。采用 V12 全铝汽油发动机，不仅体积小、重量轻，而且功能强大。排量为 6L，最大功率和最大扭矩分别达到 300kW 和 550N · m。它拥有两个“大脑”，各自独立控制 6 个缸，即便一个“大脑”瘫痪，另一个照样正常运行。很多尖端技术在该车上都有应用，如高强度钢板，航天飞机的悬窗玻璃、油箱防爆技术，坦克的防弹轻型化陶瓷技术，最新的焊接技术，等等，被称为“中国的劳斯莱斯”。

图 4-163 为前中央军委主席胡锦涛在国庆 60 周年庆典中乘坐 HQE 检阅车检阅海陆空三军。

图 4-162 红旗 HQE

图 4-163 国庆 60 周年胡锦涛主席检阅陆海空三军

（3）一汽 - 大众汽车有限公司。

一汽 - 大众汽车有限公司是一汽汽车集团和德国大众汽车股份公司及奥迪汽车股份公司合资经营的大型轿车生产企业，其厂貌如图 4-164 所示，成立于 1991 年。其中一汽拥有 60% 股份，大众拥有 30% 股份，奥迪拥有 10% 股份，总投资 234 亿元人民币。公司位于中国长春西南部，拥有长春、成都两个整车生产基地。

图 4-164 一汽—大众汽车有限公司

公司主要生产大众和奥迪两大品牌。其中大众品牌主要有：捷达、新宝来、高尔夫、开迪、速腾、迈腾等。奥迪品牌主要有：奥迪 A4、A6、A8 系列轿车。部分品牌车型如图 4-165 所示。

（4）天津一汽夏利汽车股份有限公司。

天津一汽夏利汽车股份有限公司是一汽集团控股的经济型轿车制造企业，是一家集整车制造、发动机、变速器生产、销售以及科研开发于一体的上市公司。2002 年 6 月 14 日，一汽集团与天汽集团签署重组协议，持有公司 50.98% 的股份，对公司拥有控股权。

车标：汽车车标如图 4-166 所示，图案形似高速公路，横为立交桥连通东西，纵为两高速公路贯南北，象征着夏利轿车驰骋在祖国大地。

主要轿车品牌：夏利、威姿、威乐、威志等。部分品牌车型如图 4-167 所示。

（a）奥迪 A6

（b）迈腾

（c）捷达

（d）新宝来

图 4-165 一汽大众汽车品牌

图 4-166 夏利系列车标

（a）夏利 N3

（b）威志

（c）威姿

图 4-167 天津一汽夏利汽车品牌

（5）天津一汽丰田汽车有限公司。

天津一汽丰田汽车有限公司是一家大型中外合资企业，出资方为中国第一汽车集团公司、天津一汽夏利汽车股份有限公司、丰田汽车公司和丰田汽车（中国）投资有限公司。公司成立于 2000 年 6 月，中外股比各为 50%。公司注册资本为 33 亿元人民币，位于天津经济技术开发区，现有员工 12000 余人。

公司主导产品有：威驰（VIOS）、花冠（COROLLAEX）、皇冠（CROWN）、锐志（REIZ）、卡罗拉（COROLLA）轿车以及 RAV4。部分品牌车型如图 4-168 所示。

（a）威驰

（b）卡罗拉

图 4-168 天津一汽丰田品牌

三、东风汽车集团

1. 公司简介

东风汽车公司的前身是第二汽车制造厂，公司总部设在湖北省武汉市，始建于 1969 年，是中国汽车行业三大集团之一。历经四十多年的建设，经过艰苦创业

（1969～1978年）、改革发展（1979～1993年）、结构调整（1994～2002年）和跨越发展（2003年至今）四个阶段，已陆续建成了十堰（主要以中、重型商用车、零部件为主）、襄阳（以轻型商用车、乘用车为主）、武汉（以乘用车为主）、广州（以乘用车为主）等主要汽车生产基地。

目前，整车业务产品结构基本形成商用车、乘用车各占一半的格局，产品覆盖重、中、轻、轿、客等多系列。公司现有总资产995.3亿，在册职工12.4万人。

自2005年以来，公司整车销量以年均22.4%的速度快速增长，如图4-169所示，实现了良好业绩。2013年销售汽车353.2万辆，稳居行业第二位，同比增长14.8%；实现销售收入4533.6亿元，同比增长24.4%。2014年，东风公司将主要经营目标定为销售汽车380万辆，自主品牌商用车、乘用车增速分别高于行业水平。

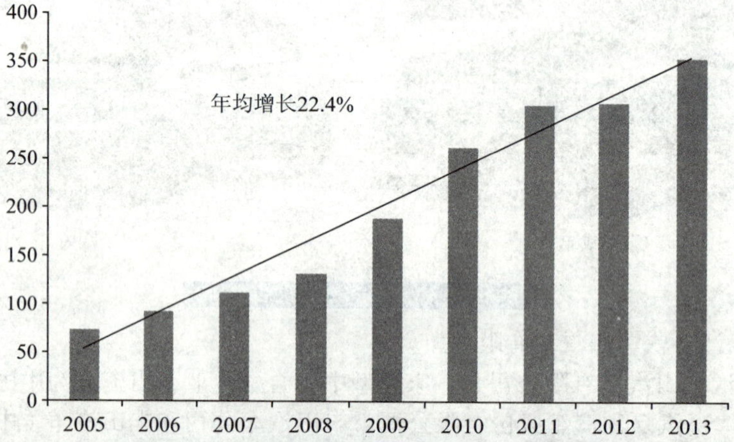

图4-169 公司整车销量增长情况（单位：万辆）

东风汽车集团主要汽车生产企业如图4-170所示。

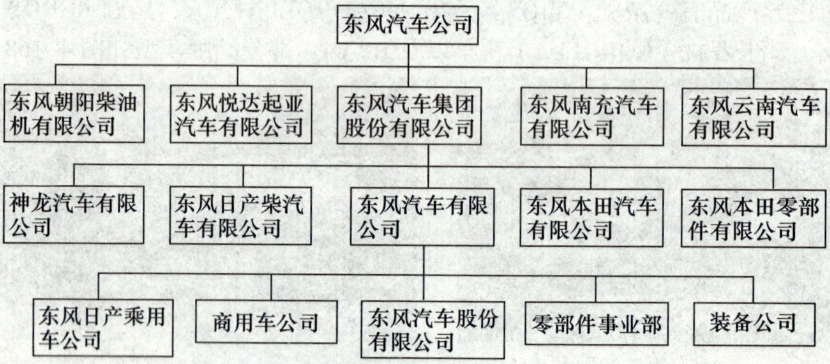

图4-170 东风汽车集团主要汽车生产企业

2. 公司商标

东风汽车公司商标如图4-171所示，以艺术变形手法，含义是双燕舞东风。外圆代表车轮，象征着东风牌汽车车轮不停地旋转。

图4-171 公司商标

3. 主要汽车公司及其车标识别

（1）东风汽车有限公司。

公司是东风汽车公司与日产汽车公司战略合作携手组建的新公司，成立于 2003 年 6 月 9 日。注册资金 167 亿元，双方各拥有 50% 的股份。公司设在湖北省武汉市，拥有员工约 70000 名。公司商用车使用东风品牌，乘用车使用日产品牌。

东风汽车有限公司下辖：东风日产乘用车公司、商用车公司、汽车股份有限公司、零部件事业部和装备公司。

①东风日产乘用车公司。

东风日产乘用车公司成立于 2003 年 6 月 16 日，总部位于广州花都，拥有员工 5800 人。目前，公司拥有天籁、TIIDA（骐达 / 颐达）、轩逸、骏逸、蓝鸟至尊等车型，如图 4–172 所示。

（a）天籁

（b）轩逸

（c）颐达

（d）骐达

图 4–172 东风日产车型

②东风商用车公司。

东风商用车公司创立于 2003 年 7 月 8 日，总部位于湖北十堰，主要生产东风品牌中重型载货汽车、专用车、客车和客车底盘，车型如图 4–173 所示，员工总数 2.8 万人，固定资产 150 亿元，是国内规模最大的商用车生产基地。其车标为东风商标。

（a）东风客车

（b）东风商用汽车

图 4–173 东风商用车车型

③东风汽车股份有限公司。

东风汽车股份有限公司是上市公司，主要生产东风系列轻型商用车，包括四大系列：东风小霸王 1–2T 系列、东风多利卡 3–4T 系列、东风之星 1–2T 高端轻卡系列、东风金刚工程自卸车系列以及东风客车、郑州日产皮卡系列，各系列车型如图 4–174 所示。

（a）东风多利卡

（b）东风小霸王

（c）东风金刚

（d）郑州日产皮卡

图 4–174 东风汽车车型

（2）神龙汽车有限公司。

神龙汽车有限公司是中国东风汽车公司与法国 PSA 标致 – 雪铁龙集团等股东合资兴建的轿车生产经营企业。总部位于中国湖北武汉，成立于 1992 年 5 月，分别在武汉、襄阳两地建有武汉工厂和襄阳工厂。

公司实行一个公司、两个品牌的经营模式，即生产东风标致和东风雪铁龙两个品牌。包括东风雪铁龙 C5、爱丽舍、毕加索、凯旋、世嘉、C2 以及东风标致 207、307、408 等车型，产品覆盖经济型、中档、高档等各个细分市场，如图 4–175 所示。

（a）标致 307

（b）毕加索

图 4–175 神龙汽车的两个品牌

（3）东风悦达起亚汽车有限公司。

由东风汽车公司、江苏悦达投资股份有限公司、韩国起亚自动车株式会社按 25%、25%、50% 的股权结构共同组建的中外合资轿车制造企业，注册资本 7000 万美元。

公司主要生产起亚品牌，产品有福瑞迪、狮跑、锐欧、赛拉图等。赛拉图和福瑞迪如图 4–176 所示。

（a）赛拉图

（b）福瑞迪

图 4–176 东风悦达起压汽车品牌

（4）东风本田汽车有限公司。

公司成立于 2003 年 7 月，中外合资企业，中外股比各占 50%，注册资金 2 亿美元。主要产品有东风本田 CRV、本田思域、思铂睿。其中，本田 CRV、本田思域如图 4–177 所示。

（a）本田 CRV

（b）本田思域

图 4–177 东风本田汽车品牌

（5）东风汽车乘用车公司。

东风汽车乘用车公司成立于 2007 年 7 月 25 日，是东风汽车公司从建设“永续发展的百年东风、面向世界的国际化东风、在开放中自主发展的东风”的战略需要，全资组建的集研发、生产制造、销售于一体的自主品牌汽车公司。汽车车标采用东风集团商标。

公司产品有东风风神 S30 和 H30 两种。风神 S30 如图 4–178 所示。

图 4–178 风神 S30

四、长安汽车集团

1. 公司简介

中国长安汽车集团股份有限公司（简称中国长安）成立于 2009 年 11 月 10 日，是中国南方工业集团公司（持股 77%）、中国航空工业集团公司（持股 23%）两大世界 500 强中央企业对旗下汽车产业进行战略重组、共同成立的一家特大型企业集团，是目前中国最大的微型汽车及发动机生产厂家之一，总部在北京。

目前，公司拥有重庆、黑龙江、河北、江西、山西等 9 大整车生产基地，如图 4–179

所示；拥有六大整车制造企业，拥有长安、哈飞、昌河、陆风四大自主品牌，拥有福特、马自达、铃木等合资品牌。

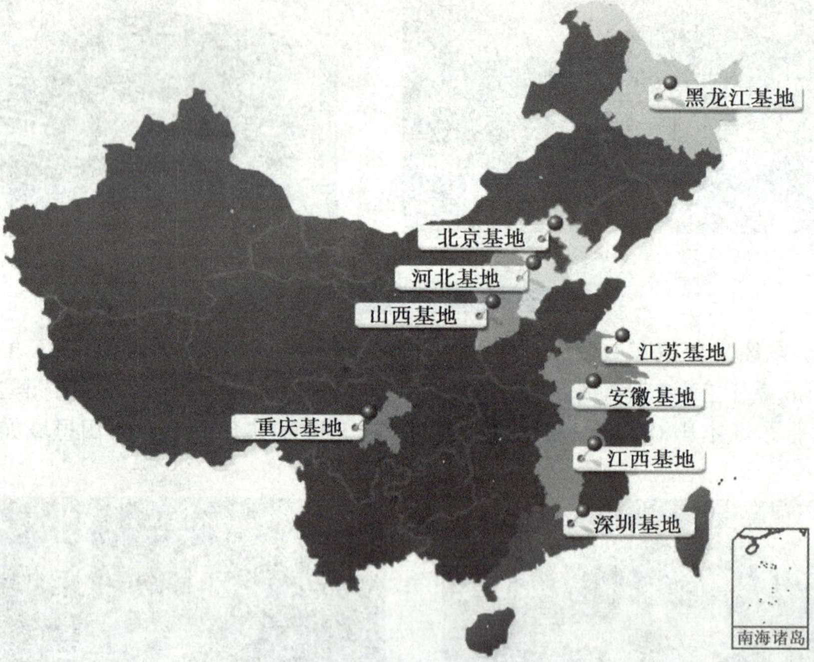

图 4-179 整车生产基地分布

2. 公司商标

长安第一个字母 C、A 的抽象组合，如图 4-180 所示。

图 4-180 长安汽车集团商标

3. 主要汽车品牌及车标识别

长安汽车集团主要汽车品牌及车标如表 4-5 所示。

表 4-5 长安汽车集团主要汽车品牌及车标

品牌	主要车型	车标
长安	杰勋、奔奔、镭蒙、长安之星、长安 CM8 等	
长安福特	嘉年华、蒙迪欧、福克斯	Ford
长安铃木	奥拓、羚羊、雨燕	长安铃木
长安马自达	长安马自达	mazda

续表

品牌	主要车型	车标
哈飞	中意、路宝、赛豹、赛马、民意、锐意等	
昌河	利亚纳、北斗星、浪迪、爱迪尔、福瑞达等	
陆风	陆风 X8、陆风 X6、陆风 X9 等	

如图 4–181 所示为长安马自达品牌。

（a）马自达 3

（b）马自达 2

图 4–181 长安马自达品牌

如图 4–182 所示为长安铃木品牌。

（a）雨燕

（b）新奥拓

图 4–182 长安铃木品牌

如图 4–183 所示为长安福特品牌。

（a）福克斯

（b）蒙迪欧

图 4–183 长安福特品牌

如图 4-184 所示为长安汽车品牌。

（a）奔奔轿车

（b）杰勋 MPV

（c）哈飞赛马

（d）哈飞民意

（e）陆风 X8

（f）陆风 X6

（g）福瑞达

图 4-184 长安汽车品牌

长安奔奔作为长安的首款自主品牌轿车，是长安集团历经三年，由上百名技术人员研发设计的。其 1.3L 的发动机百公里油耗仅为 4.4L，是国内微型轿车领域的典范。

长安杰勋 MPV 造型大气、线条流畅，内部空间灵动、宽敞，其采用全球领先技术的 HHRB 高刚性吸能式笼形安全车身及激光焊接底盘，安全可靠。

2006 年 12 月 29 日，哈飞赛马轿车荣膺“中国汽车自主创新成果大典引进、消化吸收再创新奖”。

哈飞民意连续两年被 J. D. Power 评为微客市场新车质量冠军，多次蝉联中国汽车节油群英会冠军。

五、北汽集团

1. 公司简介

北京汽车工业控股有限责任公司是由北京市人民政府投资，对北京汽车工业集团总公司进行改制组建的国有独资公司，是国有独资大型企业。北汽控股所属的整车制造、零部件制造以及汽车服务贸易的企业和公司有 24 个，其中主要整车制造企业有北京汽车制造厂有限公司、北汽福田、北京现代、北京奔驰等 4 家。

2. 公司商标

北汽集团新商标如图 4–185 所示。图形外圆内方，是中国天圆地方传统思想的形象化。

BAIC

图 4–185 北京汽车控股公司商标

3. 主要汽车品牌及车标识别

北汽集团主要汽车品牌及车标如表 4–6 所示。

表 4–6 主要汽车品牌及车标

品牌	车标	主要车型
北汽制造		陆霸、骑士、勇士、战旗、旗铃、陆铃、旗舰
北京吉普	BJC 北京Jeep	大切诺基、三菱帕杰罗、三菱欧蓝德
北京现代	北京现代	索纳塔、伊兰特悦动、御翔
北汽福田	FOTON 福田汽车	欧曼、福特风景、福田传奇、奥铃、蒙派克、时代汽车等
北京奔驰		奔驰 C 级和 E 级，克勒斯勒 300C、铂锐

如图 4–186 所示为北京汽车制造厂有限公司生产的部分汽车。

（a）陆霸　　（b）勇士

图 4–186 北京汽车制造厂有限公司生产的部分车型

陆霸汽车是北汽 2003 年推出的一款四驱越野汽车，该车与丰田霸道相似，既粗犷、勇猛，又端庄、俊雅。

勇士汽车是北汽集 20 年的经验与创新精神，自主开发的拥有完全自主知识产权的四驱越野车。其外部造型粗犷、简洁、威武，越野能力强，被称为中国的“悍马”。

如图 4–187 所示为北京吉普生产的北京大切诺基。

图 4–187 北京大切诺基

如图 4–188 所示为北京现代品牌汽车。

（a）悦动

（b）途胜

图 4–188 北京现代品牌汽车

如图 4–189 所示为北汽福田品牌汽车。

（a）欧曼神舟 4X2

（b）福田风景

图 4–189 北汽福田品牌汽车

如图 4–190 所示为北京奔驰品牌汽车。

（a）奔驰 E230

（b）奔驰 C 级

图 4–190 北京奔驰品牌汽车

六、广州汽车集团

1. 公司简介

广州本田汽车有限公司成立于 1998 年，它是由广州汽车集团公司与日本本田技研工业株式会社共同出资组建的合资公司，双方各占 50% 股份，合作年限为 30 年。

广汽集团主要由广汽乘用车、广汽本田、广汽丰田、广汽骏威客车、广汽日野等组成。

2. 集团公司商标

广汽集团商标如图 4-191 所示，是广汽集团英文缩写“GAC”的首字母。

广汽集团
GAC GROUP

图 4-191 广汽集团标志

3. 主要汽车品牌及车标识别

广汽集团主要汽车品牌及车标如表 4-7 所示。

表 4-7 主要汽车品牌及车标

品　牌	车　　　标	主要车型
广汽乘用车		传祺
广汽本田	广汽 HONDA	本田雅阁、奥德赛、飞度和锋范
广汽丰田	广汽丰田	凯美瑞 、雅力士
广汽客车	广汽客车 GAC BUS	骏威牌和珠江牌系列客车
广汽日野	HINO	重卡、牵引车、羊城牌货车和专用车

如图 4-192 所示为广汽本田品牌汽车。

（a）第八代雅阁　　（b）本田锋范

图 4-192 广汽本田品牌汽车

如图 4-193 所示为广汽丰田品牌汽车。

（a）第六代凯美瑞

（b）2009 汉兰达 SUV

图 4-193 广汽丰田品牌汽车

如图 4-194 所示为广汽客车品牌汽车。

图 4-194 骏威客车

如图 4-195 所示为广汽日野品牌汽车。

如图 4-196 所示为广汽传祺乘用车。

图 4-195 广汽日野牵引车

图 4-196 广汽传祺乘用车

广汽传祺是广汽集团首款自主研发的乘用车，2010 年 9 月 3 日下线，该系列车型传承了欧洲高端品牌在操控性、舒适性和主动安全性等方面的优秀基因，采用世界先进的成熟底盘平台和动力总成技术。目前推出有传祺 1.8L、2.0L 乘用车，有手动和自动两种；同时 2012 年 3 月 7 日，首款 SUV 车型——传祺 GS5 在广州番禺下线，有 2.0L 和 1.8L 两种排量，两驱和四驱两种系统。

七、奇瑞汽车股份有限公司

1. 公司简介

奇瑞汽车股份有限公司成立于 1997 年，是国有大型股份制企业，总部在安徽省芜湖市。1999 年 12 月 18 日，第一辆奇瑞轿车下线。2007 年 8 月 22 日，奇瑞公司第 100 万辆汽车下线。公司经过短短的 10 多年发展，以自主品牌的新锐形象，迅速在中国轿车市场上成长起来，产品在低端汽车市场上已经占有一定份额。

2. 公司商标

奇瑞汽车股份有限公司的商标是其第一个英文字母 CAC 的一种艺术化变形，如图 4-197 所示。标志中间 A 为一变体的“人”字，预示着公司以人为本的经营理念；徽标两边的 C 字向上环绕，如同人的两个臂膀，象征着一种团结和力量，环绕成地球型的椭圆状；中间的 A 在椭圆上方的断开处向上延伸，寓意奇瑞公司发展无穷，潜力无限，追求无限；整个标志又是 W 和 H 两个字母的交叉变形设计，为“芜湖”一词的汉语拼音的声母，表示公司的生产制造地在芜湖市。

CHERY

图 4-197 公司商标

3. 公司主要汽车品牌及车标识别

经过十余年的跨越式发展，奇瑞公司旗下现有奇瑞、瑞麒、威麟、开瑞四个子品牌。产品覆盖乘用车、商用车和微车等十三大系列，共二十六款车型。

主要品牌及车标如表 4-8 所示。

表 4-8 奇瑞品牌

品　牌	车　标	品　牌	车　标
奇瑞	CHERY	瑞麟	RIICH
威麟	RELY	开瑞	Karry

（1）奇瑞品牌。

奇瑞品牌的产品包括奇瑞 QQ、风云系列、旗云系列、瑞虎、东方之子、AI、A3、奇瑞 E5 等。如图 4-198 所示为奇瑞旗云轿车。

奇瑞 QQ 是国内第一款为年轻人打造的轿车，其以“快乐”为设计原则，如图 4-199 所示。奇瑞 QQ 外观时尚，具有个性和青春气息，内饰设计以愉悦和舒适为主要设计风格，其配备遥控中央门锁、电动玻璃升降器、电动后视镜、铝合金轮辋及自动门窗关闭系统等，同时，其配备排量 1.1 L 的高性能多点电喷发动机，最高车速可达 140 km/h。

图 4-198 奇瑞旗云

图 4-199 奇瑞 QQ

奇瑞品牌车标为奇瑞汽车股份有限公司的商标。

（2）威麟品牌。

威麟品牌以商用车及多功能车开发为主，主要包括 V 系列和 X 系列。如图 4-200 所示为威麟品牌汽车。

（a）威麟 X5　　（b）威麟 V8

图 4-200 威麟品牌汽车

2009 款威麟 V8，整车造型稳重、大气，外观时尚，是一款高级商务 MPV。配有先进的车载诊断系统、智能防盗及中控系统、倒车雷达带空气净化器的前后双区自动空调，以及带 GPS 导航系统 DVD 多娱乐系统、环绕立体声扬声器，让乘客在驾乘中得到更周到、更人性的关怀。

威麟车标：如图 4-201 所示，威麟车标由字母“R”和一个圆构成，就像麒麟的脚印，为消费者送去平安、吉祥的祝愿。

RELY威麟
ENGINES & DRIVERS

图 4-201 威麟车标

（3）瑞麟品牌。

瑞麒品牌承担了开拓奇瑞公司中高端轿车市场的任务，其车型系列包括 G 系列、M 系列、X 系列及 Z 系列。如图 4-202 所示为瑞麟 G5 轿车。

瑞麒 G5 是奇瑞中高端乘用车品牌，配备奇瑞自主研发的 2.0 涡轮增压发动机。2009 年国庆庆典，奇瑞瑞麒 G5 以“自主创新成就的代表”受到党和人民的检阅，如图 4-203 所示。瑞麒 G5 无论是在发动机的动力性，还是在底盘和悬挂系统的稳定性以及车身结构的优越性等各方面，都表现非常优秀。

瑞麒车标：如图 4-204 所示，采用了飞翼式设计，主形象是一只振翅高飞的浴火凤凰，蕴含超越、奋进的精神。中间的“R”字母代表瑞麒的品牌名称 Riich。

图 4-202 瑞麟 G5

图 4-203 瑞麟 G5 接受检阅

图 4-204 瑞麒车标

（4）开瑞品牌。

开瑞品牌是奇瑞公司打造的微车品牌。主要有开瑞优优、优胜、优雅、优派、优劲等品牌汽车。如图 4–205 所示为开瑞优派汽车。

开瑞车标：如图 4–206 所示，“开瑞”与英文“carry”同音，“开瑞”中的“开”取“开创”、“开拓”之意，“瑞”有吉利、吉祥之意，表达了开瑞微车要打造高性价比、精细服务亿万城乡居民切实需要的精品微车、帮助开瑞微车车主成就一番事业的美好愿望。而同时“开瑞”作为“奇瑞 ”母品牌下的子品牌，以“瑞”字暗含与奇瑞同源的信息。

图 4-205 开瑞优派

图 4-206 开瑞车标

八、比亚迪汽车有限公司

1. 公司简介

比亚迪股份有限公司是一家创立于 1995 年的高新技术民营企业，拥有 IT 和汽车两大产业群。比亚迪汽车有限公司是比亚迪股份有限公司的子公司，于 2003 年在收购西安秦川汽车有限责任公司的基础上成立，有西安、北京、深圳、上海等七大汽车产业基地。比亚迪汽车近年来成长迅速，为中国最具创新的新锐民族自主汽车品牌，更以独特技术领先全球电动车市场。尤其是 2008 年 9 月 27 日，美国“股神”巴菲特（如图 4–207 所示）以每股 8 港元的价格认购比亚迪 2.25 亿股股份，约占比亚迪 10% 的股份，交易总金额约为 2.3 亿美元。巴菲特投资代表了对比亚迪品牌价值的认可，加速了比亚迪汽车的发展。

2. 公司商标

公司商标如图 4-208 所示，为比亚迪汽车有限公司的第一个字母。

图 4-207 巴菲特参加比亚迪 100 万辆汽车销售庆典

图 4-208 比亚迪商标

3. 主要汽车品牌及车标识别

比亚迪主要汽车品牌包括 F3、F3R、F6、F0、G3、L3 等传统高品质燃油汽车，S8 运动型硬顶敞篷跑车、高端 SUV 车型 S6 和 MPV 车型 M6，以及领先全球的 F3DM 双模电动汽车和纯电动汽车 E6 及 K9 纯电动大巴等等。

比亚迪品牌汽车车标使用比亚迪汽车有限公司的商标。

如图 4-209 所示为比亚迪品牌燃油汽车。

（a）F0　（b）F3　（c）S8

图 4-209 比亚迪品牌燃油汽车

如图 4-210 所示为 F3DM 双模电动汽车。

比亚迪 F3DM 双模电动汽车是全球第一款不依赖专业充电站的双模电动车，该车共使用了 100 块铁电池，充满电续驶里程可达 430km（电动模式 100km+ 混合动力模式 330km），百公里耗电 16kW · h/100km，最高时速可达 160km/h。在汽车充电站快速充电 10min 可达 50% 的电量，在家使用普通插座慢速充电，充满电也只需 9h。

图 4-210 F3DM 双模电动汽车

九、华晨中国汽车控股有限公司

1. 公司简介

华晨中国汽车控股有限公司是我国汽车工业高起点“自主创新、自有技术、自主品牌”的主力军，是经辽宁省政府批准成立的国有独资公司，1992 年在美国股票交易所挂牌上市，1999 年在中国香港上市。目前，公司拥有中华、金杯两大自主品牌和宝马合资品牌。

2. 主要汽车品牌及车标识别

主要汽车品牌及车标如表 4–9 所示。

表 4-9 主要汽车品牌及车标

品牌	车标	主要车型
中华		尊驰、骏捷、酷宝
金杯		海狮、阁瑞斯
华晨宝马	华晨宝马	宝马 3 系、5 系

如图 4–211 所示为中华品牌汽车。

（a）2.0L 中华骏捷　　（b）中华酷宝

图 4-211 中华品牌汽车

如图 4–212 为金杯品牌汽车。

（a）金杯阁瑞斯　　（b）金杯海狮

图 4-212 金杯品牌汽车

如图 4–213 为华晨宝马品牌汽车。

图 4-213 华晨宝马 X1

十、吉利控股集团

1. 公司简介

吉利控股集团创建于 1986 年，是一家以生产整车和汽车零部件为主业的大型民营企业集团，1997 年进入汽车制造领域，借助其灵活的经营方式和创新的发展理念，取得了不俗的业绩，迅速成长为在经济型轿车领域内具有一定影响的自主品牌。集团总部设在杭州，在浙江临海、宁波、路桥和上海、兰州、湘潭、济南、成都等地建有 8 个汽车整车和动力总成制造基地。

2010 年 3 月 28 日，吉利收购了沃尔沃轿车 100% 的股权以及相关资产。

2. 公司商标

老商标：如图4-214所示，“圆”象征地球，表示面向世界、走向国际化；“六个六”表示六六大顺，平安吉利；“内圈蔚蓝”象征广阔的天空，超越无止境，发展无止境；“外圈深蓝”象征无垠的宇宙，超越无限，空间无限。

新商标：如图 4-215 所示，将东方神鸟朱雀幻化，以傲起之姿雄视全世界，象征着源起中国的吉利将如神鸟般傲立国际。

图 4-214 老商标

图 4-215 新商标

3. 主要汽车品牌及车标识别

目前，吉利主要汽车品牌有上海华普品牌、帝豪品牌、全球鹰品牌及上海英伦品牌、沃尔沃品牌等。

（1）吉利全球鹰品牌。

吉利全球鹰品牌主要车型有吉利熊猫、GX2、GC7、吉利新远景、吉利新自由舰等。

车标为吉利新商标。

如图 4-216 所示为吉利熊猫汽车。该款车的前脸采用大嘴式设计，整体给人一种可爱的感觉；两前大灯酷似熊猫的黑眼圈；尾灯的设计来源于大熊猫的脚印图案，巧妙地设计成一大四小五个灯组；前雨刷采用有骨架式设计，对前车窗的附着力很到位。

图 4-216 吉利熊猫

（2）吉利帝豪品牌。

吉利帝豪是吉利汽车的一个子品牌，其主要汽车产品为帝豪 EC 系列。

吉利帝豪车标如图 4-217 所示。标识整体外廓为盾形，彰显稳重、奋进气质，喻示帝豪品牌在高端汽车品牌市场动态平稳的发展前景。帝豪品牌选用盾形徽标寓意对用户的安全保护与品质承诺，更彰显着乘坐者的尊贵、沉稳、豪迈和荣耀。

帝豪 EC718 如图 4-218 所示，它是吉利首款 B 级三厢轿车。EC718 引入了行人保护的理念，四气囊和侧气帘充分考虑了行人保护、各向碰撞等问题，独创的 BMBS 系统是帝豪 EC718 在安全配置上的突出亮点，使其成为一款不怕爆胎的轿车。

图 4-217 吉利帝豪车标

图 4-218 帝豪 EC718

（3）英伦汽车品牌。

2006 年，吉利集团与英国百年汽车制造企业锰铜集团签署协议，合资在上海生产上海英伦品牌系列轿车，并销往世界各地。

英伦汽车车标如图 4-219 所示，采用中国传统的太极图形状，当中所运用的特征元素分别取材于中英两国文化。英国标志性雕像“不列颠尼亚女神”是英国的化身，反映出英伦品牌的英国历史背景和文化根基；星形图案使人联想到中国国旗上的五星；六段线条源自于吉利集团的六六大顺标志，象征着幸运和财富，也寓意“团队精神、学习精神、创新精神、拼搏精神、实事求是、精益求精”的吉利精神。

如图 4-220 所示为上海英伦 SC7，此款车外观浑厚大气、动力强劲且油耗较低，配置丰富、性价比高。作为一款有着稳重、成功特质的商务车，上海英伦 SC7 的外观

图 4-219 英伦汽车车标

图 4-220 上海英伦 SC7

可谓别具匠心。在打造整车外观流线美感的同时，该款车型的设计师特意采用简洁的线条和宽大平滑表面的搭配，使之简约中显露着高贵，勾勒出欧系豪华车浑厚大气的外观流线。

（4）沃尔沃品牌。

沃尔沃汽车公司是瑞典最大的工业企业集团，创建于 1927 年，以生产高安全性著称，分别生产轿车、客车和货车。

1999 年，福特公司出资 64.5 亿美元收购了沃尔沃公司全球轿车业务。

2010 年 3 月 28 日，吉利控股集团有限公司与美国福特汽车公司在瑞典哥德堡正式签署收购沃尔沃汽车公司的协议，吉利控股集团以 18 亿美元收购了沃尔沃轿车公司 100% 的股权。从此，沃尔沃轿车品牌正式成为中国汽车品牌。

沃尔沃品牌的代表车型有 S 系列（S40、S70、S80、S90）、V 系列（V40、V70、V90）和 XC90 等。如图 4-221 所示为沃尔沃 XC90。

车标：沃尔沃车标如图 4-222 所示，由图标和文字两部分组成，图形为车轮形状，并有指向右上方的箭头，文字为品牌名称的拉丁文“VOLVO”，意思是滚动向前，整个车标寓意着沃尔沃汽车的车轮滚滚向前和公司兴旺发达。

图 4-221 沃尔沃 XC90

图 4-222 沃尔沃车标

学习案例

东风汽车公司是中国四大汽车集团之一，其前身是 1969 年始建于湖北十堰的“第二汽车制造厂”，经过这么多年的建设，已陆续建成了十堰、襄阳、武汉、广州四大基地。其乘用车品牌包括东风风神、东风日产、东风标致、东风雪铁龙、东风本田、东风悦达起亚等。

标致-雪铁龙集团是世界级知名的汽车制造商，位列全球500强企业前100位。1976 年标致和雪铁龙合并成立了 PSA 标致-雪铁龙集团，由标致家族实际控制。标致-雪铁龙集团作为欧洲第二大汽车生产厂商，也是欧洲第一大轻型商用车生产厂商。在中国的合资公司有：与东风汽车合资成立的神龙汽车有限公司，以及与长安汽车合资成立的长安标致雪铁龙汽车有限公司。

2014 年 2 月 18 日，东风汽车集团股份有限公司、法国政府、标致家族旗下控股公司和标致-雪铁龙集团各方正式签署谅解备忘录。根据谅解备忘录，东风汽车集团股份有限公司和法国政府有意分别注资约 8 亿欧元入股 PSA，而标致家族旗下控股公司也将参与增资。此交易完成后，东风、法国政府与标致家族旗下控股公司将成为 PSA 并列第一大股东，三方分别持股约 14%。法国当地时间 3 月 26 日，在中法两国元首的见证下，东风汽车集团股份有限公司将与法国政府、标致家族旗下控股公司和标致—雪铁龙集团多方签订正式入股协议。此轮注资完成后，PSA 监事会的人员架构也将因股权的变动而有所调整，在新的 PSA 监事会 6 名独立席位中，并列第一大股东的三方将各自拥有两席。

案例分析

东风汽车最初的计划是收购 PSA 30% 的股权，从而获得控制权，但最终只收购 14% 的股权。乘用车联合会副秘书长崔东树接受记者采访时表示，东风汽车此次入股 PSA 与以往国内车企在海外并购中贪大求快，最终导致滑铁卢的案例不同，东风汽车的方案更加稳妥，没有承担全部责任和风险。从控股变为入股，一方面是由于法国政府限制东风汽车的持股比例，以防东风成为最大股东之后获得该集团控制权，导致技术专利的流失。另一方面，也说明了如今中国车企在海外并购中更趋谨慎，拒当“冤大头”。

回顾国内车企的海外并购史，多以失败告终。以上汽集团收购双龙汽车为经典案例。2004 年，上汽集团以约 42 亿元的价格收购双龙汽车 48.92% 股权，被称为中国车企海外并购的第一案，在当时引起巨大轰动。但由于产品结构单一以及双龙工人的频繁罢工，双龙汽车的业绩并不理想。2008 年末，上汽集团在韩国双龙汽车的权益仅剩 18.51 亿元，较收购价格已遭“腰斩”。之后，上汽集团完全退出双龙，收购宣告失败。

国内车企在海外并购中往往贪大求快，一有收购标的便一哄而上，试图通过并购迅速扩大全球市场，但大多却忽略风险导致得不偿失。有关专家表示，东风汽车此次入股 PSA 与以往案例不同，东风汽车的方案更加稳妥，没有承担全部责任和风险。

东风收购 30% 股权容易引起法方的控制权担忧，法国政府与东风同时入股是件好事。这样的话，法国政府也为 PSA 发展承担责任，东风汽车自身避免了担当全部风险，有利于平稳合作。而且，由于资金成本高，东风汽车没必要急于大笔投入。PSA 还有发展的变数，东风可以占据主动局面。

东风汽车急于想获得更多的技术将引起很多麻烦，最好是平稳推进。东风汽车有中国市场优势，但法国政府和标致家族的力量也很大。我们要的是借助 PSA 在中国发展而改进产品，更多参与研发和管理，这才是东风入股的最终目的。

教学检测

填空题

1. ______用来标志并识别企业或产品的符号系统。
2. 被日本人称为“大批量汽车生产之父”的是______。
3. ______自诞生之日起就成为国家和民族精神的象征，被誉为“国车”，它在相当长的时间内被用作国家领导人的专用车、国家唯一的礼宾车。
4. 2010 年 3 月 28 日，______收购了沃尔沃轿车 100% 的股权以及相关资产。

选择题

1. 下列不属于美国汽车公司的是（ ）。
   A. 通用 B. 福特 C. 戴姆勒 D. 克莱斯勒
2. 下列不属于通用汽车公司的品牌是（ ）。
   A. 凯迪拉克 B. 别克 C. 雪佛兰 D. 林肯
3. 新中国成立后，第一辆自主研发的轿车品牌是（ ）。
   A. 解放 B. 东风 C. 上海 D. 东方红
4. 下列不属于中国三大汽车集团的是（ ）。
   A. 北京汽车集团 B. 第一汽车集团 C. 东风汽车集团 D. 上海汽车集团

拓展实训 了解我国自主汽车品牌的发展现状与趋势

一、实训目的

调查我国自主汽车品牌的发展现状与趋势。

二、实训内容

（1）上网搜索近年来我国自主汽车品牌的发展历程和现状，调查现阶段人们对待自主品牌汽车产品的态度，记录并整理相关资料；

（2）同学之间相互交流，谈一谈我国政府对待自主汽车品牌应当采取的政策，说一说汽车企业应当采取的策略。

三、实训结果

____

____

____

四、总结分析

____

____

____

五、教师评分

____

____

____

学习情境五

汽车的总体构造

情境导入

汽车经过一百多年的发展，已成为人类不可或缺的交通工具。汽车会跑是我们日常生活中再普遍不过的事情了，但车到底为什么会跑？它是如何工作的？发动不起来的汽车为什么就不能跑？是哪里出了问题？

学习导航

要解决以上问题，需要了解的知识主要有：

1. 汽车发动机的基本结构、工作原理和基本术语；
2. 汽车底盘的基本结构和工作原理；
3. 汽车车身结构；
4. 汽车电气设备系统。

学习单元1　汽车发动机的工作原理及总体构造

知识目标

掌握汽车发动机的工作原理及总体构造。

技能目标

通过学习，能够掌握发动机的基本术语、四冲程汽油机和柴油机的基本工作原理以及发动机的基本组成部分。

基础知识

一、发动机的分类

发动机是汽车的动力源。迄今为止，除为数不多的电动汽车外，汽车发动机都是热能动力装置，或简称热机。在热机中，借助工质的状态变化将燃料燃烧产生的热能转变为机械能。

热机有内燃机和外燃机两种。直接以燃料燃烧所生成的燃烧产物为工质的热机为内燃机，反之则为外燃机。内燃机包括活塞式内燃机和燃气轮机。外燃机则包括蒸汽机、汽轮机和热气机（也称斯特灵发动机）等。内燃机与外燃机相比，具有结构紧凑、体积小、质量轻和容易起动等许多优点。因此，内燃机尤其是活塞式内燃机被极其广泛地用作汽车动力。

活塞式内燃机可按不同方法进行分类。

（1）按活塞运动方式的不同，活塞式内燃机可分为往复活塞式和旋转活塞式两种。前者活塞在气缸内作往复直线运动，后者活塞在气缸内作旋转运动。

（2）根据所用燃料种类，活塞式内燃机主要分为汽油机、柴油机和气体燃料发动机三类。以汽油和柴油为燃料的活塞式内燃机分别称作汽油机和柴油机；使用天然气、液化石油气和其他气体燃料的活塞式内燃机称作气体燃料发动机。

汽油和柴油都是石油制品，是汽车发动机的传统燃料。非石油燃料称作代用燃料。燃用代用燃料的发动机称作代用燃料发动机，如酒精发动机、氢气发动机、甲醇发动机等。代用燃料最终能否在汽车上大规模使用取决于许多因素，诸如获取这些代用燃料的方法及生产成本、是否便于在汽车上储存和携带，以及是否有利于改善环境等。

（3）按冷却方式的不同，活塞式内燃机分为水冷式和风冷式两种。以水或冷却液为冷却介质的称作水冷式内燃机，而以空气为冷却介质的则称作风冷式内燃机。

（4）往复活塞式内燃机还可按其在一个工作循环期间活塞往复运动的行程数进行分类。活塞式内燃机每完成一个工作循环，便对外做功一次，不断地完成工作循环，才使热能连续地转变为机械能。在一个工作循环中活塞往复四个行程的内燃机称作四冲程往复活塞式内燃机。而活塞往复两个行程便完成一个工作循环的则称作二冲程往复活塞式内燃机。

（5）按进气状态不同，活塞式内燃机还可分为增压和非增压两类。若进气是在接近大气状态下进行的，则为非增压内燃机或自然吸气式内燃机；若利用增压器将进气压力增高，密度增大，则为增压内燃机。增压可以提高内燃机功率。

除此之外，还可以根据某些结构特征对活塞式内燃机进行分类，此处不一一赘述。

目前，应用最广、数量最多的汽车发动机为水冷、四冲程往复活塞式内燃机，其中汽油机用于轿车和轻型客、货车，而大客车和中、重型货车发动机多为柴油机。少数轿车和轻型客、货车发动机也有用柴油机的。以风冷或二冲程活塞式内燃机为动力的汽车为数不多。特别是从 20 世纪 80 年代起，在世界范围内，就不再有以二冲程活塞式内燃机为动力的轿车了。

随着交通密度的不断增加，对汽车加速性能的要求越来越高，这意味着应该提高内燃机的功率。因此，近年来增压内燃机倍受重视，并得到了积极的发展。

拓展知识——W 型发动机为何应用少？

将 V 型发动机的每侧气缸进行小角度的错开（如大众汽车 W8 发动机 15°），就成了 W 型发动机。W 型发动机结构图如图 5-1 所示。W 型与 V 型发动机相比，可以将发动机做得更短一些，曲轴也可短些，这样就能节省发动机所占的空间，同时重量也可轻些，但它的宽度更大，使得发动机室更满。

W 型发动机相对 V 型发动机，最大的问题是发动机由一个整体被分割为两个部分，在运作时必然会引起很大的振动，因此现在应用极少。针对这一问题，大众汽车在 W 型发动机上设计了两个反向转动的平衡轴，让两个部分的振动在内部相互抵消。现在只有大众汽车有 W 型发动机，一般有 W8、W12 及 W16 发动机。

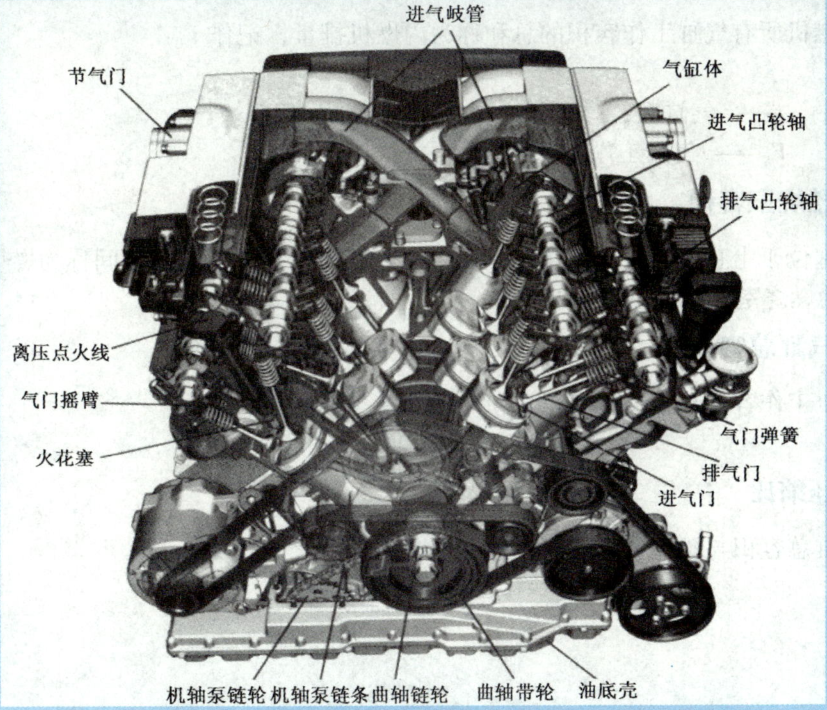

图 5-1 W 型发动机结构图

二、发动机的基本术语

1. 工作循环

活塞式内燃机的工作循环是由进气、压缩、做功和排气等四个工作过程组成的封闭过程。周而复始地进行这些过程，内燃机才能持续地做功。

2. 上、下止点

活塞顶离曲轴回转中心最远处为上止点；活塞顶离曲轴回转中心最近处为下止点（图 5–2）。在上、下止点处，活塞的运动速度为零。

3. 活塞行程

上、下止点间的距离 S 称为活塞行程。曲轴的回转半径 R 称为曲柄半径。显然，曲轴每回转一周，活塞移动两个活塞行程。对于气缸中心线通过曲轴回转中心的内燃机，其 $S=2R$。

4. 气缸工作容积

上、下止点间所包容的气缸容积称为气缸工作容积，记作 V_S：

$$V_S = \frac{\pi D^2}{4\times 10^6} S$$

式中，D—— 气缸直径，mm；

S—— 活塞行程，mm。

5. 内燃机排量

内燃机所有气缸工作容积的总和称为内燃机排量，记作 V_L：

$$V_L = iV_S$$

式中，i—— 气缸数；

V_S—— 气缸工作容积，L。

6. 燃烧室容积

活塞位于上止点时，活塞顶面以上气缸盖底面以下所形成的空间称为燃烧室。其容积称为燃烧室容积，也叫压缩容积，记作 V_C。

7. 气缸总容积

气缸工作容积与燃烧室容积之和为气缸总容积，记作 V_a：

$$V_a = V_S + V_C$$

8. 压缩比

气缸总容积与燃烧室容积之比称为压缩比，记作 ε：

$$\varepsilon = \frac{V_a}{V_C} = 1 + \frac{V_S}{V_C}$$

压缩比的大小表示活塞由下止点运动到上止点时，气缸内的气体被压缩的程度。压缩比越大，压缩终了时气缸内的气体压力和温度就越高。

9. 工况

内燃机在某一时刻的运行状况简称工况。工况以该时刻内燃机输出的有效功率和曲轴转速表示。曲轴转速即为内燃机转速。

10. 负荷率

内燃机在某一转速下发出的有效功率与相同转速下所能发出的最大有效功率的比值称为负荷率，以百分数表示。负荷率通常简称负荷。

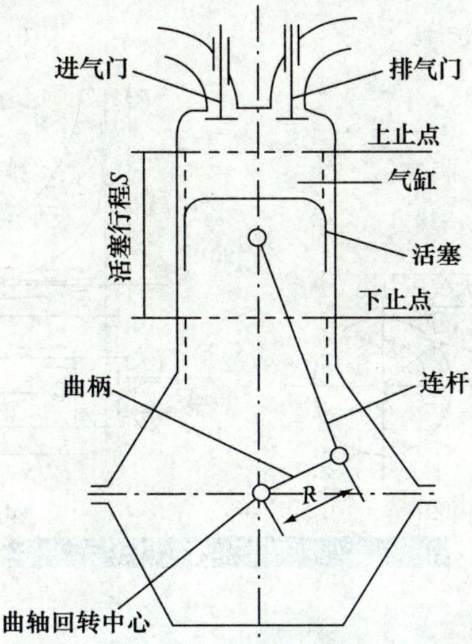

图 5-2 往复式活塞内燃机示意图

三、四冲程发动机工作原理

拓展知识

往复活塞式内燃机多用的燃料主要是汽油（gasoline）或柴油（diesel）。由于汽油和柴油具有不同的性质，因而在发动机的工作原理和结构上有差异。

（一）四冲程汽油机的工作原理

四冲程汽油机的运转是按进气、压缩、做功和排气的顺序不断循环反复地运行的。以气缸容积 V 为横坐标、气缸内气体压力 P 为纵坐标构成示功图（如图 5-3 所示），表示活塞在不同位置时各个行程中 P 与 V 的变化关系。下面结合示功图来说明汽油机的工作过程。汽油机的工作原理如图 5-4 所示。

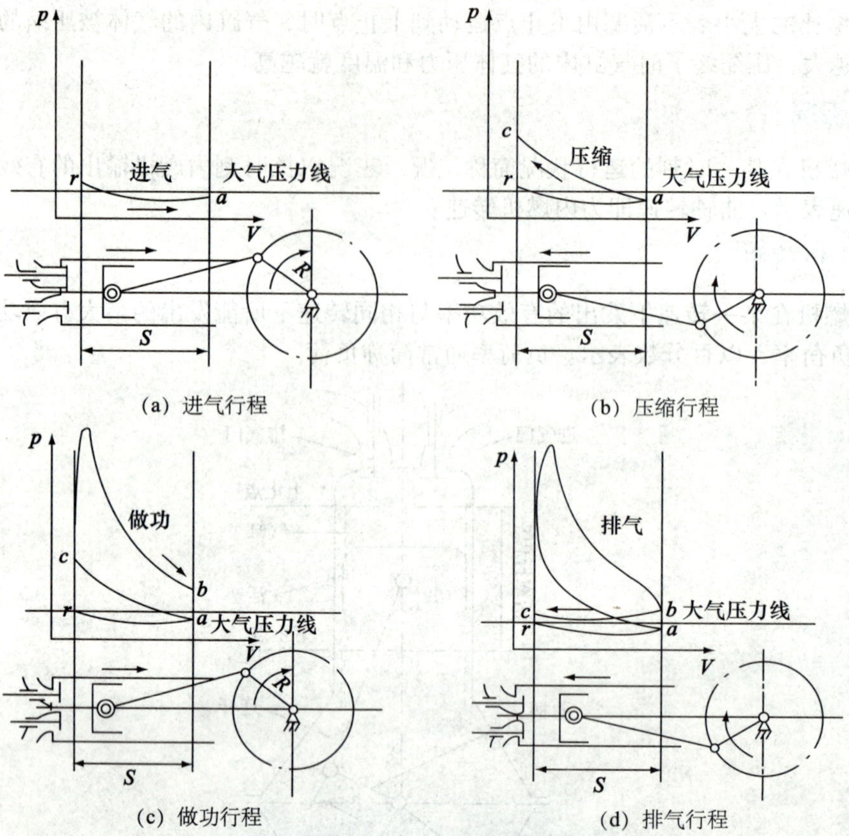

图 5-3 四冲程汽油机的 P-V 示功图

1. 进气行程

由于曲轴的旋转，活塞从上止点（活塞最高位置）向下止点（活塞最低位置）运动，这时排气门关闭，进气门打开。进气过程开始时，活塞位于上止点，气缸内残存有上一循环未排净的废气，因此，气缸内的压力稍高于大气压力。随着活塞下移，气缸内容积增大，压力减小，当压力低于大气压时，在气缸内产生真空吸力，空气经空气滤清器并与化油器或喷油器供给的汽油混合成可燃混合气，通过进气门被吸入气缸，直至活塞向下运动到下止点。在进气过程中，受空气滤清器、化油器（若为电控喷射式汽油机则为节气门体）、进气管道、进气门等阻力影响，进气结束时，气缸内气体压力略低于大气压，约为 0.075 ～ 0.09MPa，同时受到残余废气和高温机件加热的影响，温度达到 370 ～ 400K。

2. 压缩行程

曲轴继续旋转，活塞从下止点向上止点运动，这时进气门和排气门都关闭，气缸内成为封闭容积，可燃混合气受到压缩，压力和温度不断升高，当活塞到达上止点时压缩行程结束。此时气体的压力和温度主要随压缩比的大小而定，可燃混合气压力可达 0.6 ～ 1.2MPa，温度可达 600 ～ 700K。压缩比定义为气缸总容积与燃烧室容积（活塞运行到上止点时的气缸容积）之比。压缩比越大，压缩结束时气缸内的压力和温度越高，燃烧速度越快，发动机功率也越大。但压缩比太高，容易引起爆震。所谓爆震，就是由于气体压力和温度过高，可燃混合气在没有点燃的情况下自行燃烧，且火焰以高于正常燃烧数倍的速度向外传播，造成尖锐的敲缸声。此时发动机表现为过热，功率下降，油耗增加，甚至会造成机件损坏。所以汽油机的压缩比一般为 6 ～ 10。

3. 做功行程

做功行程包括燃烧过程和膨胀过程，在这一行程中，进气门和排气门仍然保持关闭。当活塞位于压缩行程接近上止点（即点火提前角）位置时，火花塞产生电火花，点燃可燃混合气，可燃混合气燃烧后放出大量的热使气缸内气体温度和压力急剧升高，最高压力可达 3 ～ 5MPa，最高温度可达 2200 ～ 2800K，高温高压气体膨胀，推动活塞从上止点向下止点运动，通过连杆使曲轴旋转并输出机械功，除了用于维持发动机本身继续运转外，其余用于对外做功。随着活塞向下运动，气缸内容积增加，气体压力和温度降低，当活塞运动到下止点时，做功行程结束，气体压力降低到 0.3 ～ 0.5MPa，气体温度降低到 1300 ～ 1600K。

4. 排气行程

可燃混合气在气缸内燃烧后生成的废气必须从气缸中排出去以便进行下一个进气行程。当做功接近结束时，排气门开启，进气门仍然关闭，靠废气的压力先进行自由排气，活塞到达下止点再向上止点运动时，继续把废气强制排到大气中去，活塞越过上止点后，排气门关闭，排气行程结束。实际汽油机的排气行程也是排气门提前打开，延迟关闭，以便排出更多的废气。由于燃烧室容积的存在，不可能将废气全部排出气缸。受排气阻力的影响，排气终止时，气体压力仍高于大气压力，约为 0.105 ～ 0.115MPa，温度约为 900 ～ 1200K。曲轴继续旋转，活塞从上止点向下止点运动，又开始了下一个新的循环过程。四行程汽油机经过进气、压缩、做功、排气四个行程完成一个工作循环，这期间活塞在上、下止点之间往复运动了两次，相应地，曲轴旋转了两圈。

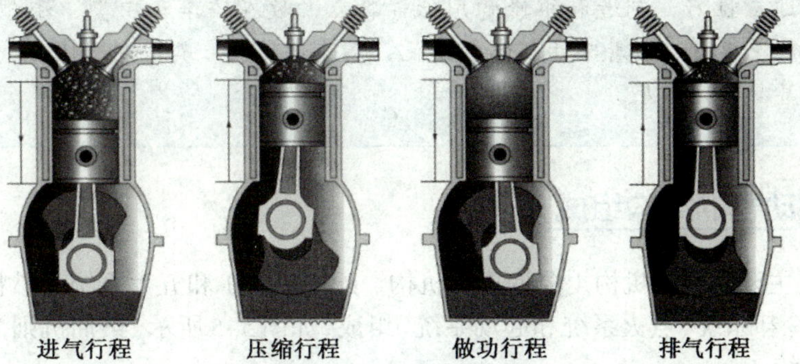

图 5-4 汽油机工作原理

（二）四冲程柴油机的工作原理

四行程柴油机每一个工作循环同样包括进气、压缩、做功和排气四个行程，但由于柴油机使用的燃料——柴油与汽油有较大的差别，如柴油黏度大，不易蒸发，自燃温度低，所以可燃混合气的形成、着火方式、燃烧过程以及气体温度压力的变化都和汽油机不同。

四冲程柴油机在进气行程中被吸入气缸的是纯空气而不是可燃混合气，在进气通道中没有供油系统和节气门，进气阻力小，进气结束时气体压力略高于汽油机而气体温度略低于汽油机。进气结束时气体压力约为 0.0785 ~ 0.0932MPa，气体温度约为 300 ~ 370K。

柴油机在压缩行程压缩的也是纯空气。在压缩行程接近上止点时，喷油器将高压柴油以雾状形式直接喷入燃烧室，柴油和空气在气缸内形成可燃混合气并着火燃烧。柴油机的压缩比比汽油机的大很多（一般为 16 ~ 22），压缩结束时气体温度（750 ~ 1000K）和压力（3.5 ~ 4.5MPa）都比汽油机高，大大超过了柴油机的自燃温度。所以柴油机是压缩后自燃着火的，不需要点火系统，故柴油机又称为压燃机。

柴油机的可燃混合气是在气缸内部形成的，而不像汽油机那样——混合气主要是在气缸外部的化油器中形成的。柴油机燃烧过程中气缸内出现的最高压力要比汽油机高得多，可高达 6 ~ 9MPa，最高温度也可高达 2000 ~ 2500K。做功结束时，气体压力约为 0.2 ~ 0.4MPa，气体温度约为 1200 ~ 1500K。

与汽油机相比，柴油机的压缩比高，热效率高，燃油消耗率低。因此，柴油机的燃料经济性能好，排气污染少。但它的转速低、质量大、噪声大、振动大，制造和维修费用高。

拓展知识

柴油机与汽油机的不同之处：

（1）汽油机的混合气是在气缸外部形成的，而柴油机的混合气是在气缸内部形成的。柴油机在进气行程时，被吸入气缸内的是纯空气。

（2）汽油机在压缩结束时，靠火花塞强制点火，而柴油机则靠自燃。

（3）汽油机具有转速高、质量小、工作噪声小、启动容易、工作平稳、操作省力、适应性好、制造和维修费用低等特点，故在轿车和中型、小型、微型汽车上得以广泛应用。随着柴油机向轻量化、高速化发展，其应用范围正向中、小、轻型汽车甚至轿车扩展。

四、发动机的结构组成

发动机主要由两大机构（曲柄连杆机构、配气机构）和五大系统（燃料供给系统、润滑系统、冷却系统、点火系统和起动系统）组成，如图 5-5 所示。柴油机则为四大系统，没有点火系统。

1. 机体组件

（1）功用：机体组件是发动机的骨架，是发动机各机构各系统的安装基础，其内外安装着发动机的所有零件和附件。

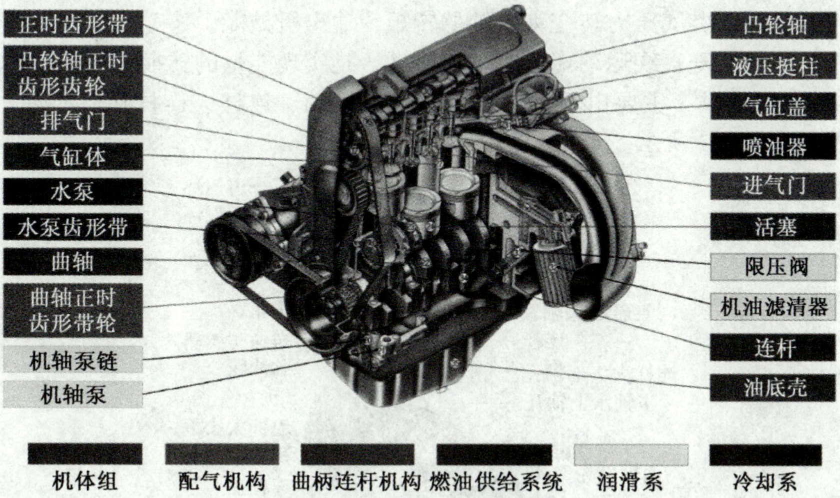

图 5-5 发动机的总体构造

（2）主要组成：机体组件主要由气缸体、气缸、气缸盖、气缸垫、曲轴箱和油底壳等组成。如图 5-6 所示。

①气缸体上部加有气缸，下部有曲轴支撑孔，曲轴运动的空间称为由轴箱。在气缸体内部铸有许多加强筋、冷却水套和润滑系统润滑油道等。

②气缸是活塞运动和燃烧做功的场所，如果磨损严重，将导致发动机功率下降、油耗升高和起动困难。

③气缸盖安装在气缸体上面，以密封气缸上部。气缸盖下端面与活塞顶部和气缸壁一起构成燃烧室，内部铸有冷却水套。

④缸盖上还装有进、排气门座和气门导管，用于安装进、排气门，还开有进、排气道等。汽油机的气缸盖上加工有安装火花塞的孔，柴油机的气缸盖上则加工有安装喷油器的孔。顶置凸轮轴式发动机的气缸盖上还加工有凸轮轴轴承孔。

⑤气缸垫安装在气缸盖和气缸体之间，其功用是保证气缸盖与气缸体接触面的密封，防止漏气、漏水和漏油。

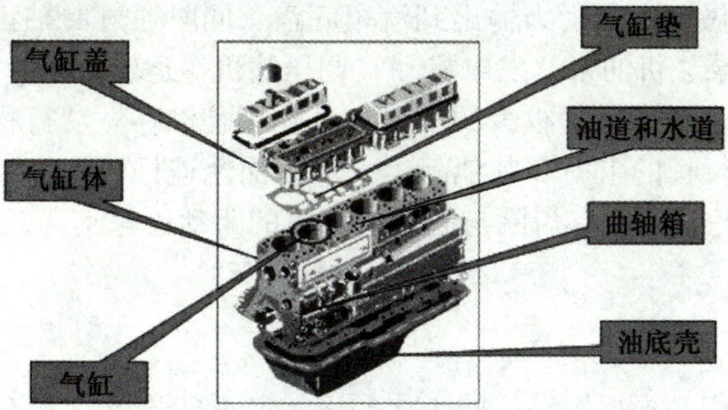

图 5-6 发动机机体组件构造

2. 曲柄连杆机构

（1）功用：

①将活塞顶的燃气压力转变为曲轴的转矩，输出机械能。

②将活塞的往复直线运动变为曲轴的转动，是实现能量的转换的主要机构。

（2）主要组成：主要由活塞、活塞环、活塞销、连杆、连杆瓦、曲轴，以及飞轮等组成。如图 5-7 所示。

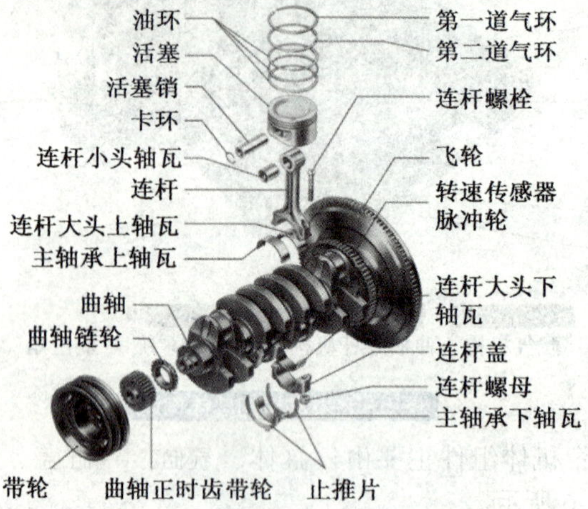

图 5-7 曲柄连杆机构

①活塞：一般采用高强度铝合金制造。活塞的顶部加工成各种形状，以促进可燃混合气的形成和燃烧，头部加工有活塞环槽，用以安装活塞环。

②活塞环：有气环和油环之分。气环的作用是保证气缸与活塞间的密封性，防止漏气，并且把活塞顶部吸收的大部分热量传给气缸壁；油环起刮油和布油作用，下行时刮除气缸壁上多余的机油，上行时在气缸壁上铺涂一层均匀的油膜。这样既可以防止机油窜入气缸燃烧，又可以减少活塞、活塞环与气缸壁间的摩擦阻力，还能起到封气的辅助作用。

③活塞销：连接活塞和连杆小头，作用是将活塞承受的气体作用力传给连杆。

④连杆：小头与活塞销相连，大头与曲轴相连，作用是将活塞承受的力传给曲轴，推动曲轴转动，将活塞的往复直线运动变为曲轴的转动。

⑤曲轴：它将做功时的动力输出到汽车底盘，同时通过曲轴正时齿轮、带轮及链轮等驱动风扇、水泵、机油泵、发电机和空调压缩机等运转。

⑥飞轮：是一个转动惯量很大的圆盘，其功用是储存做功行程的能量，用于克服进气、压缩和排气行程的阻力和其他阻力，带动曲柄连杆机构越过上、下止点，使曲轴均匀地旋转。飞轮外缘压有齿圈与起动电动机的驱动齿轮啮合，供起动发动机用。

3. 配气机构

（1）功用：

配气机构的功用是根据发动机的工作顺序，定时打开和关闭各气缸的进、排气门，使新鲜可燃混合气（汽油机）或空气（柴油机）得以及时进入气缸，废气得以及时从气缸排出，使换气过程最佳，以保证发动机在各种工况下工作时发挥最好的性能。一般的四冲程内燃机采用的气门式配气机构由气门组、传动组和驱动组三部分组成。顶置双凸轮轴齿形带传动的配气机构如图 5-8 所示。

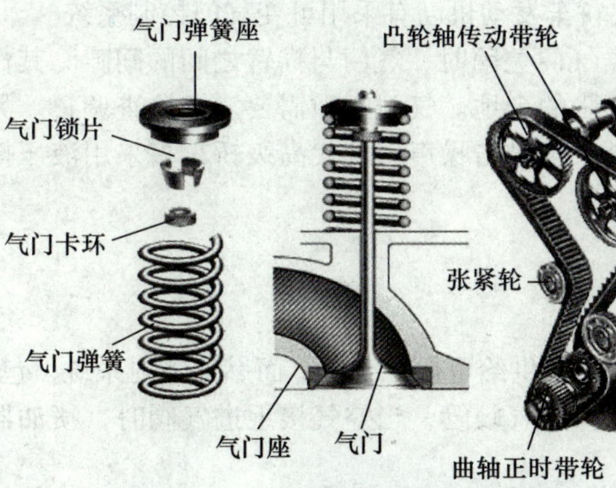

图 5-8 发动机配气机构

（2）主要组成：

配气机构主要由气门组和气门传动组组成。气门组包括气门、气门座、气门导管、气门弹簧、气门弹簧座及锁紧装置等；气门传动组包括凸轮轴、挺柱、推杆、摇臂、摇臂轴等。如图 5-8 所示。

（3）配气机构工作原理：

发动机工作时，通过齿形带带动进排气凸轮轴旋转。当进气凸轮轴某缸的进气凸轮克服气门弹簧力作用压下进气门时，进气门开启，开始进气；当进气凸轮轴转到凸轮的基圆段时，在气门弹簧作用下回位，进气门关闭，进气停止。排气门的开闭原理与进气门类似。

为了使进气充分，排气彻底，进气门应在上止点前打开，下止点后关闭；而排气门应在下止点前打开，上止点后关闭。进、排气门实际开启和关闭的时刻以曲轴转角表示即为配气定时，也称配气相位。用环形图表示配气相位，如图 5-9 所示。

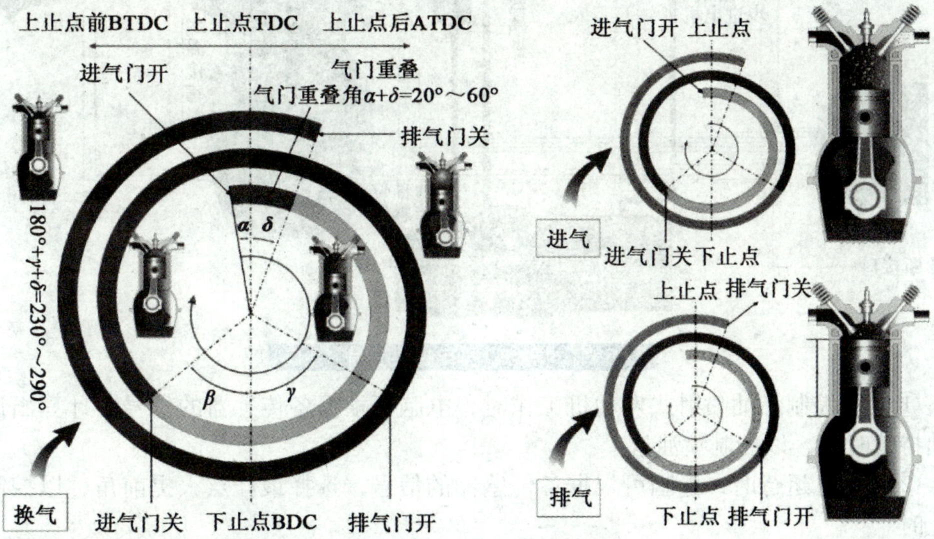

图 5-9 发动机配气相位

传统的发动机配气相位角是无法改变的，但理想的配气相位角应随着发动机的转速、负荷及其他工况改变。现代轿车发动机已有采用可变气门控制系统。

气门间隙是指发动机冷态、气门关闭时，气门与摇臂之间的间隙。其作用是为气门及驱动组件工作时留有受热膨胀的余地。气门间隙需要定期检查调整。另外，气门间隙还可能会导致发动机工作时产生敲击噪声。现代高级轿车多采用液压挺柱，无需调整气门间隙。

4. 燃料供给系统

（1）电控汽油喷射系统。

传统的汽油发动机，采用化油器供给可燃混合气，而燃油喷射系统（包括机械式、电子式）则不然。它只有空气进入进气歧管，当空气接近进气阀时，喷油器将燃油喷入空气中，然后进入气缸。

燃油喷射系统，作为一种供油方式，很早就被应用，但由于制造成本高和控制技术复杂等原因，一直未得到广泛应用。随着科学技术的不断发展，特别是环境保护对汽车排放尾气的标准越来越高，在近年内获得广泛应用。

随着电子技术的发展和微机的应用，燃油喷射系统不断地从机械控制燃油喷射系统向电子控制化的方向发展。

电子控制燃油喷射系统（简称 EFI 系统）如图 5-10 所示。它与化油器式燃料供给系相比，主要有以下几个特点：

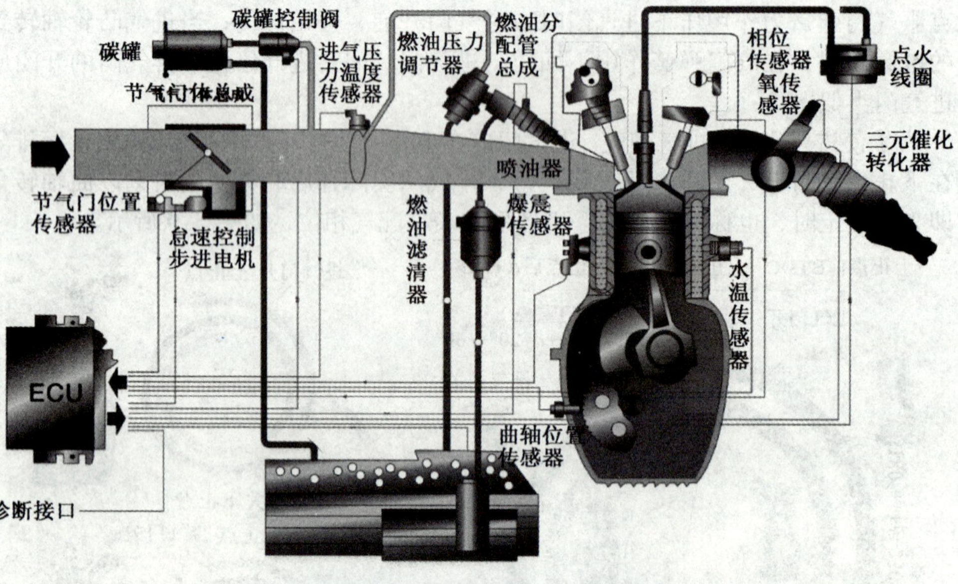

图 5-10 博世 D 型电控燃油喷射系统

①电子控制燃油喷射式发动机工作时，电脑可根据各传感器的信号，计算出最佳喷油持续时间，以控制喷油量。

②发动机运行时，电脑可根据各传感器的信号，选择最佳点火提前角，以控制点火正时。

③电脑根据发动机怠速运行工况的要求控制发动机怠速转速。如根据发动机冷却水温度等信号使怠速转速接近电脑存储的目标值。

④混合气空燃比控制精确，混合气分配均匀性好。在 EFI 系统中，无论发动机的转速和负荷如何变化，电脑均可根据各传感器的信号，精确控制混合气空燃比。在多点喷射系统中，每缸各有一个喷油器，各缸的燃料分配非常均匀。

⑤加速性能好。在 EFI 系统中，喷油器以一定压力将燃油喷成雾状与空气混合，并很快进入气缸燃烧，使发动机转速迅速提高。

⑥低温启动性能好。电脑根据冷却水温度和进气温度等信号对喷油量进行修正，随时调整喷油量，以改善低温启动性能。

综上所述，在 EFI 系统中，发动机的动力性、经济性都有显著提高，并具有故障自诊断和保护的功能，所以 EFI 系统的应用得以迅速地发展。

拓展知识——电控燃油喷射系统

人类的汽车革命极为迅猛，也极大地改变了我们的生存环境。从早期的化油器发动机开始，人类在汽车引擎技术上不断创新，在提升燃料效率和降低能耗与污染物排放方面不间断地努力。从化油器到单点电子喷射、多点电子喷射再到多点顺序喷射，发动机不断进化，而缸内直喷技术无疑是人类在汽车发动机方面的最新成就。

百年来，这样的技术进步也带给人类自身更多的好处。缸内直喷技术借助电脑系统直接控制燃油的喷射时间、喷射压力和喷射量。相比过去的技术，新技术不需要受限制于传统机械构造方式，而且能够依照发动机的需要随时调整空气与燃料的混合比例，不但促进燃料燃烧效率提升 15% 以上，也大大减少了废气中的污染物水平，对发动机功率的提升效果也非常明显。

由于燃油被精确地喷射于气缸燃烧室内，也直接带来了六大好处：

（1）节省燃油。现代发动机技术的趋势之一就是节约燃料，而缸内直喷技术可以大大提升燃油与空气混合的雾化程度与混合的效率，带来燃油的节约。采用缸内直喷技术的车型油耗水平可下降 3% 以上。

（2）减少废气排放。人类对生存环境的重视也造就了环保发动机的不断诞生。缸内直喷发动机的高压燃油泵能提供高达 12MPa 的压力，确保燃料充分燃烧，最大程度地减少废气中的有害杂物。

（3）提升动力性能。由于燃料的混合更充分，燃烧更彻底，也带来了燃料转化为动能的效率提升，直接推动了发动机动力性能的增加，同排量下，最大功率可提高 15%。

（4）减少发动机震动。由于缸内直喷技术允许更高的压缩比，缸内爆震情况的大大减少，对降低发动机低速情况下的震动也有明显的效果。

（5）喷油的准确度提升。缸内直喷技术的关键就是电脑系统的精确控制。由于电脑系统会感知发动机缸内的实际工作情况，并会在瞬间完成对喷油量、喷油时间和压力的微调，保障发动机始终处于精确的喷油状态。

（6）发动机更耐用。新技术不但提升效率，减少排放，更对发动机寿命的延长起到积极的作用。燃油被直接喷射于气缸内并迅速转化为能量，大大降低了传统发动机燃油依附于进气歧管而带来的损害。

电控燃油喷射系统由供油系统、供气系统和电控系统三大部分组成。每个系统又由若干部件组成，如图 5-11 所示。对其主要部件的作用、结构和工作原理分别叙述如下。

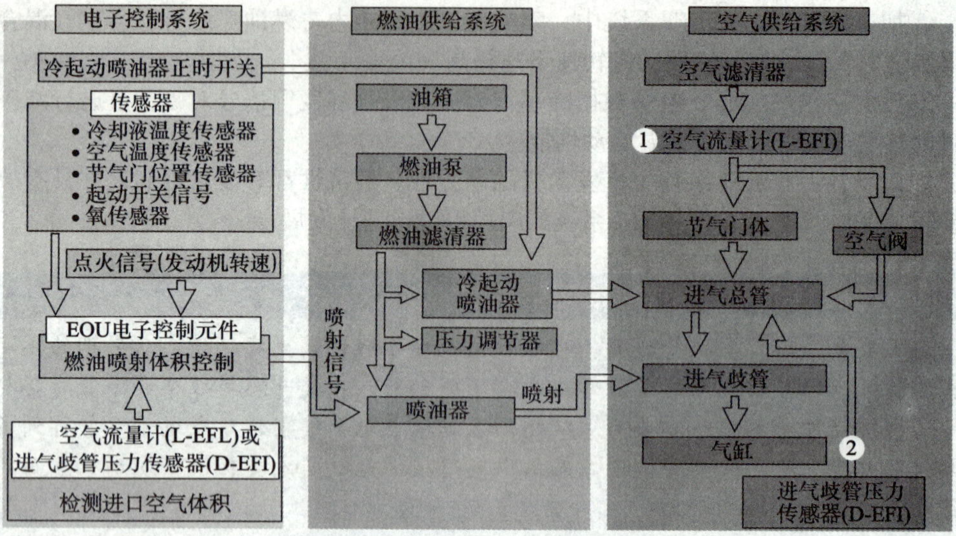

图 5-11 电控汽油喷射系统的组成

EFI 系统之所以具有良好的性能，是因其采用电脑对发动机进行控制。电控系统主要是由中央处理器（CPU）、存储器、输入 / 输出接口电路等组成，如图 5-12 所示。

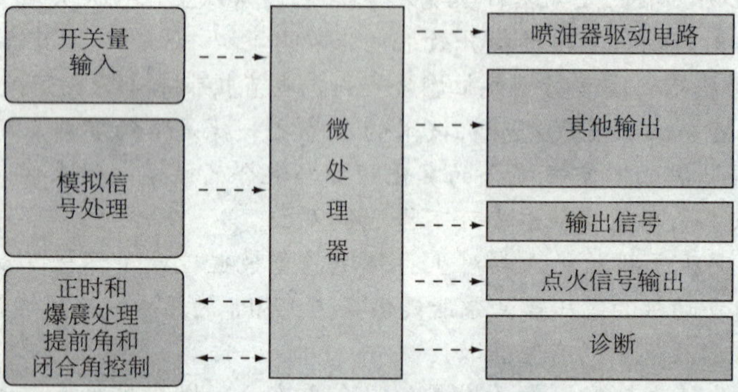

图 5-12 电控喷射系统工作原理

EFI 系统能根据各传感器测得的发动机各种运转参数，在不同工况下，按不同的模式控制发动机运转。

①怠速工况：为了提高怠速稳定性及调整的精确度，通常在怠速时让节气门处于全闭位置，而让空气从节气门旁边的怠速气道进入、用怠速调整螺钉调整怠速气道截面的大小，从而调整怠速转速。电脑可根据怠速开关闭合信号按怠速运转模式进行控制，使喷油器增加喷油量，提供较浓混合气，以保证怠速运转的稳定性。

②中小负荷工况：在中小负荷运转时，电脑根据经济混合气的方式控制喷油量。首先按进气歧管真空度（或空气流量计参数）和发动机转速计算出大致喷油量，再按水温传感器和进气温度传感器的信号进行修正，以控制喷油器的喷油量。

③启动工况：发动机启动时，启动开关给电脑一个启动信号，电脑根据这个信号

按启动模式控制喷油，增加喷油时间，以增加喷油量，提供启动所需的浓混合气。

冷车启动时，冷启动温度开关内的触点在发动机水温低于某一数值时闭合喷油器进行工作；在水温超过某一数值时，它的触点断开，停止喷油。

④暖机过程：在发动机冷启动后的暖机过程中，为了缩短暖机过程的时间，应让发动机转速高于热车时的怠速转速，这种工况称冷车快怠速。暖机时，附加空气阀开启，一部分额外补偿空气经旁通气道绕过节气门进入进气管，使进气量增大，而实现快怠速。随发动机不断升温，该阀逐渐自动关闭，直至达到正常工作温度，怠速恢复正常。

⑤全负荷工况：发动机全负荷运转时，节气门接近全开，电脑根据全负荷触点闭合信号执行全负荷加浓混合气，按照功率混合气方式控制喷油量，以使发动机发出最大功率，满足动力性要求。

（2）高压共轨柴油喷射系统。

高压共轨是指高压油泵、压力传感器和 ECU 组成的闭环系统，将喷射压力的产生和喷射过程彼此完全分开的一种供油方式，由高压油泵把高压燃油输送到公共供油管，通过对公共供油管内的油压实现精确控制，使高压油管压力大小与发动机的转速无关，可以大幅度减小柴油机供油压力随发动机转速的变化，因此也就减少了传统柴油机的缺陷。ECU 控制喷油器的喷油量，喷油量的大小取决于燃油轨（公共供油管）的压力和电磁阀开启时间的长短。高压共轨系统组成如图 5-13 所示，主要包括电子控制单元（ECU）、喷油器、共轨、高压油泵、各传感器等。

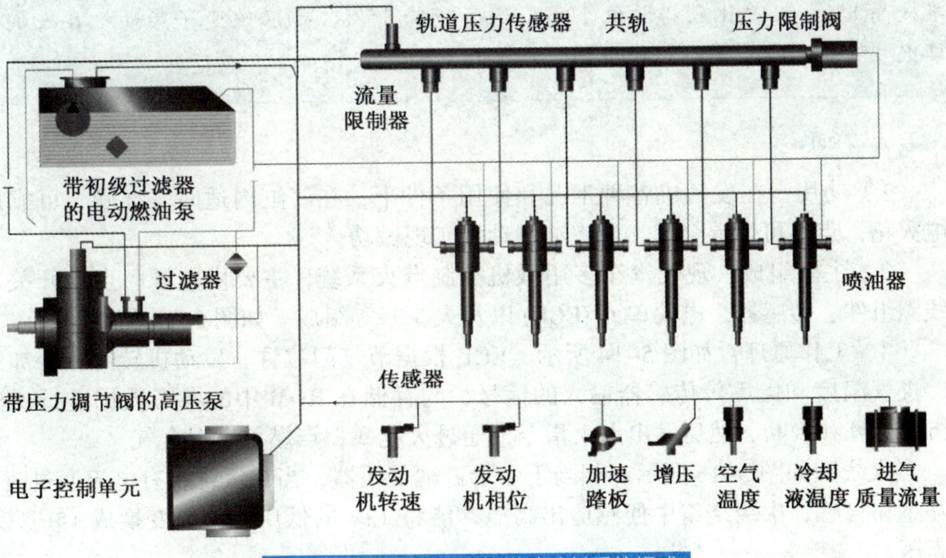

图 5-13 高压共轨电控燃油喷射系统组成

其主要特点可以概括如下：

共轨腔内的高压直接用于喷射，可以省去喷油器内的增压机构；而且共轨腔内是持续高压，高压油泵所需的驱动力矩比传统油泵小得多。

通过高压油泵上的压力调节电磁阀，可以根据发动机负荷状况以及经济性和排放性的要求对共轨腔内的油压进行灵活调节，优化发动机的低速性能。

通过喷油器上的电磁阀控制喷射定时、喷射油量以及喷射速率，还可以灵活调节不同工况下预喷射和后喷射的喷射油量以及与主喷射的间隔。

高压共轨系统由五个部分组成，即高压油泵、共轨腔和高压油管、喷油器、电控单元、各类传感器和执行器。供油泵从油箱将燃油送入高压油泵的进油口，由发动机驱动的高压油泵将燃油增压后送入共轨腔内，再由电磁阀控制各缸喷油器在相应时刻喷油。

预喷射在主喷射之前，将小部分燃油喷入气缸，在缸内发生预混合或者部分燃烧，缩短主喷射的着火延迟期。这样缸内压力升高率和峰值压力都会下降，发动机工作比较缓和，同时缸内温度降低使得 NO_x 排放减小。预喷射还可以降低失火的可能性，改善高压共轨系统的冷起动性能。

主喷射初期降低喷射速率，也可以减少着火延迟期内喷入气缸内的油量。提高主喷射中期的喷射速率，可以缩短喷射时间从而缩短缓燃期，使燃烧在发动机更有效的曲轴转角范围内完成，提高输出功率，减少燃油消耗，降低碳烟排放。主喷射末期快速断油可以减少不完全燃烧的燃油，降低烟度和碳氢排放。

拓展知识

目前国内制造的具备国际先进的电控高压共轨技术的柴油发动机采用了欧美柴油机的最新核心技术，明显优于传统增压柴油机。它比传统增压柴油机燃烧效率提高 8%、二氧化碳排放低 10%、噪声下降 15%，彻底改变了柴油机在人们心目中“噪声大、冒黑烟”的形象。

5. 点火系统

（1）功用：在发动机各种工况和使用条件下，在气缸内适时、准确、可靠地产生电火花，点燃可燃混合气，使汽油发动机实现做功。

（2）主要组成：现代汽车多用微机控制点火系统，主要由电源、点火开关、点火线圈组件、传感器、电控单元 (ECU) 以及火花塞等组成。如图 5–14 所示。

（3）工作原理：如图 5–14 所示，ECU 根据节气门位置、发动机转速、冷却液温度、进气温度和爆震等传感器输入的信号，与存储在 ROM 中的参考数据进行比较、分析、计算和判断，然后发出点火指令，通过火花塞，点燃可燃混合气。

点火线圈如图 5–15 所示。相当于一个自耦变压器，当初级绕组有电流通过时，通过互感和自感，次级绕组中便感应出高压，能将 12V 的低压直流电变换成 15 ～ 20kV 的高压。

火花塞用来将高压电引入燃烧室，产生电火花，点燃混合气。普通型火花塞结构如图 5–15 所示。其下部装有中心电极和侧电极，两者之间的间隙称为火花塞间隙，一般为 0.6 ～ 0.8mm。

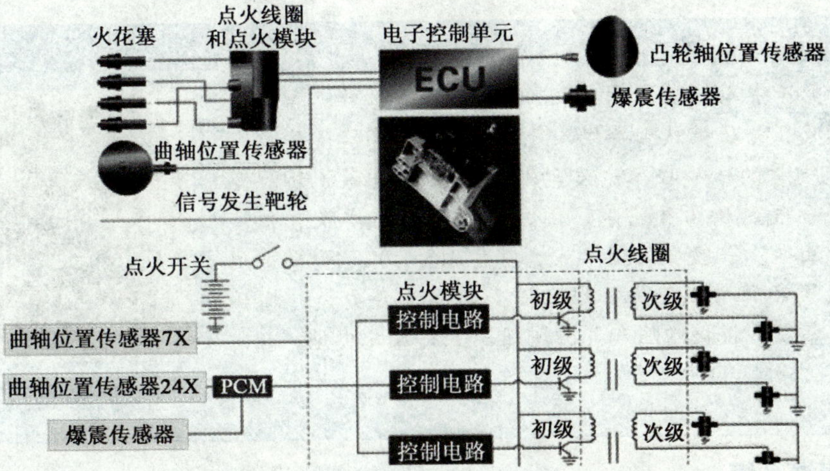

图 5-14 点火系统组成

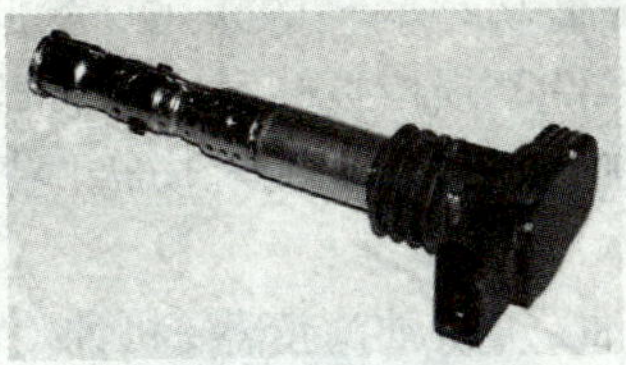

图 5-15 点火线圈

图 5-16 火花塞

6. 进、排气系统

发动机进、排气系统的作用是供给发动机新鲜空气，并将发动机燃烧后的废气排至大气。发动机进、排气系统由进气系统和排气系统构成。发动机进、排气系统的性能，对发动机的动力性、经济性、排放性能有直接影响。柴油机和汽油机由于使用燃料的性质不同、供油方式不同导致进气系统的结构形式不同，两者的排气系统基本相同。进、排气系统的结构如图 5-17 所示。

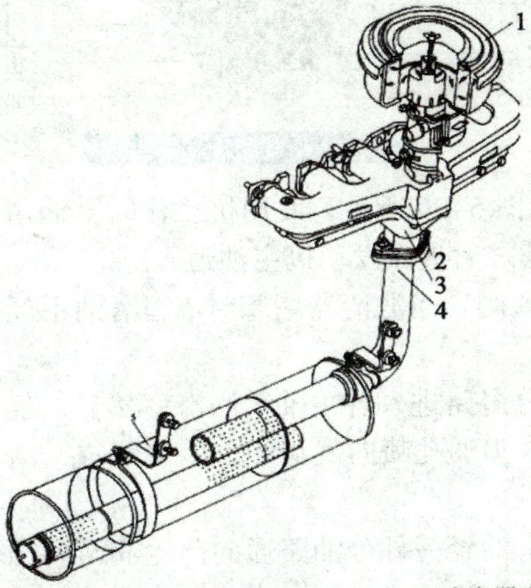

1—空气滤清器；2—进气支管；3—排气支管；4—消声器进气管；5—消声器

图 5-17 空气滤清器及进、排气装置

拓展知识

生活中人们常说的“T”即是增压的意思，增压就是将空气预先压缩然后再供入气缸，以期提高空气密度、增加进气量的一项技术。发动机通过增压提高了新鲜空气或混合气的压力及密度，因此可以提高功率及转矩，降低比油耗。一般增压功率可以提高20%~30%，如果采用中冷及较高的增压压力，那么提高的幅度会更大。增压有涡轮增压、机械增压和气波增压等三种基本类型。

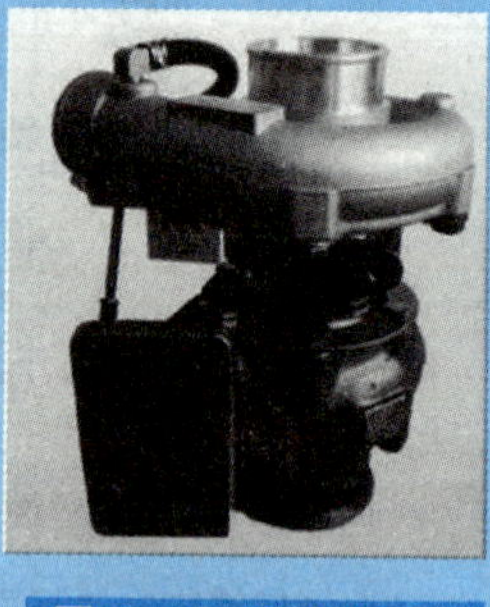

图 5-18 涡轮增压器

7. 润滑系统

（1）功用：减轻机件磨损、减小摩擦损失、降低功率消耗的作用。除此之外，润滑油流经摩擦表面，带走热量，有冷却作用；冲刷零件磨损留下的磨屑，有清洗作用；润滑油涂布在气缸与活塞和活塞环之间，还起着增加活塞环的密封和防机件氧化锈蚀的作用。

（2）主要组成：一般由油底壳、机油集滤器、机油泵、机油滤清器、机油冷滤清器、机油压力表以及机油道等组成。如图 5-19 所示。

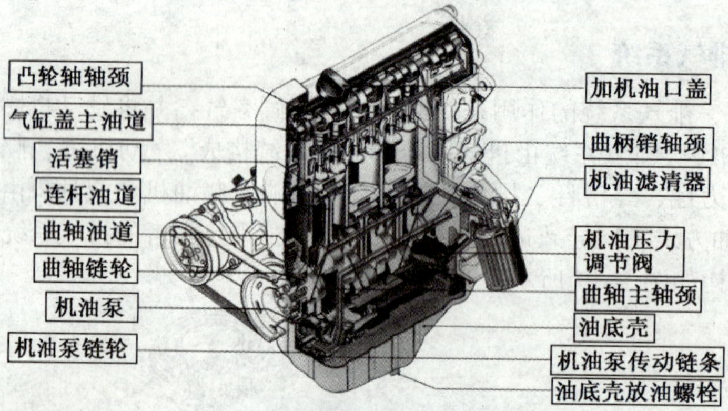

图 5-19 发动机润滑系统

（3）工作原理：如图 5-20 所示，发动机工作时，润滑油从油底壳经集滤器被机油泵送入机油滤清器过滤之后进入发动机主油道。

滤清器盖上设有旁通阀，当滤清器堵塞时，润滑油不经过滤清器滤清，而由旁通阀直接进入主油道。

润滑油经主油道后分多路进入各主轴承润滑，然后，经曲轴上的斜油道，流向连杆轴承润滑，再从连杆大头油孔喷向气缸壁，润滑气缸、活塞、活塞环和活塞销，之后流回油底壳。

主油道中的部分润滑油经另外分油路通向凸轮润滑各凸轮轴轴承、凸轮、气门摇臂及气门杆等，再流回油底壳。

发动机工作时运转零件撞击机油溅起来的油滴或油雾润滑气壁面和配气齿轮等工作表面。

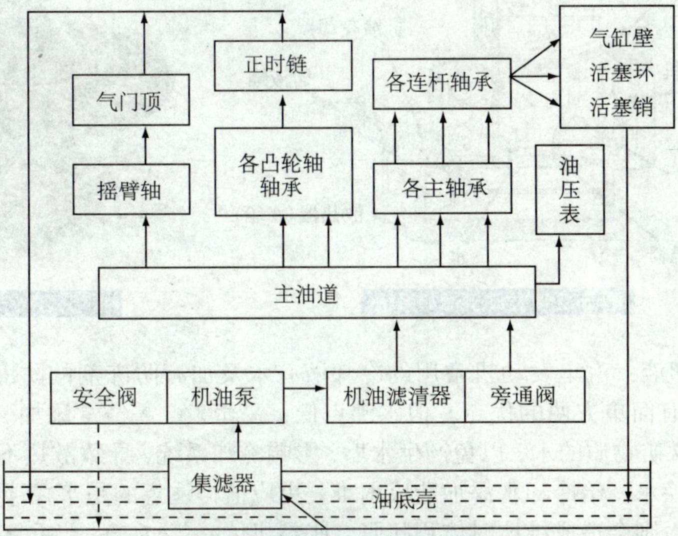

图 5-20 发动机润滑油路

（4）润滑方式。

①压力润滑：是以一定的压力把润滑油供入摩擦表面的润滑方式。压力润滑主要用于曲轴主轴承、连杆轴承及凸轮轴承等负荷较大的摩擦表面的润滑。

②飞溅润滑：利用发动机工作时运转零件撞击机油溅起来的油滴或油雾润滑摩擦表面的润滑方式。飞溅润滑主要用于负荷较轻的气缸壁面和配气机构的凸轮、挺柱、气门杆和摇臂等零件的工作表面。

③润滑脂润滑：通过定期加注润滑脂来润滑零件工作表面的方式，如水泵及发电机轴承等。

8. 冷却系统

（1）作用：是保证发动机在各种工况下尽快升温达到并保持正常的工作温度，既要防止发动机过热，又要防止发动机过冷。汽车发动机一般为 80 ～ 90℃，有的可以达 105℃。

（2）冷却方式：有水冷和风冷两种冷却方式。现代汽车几乎都采用强制水冷。

（3）主要组成：主要由冷却水泵、风扇、节温器、散热器和冷却水道等组成，如图 5–21 所示。

节温器如图 5–22 所示。安装在发动机水套的出水口处，它可自动控制通向散热器和水泵的两个冷却水通路，以调节冷却强度。

（4）工作原理：如图 5–21 所示，发动机工作时，动力经曲轴带轮带动风扇和水泵运转。当冷却液温度较低时，节温器主阀门关闭，副阀门打开，冷却水经冷却液泵→发动机水套→ 节温器副阀门→冷却液泵，形成小循环；当水温高到一定值时，节温器主阀门打开，冷却液经冷却液泵→发动机水套→节温器主阀门→散热器→冷却液泵，形成大循环，由于冷却液经过散热器冷却，温度下降，防止发动机过热。

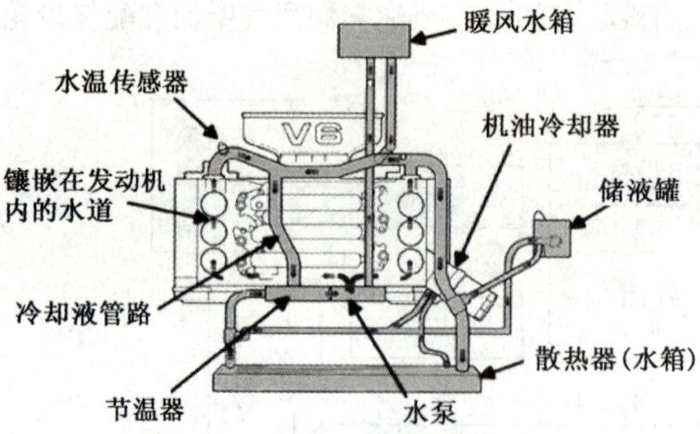

图 5-21 发动机冷却系统

图 5-22 节温器

（5）冷却液：汽车发动机常用的冷却液有水及加有防冻剂的防冻液。直接用水作冷却液，具有简单方便的优点。但水沸点低，易蒸发，需经常添加。而且不宜添加河水、井水等含矿物质的水，以免产生水垢，影响冷却系统，导致散热不良；添加雨水、雪水或离子交换水，给冷却水添加造成困难。更应值得注意的是水在严寒冬季易结冰，过夜需放水，否则会造成结冰时体积膨胀，胀裂机体、气缸盖的严重事故。

现代轿车普遍采用防冻液，以提高冷却液的防冻和防沸的能力。例如桑塔纳系列轿车采用以乙二醇为基料的冷却液(乙二醇的质量占45.6%、水的质量占54.4%)，使其冰点在-25℃以下，沸点在106℃以上。

专用冷却液一般呈深绿色或深红色，有一定的毒性，使用时应注意。发现冷却液泄漏应及时检查添加。

9. 起动系统

（1）作用：按发动机要求，提供一定的转矩，使发动机达到规定的转速，顺利完成起动过程。低温起动时，还应进行预热起动。

（2）主要组成：主要由蓄电池、起动开关、起动电动机等组成。如图5-23所示。起动电动机如图5-24所示。也称起动马达，它是根据电动机原理制成的。

（3）工作原理：当起动开关置于起动挡时，首先接通起动控制电路，蓄电池电流流入起动机，并使其转动。同时，电磁开关还将驱动齿轮向外推出与发动机飞轮相啮合，带动发动机转动。当发动机完成点火后，驾驶员及时将起动开关转到点火挡，切断起动机控制电路，驱动齿轮退回，起动机停止运转。

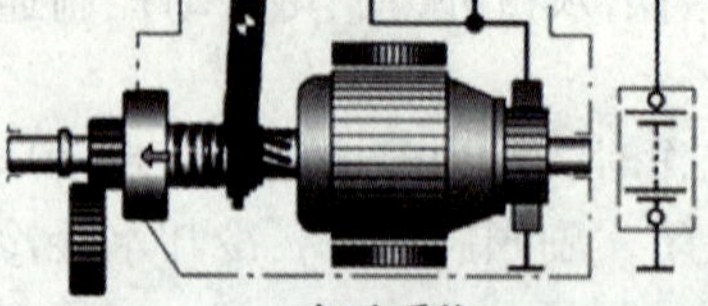

图 5-23 起动系统图

图 5-24 起动电动机

（4）低温起动与预热。

低温严寒气候，燃料汽化及燃烧困难（尤其是柴油），机油粘度加大，蓄电池能量下降，造成发动机起动困难。为了确保发动机顺利起动，需要采取相应措施，常见的有预热空气、预热机油、预热冷却液、喷起动液以及减压起动等。

目前普遍使用的发动机预热方法是采用对进入发动机的空气进行预热。常见的预热装置有电热塞、热敏电阻预热器和电火焰预热器也可以采用喷起动液的方法帮助起动。起动液如图 5–25 所示。是由容易燃烧的燃料（乙醚、丙酮、石油醚等）组成，与压缩气体氮气一起储藏在专用喷射罐内。使用时，取下空气滤清器（有的发动机设有起动液喷嘴），将喷射罐出口对准进气管，轻压喷射罐单向阀，起动液喷出，随空气进入气缸，迅速燃烧，起动发动机。

图 5–25 启动液

学习案例

发动机是汽车的“心脏”，汽车的发展与发动机的进步有着直接的联系，那么汽车发展至今，发动机的发展经历了哪几个发展阶段呢？

案例分析

18 世纪中叶，瓦特发明了蒸汽机，此后人们开始设想把蒸汽机装到车子上载人。法国的居纽 (N.J.Cugnot) 是第一个将蒸汽机装到车子上的人。1770 年，居纽制作了一辆三轮蒸汽机车。这辆车全长 7.23m，速度为 3.5km/h，是世界上第一辆蒸汽机车。

1858 年，定居在法国巴黎的里诺发明了煤气发动机，并于 1860 年申请了专利。发动机用煤气和空气的混合气体取代往复式蒸汽机的蒸汽，使用电池和感应线圈产生电火花，用电火花将混合气点燃爆发。这种发动机有气缸、活塞、连杆、飞轮等。煤气机是内燃机的初级产品，因为煤气发动机的压缩比为零。

1867 年，德国人奥托 (Nicolaus August Otto) 受里诺研制煤气发动机的启发，对煤气发动机进行了大量的研究，制作了一台卧式气压煤气发动机，后经过改进，于 1878 年在法国举办的国际展览会上展出了他制作的样品。由于该发动机工作效率高，引起了参观者极大的兴趣。在长期的研究过程中，奥托提出了内燃机的四冲程理论，为内燃机的发明奠定了理论基础。德国人奥姆勒和卡尔 · 本茨根据奥托发动机的原理，各自研制出具有现代意义的汽油发动机，为汽车的发展铺平了道路。

1892 年，德国工程师狄塞尔根据定压热功循环原理，研制出压燃式柴油机，并取得了制造这种发动机的专利权。

1957 年，德国人汪克尔发明了转子活塞发动机，这是汽油发动机发展的一个重要分支。转子发动机的特点是利用内转子圆外旋轮线和外转子圆内旋轮线相结合的机构，无曲轴连杆和配气机构，可将三角活塞运动直接转换为旋转运动。它的零件数比往复活塞式汽油少 40%，质量轻、体积小、转速高、功率大。1958 年汪克尔将外转子改为固定转子作行星运动，制成功率为 22.79kW、转速为 5500r/min 的新型旋转活塞发动机。该机具有重要的开发价值，因而引起各国的重视。日本东洋公司（马自达公司）买下了转子发动机的样机，并把转子发动机装在汽车上，可以说，转子发动机生在德国，长在日本。

学习单元 2　汽车底盘构造及工作原理

知识目标

掌握汽车底盘的构造和工作原理。

技能目标

通过学习能够掌握汽车传动系统、行驶系统、转向系统及制动系统的主要结构，了解相关工作原理。

基础知识

汽车底盘主要用于传递发动机发出的动力，使汽车产生运动和停止，并支撑车辆，保证汽车照驾驶员的操纵正常行驶。一般的汽车底盘由传动系统、行驶系统、转向系统和制动系统组成。图 5-26 为轿车底盘结构。

图 5-26 汽车底盘

一、汽车传动系统

1. 功用

发动机输出的动力依次经过离合器、变速器、万向传动装置、安装在驱动桥中的主减速器、差速器和半轴，最后传到驱动车轮，如图 5-27 所示，使汽车具有良好的动力性和燃油经济性。传动系统具有以下功能：

（1）减速增矩；

（2）实现汽车变速；

（3）实现倒车；

（4）必要时中断动力传递；

（5）使两侧驱动车轮具有差速作用。

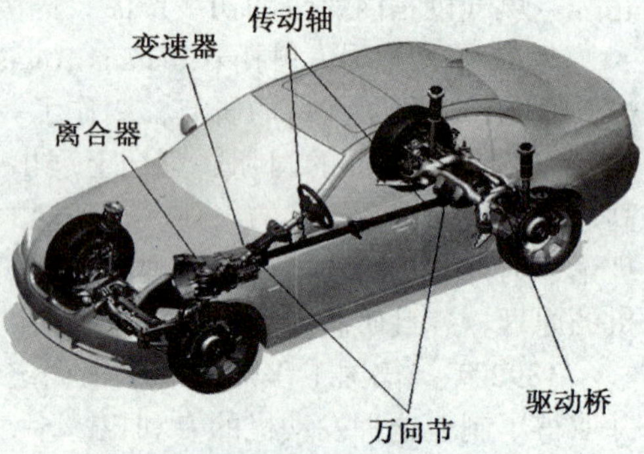

图 5-27 汽车传动系统

2. 各主要部件的结构与作用

（1）离合器。

①离合器的结构与作用：离合器位于发动机和变速器之间的飞轮壳内，离合器总成固定在飞轮的后平面上，离合器将动力输入到变速器。离合器总成的主要部分是离

合器壳、飞轮、离合器轴、摩擦片、压盘总成、分离轴承和离合器操纵机构。如图 5-28 所示。在汽车从起步到行驶的整个过程中，驾驶员可据需要，踏下和松开离合器踏板，使发动机动力与变速器暂时分离和逐渐接合，以切断或传递发动机向变速器输入的动力，起到保证汽车平稳起步、换挡时平顺、防止传动系过载的功用。

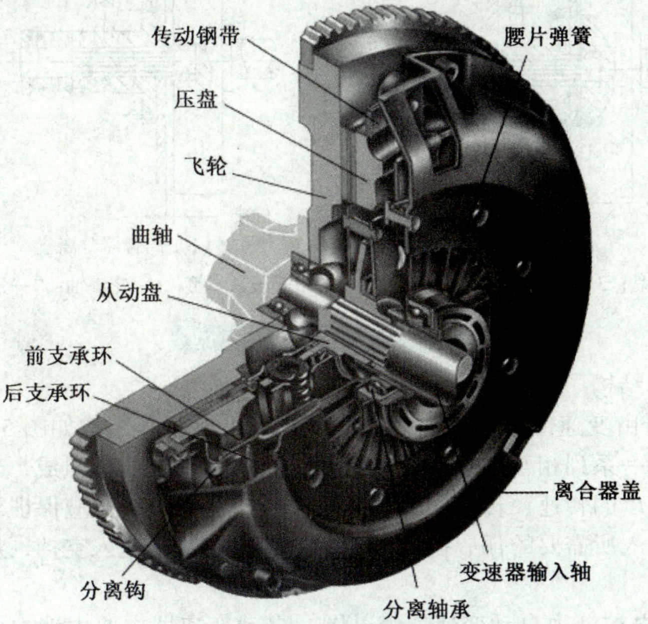

图 5-28 离合器总成

②离合器的工作原理：图 5-29 所示为摩擦式离合器的工作原理。当离合器踏板处于自由状态时，从动盘在压紧弹簧的作用下压紧在飞轮端面。发动机工作时飞轮旋转，靠离合器从动摩擦片与飞轮之间的摩擦力，将动力传给变速器。

当踏下踏板时，通过操作机构 4 使分离套筒 7 克服压紧弹簧作用力右移，带动从动盘右移，使从动盘与飞轮端面之间出现间隙，切断发动机动力传递。

（2）变速器。

现代车用发动机的转速很高，其输出的转矩很低，而汽车实际行驶的道路是条件非常复杂，转矩变化较大，因此无法满足汽车行驶的实际要求，这就要求有一装置能对发动机输出的转矩和转速进行适当的调整，使汽车的牵引力和行驶速度必须能够在相当大的范围内变化。另外，任何发动机的曲轴始终是向同一方向转动，而汽车实际行驶过程中常常需要倒向行驶。因此在汽车传动系中设置了变速器。

①变速器的作用表现在以下三个方面。

●通过改变传动比，扩大汽车驱动力和速度的变化范围，以适应经常变化的行驶条件，使发动机在最有利的条件下工作。

●在发动机旋转方向不变的条件下，使汽车能倒向行驶。

●中断发动机向驱动桥的动力传递，以使发动机能够起步、怠速，满足汽车暂时停车的需要。

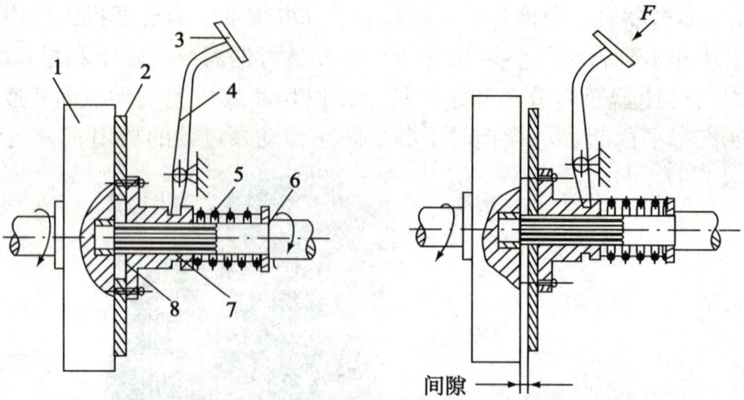

（a）离合器结合　　（b）离合器分离

1—飞轮；2—从动盘；3—离合器踏板；4—操纵结构；5—压紧弹簧；6—花键轴；7—分离套筒；8—轴承

图 5-29 离合器的工作原理

②变速器的结构。

手动变速器由变速传动机构和变速操纵机构组成，其结构如图 5-30 所示。变速传动机构主要由一系列相互啮合的齿轮副及其支承轴以及壳体组成，其主要作用是改变发动机曲轴输出的转速、转矩和转动方向。变速器操纵机构应保证驾驶员能准确可靠地使变速器挂入所需要的任一挡位工作，并可随时使之退入空挡，从而改变变速器的工作状态。

图 5-31 为电控液力自动变速器解剖图。自动变速器主要由液力变矩器、机械变速器、液压控制系统、冷却滤油装置、电子控制系统等组成。

图 5-30 手动变速器

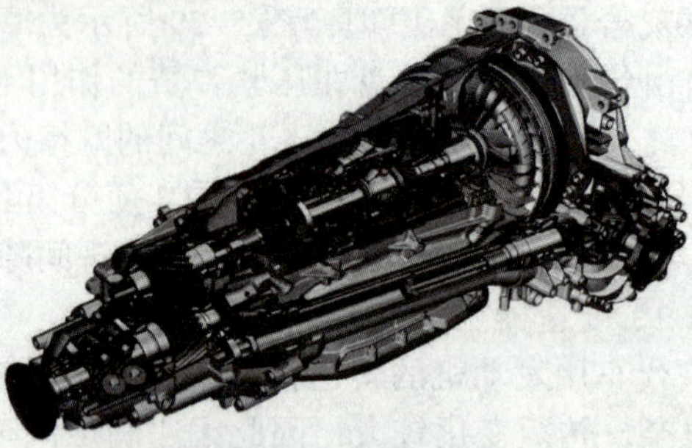

图 5-31 自动变速器

拓展知识

CVT，通常指一种汽车变速器，也叫无级变速器，已经有一百多年的历史。CVT 与有级变速器的区别在于，它的变速比不是间断的点，而是一系列连续的值，从而实现了良好的经济性、动力性和驾驶平顺性，而且降低了排放和成本。

图 5-32 CVT 变速器

（3）万向传动装置。

①万向传动装置的作用：是在变速器和主减速器之间能适应轴线夹角变化和有轴向伸缩的前提下，可靠地传递动力。

②万向传动装置的组成：一般由万向节和传动轴等组成，如图 5-33 所示。

由于发动机与驱动装置之间的位置关系，有时需将传动轴分成两段，在中间加装中间轴承。汽车上任何一对周线相交，并且相对位置经常发生变化的转轴之间进行动力传递，均需万向传动装置。

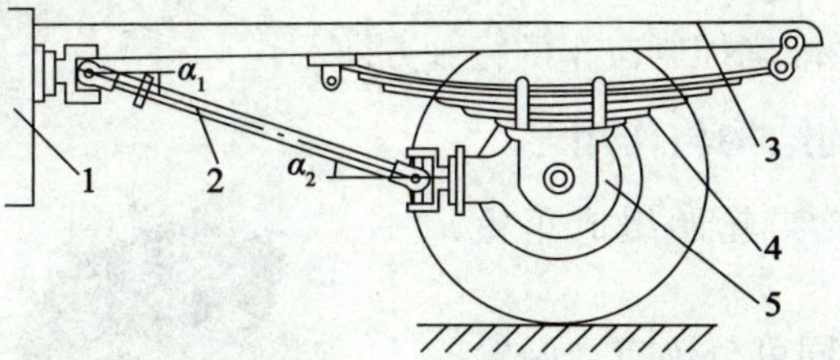

1—变速器；2—万向传动装置；3—车架；4—后悬架；5—驱动桥

图 5-33 变速器与驱动桥之间的万向传动装置

（4）驱动桥。

①驱动桥作用：驱动桥处于动力传动系的末端，其基本功能是：

●将万向传动装置传来的发动机转矩通过主减速胎、差速器、半轴等传到驱动车轮，实现降速增大转矩；

●通过主减速器圆锥齿轮副改变转矩的传递方向；

●通过差速器实现两侧车轮差速作用，保证内、外侧车轮有不同转速以实现转向；

●通过桥壳体和车轮实现承载及传力作用。

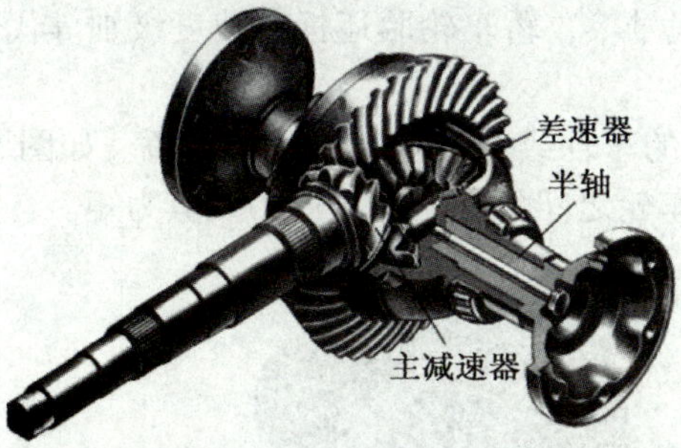

图 5-34 驱动桥

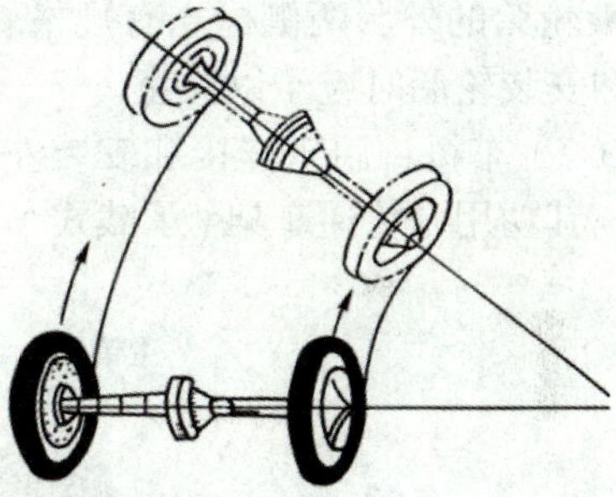

图 5-35 转向时车轮运动示意图

②驱动桥的组成：驱动桥主要由主减速器、差速器、半轴和驱动桥壳等组成。如图 5-34 所示。

●主减速器：由一对强度较大的准双曲面齿轮组成，安装在驱动桥内。

●差速器：汽车转弯行驶时，内、外两侧车轮在同一时间内要移动不同的距离，外轮移动的距离比内轮大。如图 5-35 所示。差速器的作用就是将主减速器传来的动力传给左、右两半轴，并在转弯行驶时允许左、右半轴以不同转速旋转（差速）。

●半轴：是一根在差速器和驱动轮之间传递动力的实心轴，内端一般制有外花键与半轴齿轮连接，外端与驱动轮的轮毂相连。

二、汽车行驶系统

1. 功用

（1）将汽车连成一个整体并支持汽车的总质量；

（2）将传动系传来的转矩转化为使汽车平顺行驶的驱动力；

（3）承受并传递路面作用于车轮上的反力和力矩；

（4）缓冲减振，保证汽车平顺行驶；

（5）配合传动系准确控制汽车的行驶方向。

2. 各主要部件的结构与作用

（1）车轮：车轮与轮胎组成车轮总成，如图 5-36。

●轮胎按组件不同可分为有内胎轮胎和无内胎轮胎。

●轮胎按胎体结构不同可分为斜交轮胎和子午线轮胎。子午线轮胎帘布层帘线排列方向与轮胎的子午断面一致，使其强度得到充分利用，所以帘布层数可比普通斜交胎减少约 40% ～ 50%，胎体较柔软，接地面积大，附着性能好，对地面单位压力小，滚动阻力小，节省油耗。

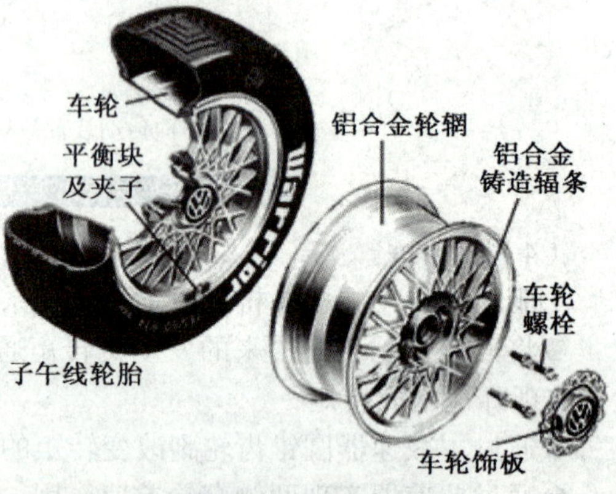

图 5-36 车轮和轮胎

●轮胎的外胎两侧标志有规格、结构代号等，轿车轮胎还标有速度级别等代号，购置和安装轮胎时应予以注意。

（2）车桥：用于连接和安装左右车轮的车轴或车梁等部件称为车桥。如图 5-37 所示，其功用是传递车架（承载式车身）与车轮之间各方向的作用力及其力矩。

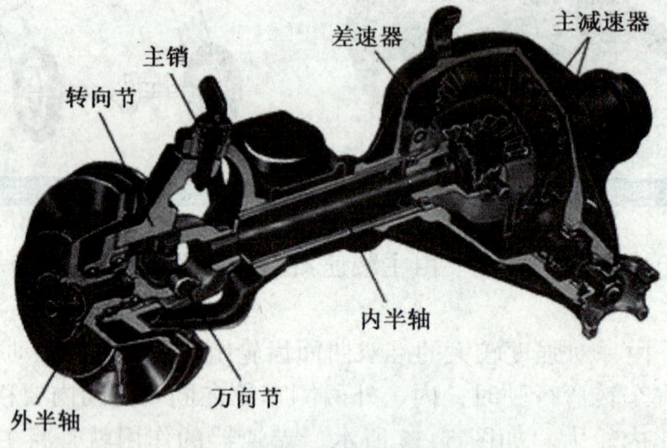

图 5-37 汽车车桥

车桥分为整体式和断开式两种。整体式车桥中部是刚性的实心或空心梁，断开式车桥为活动关节式结构，与独立悬架配用。

（3）车架：是整个汽车的装配基体，其作用主要是支承连接汽车的各零部件，承受来自车内和车外的各种载荷。

车架的结构形式有三种：边梁式车架（如图 5-38 所示），中梁式车架（或称脊骨式车架）和综合式车架。

图 5-38 边梁式车架

（4）车轮定位：所谓车轮定位，就是汽车的每个车轮（或通过转向节）和车桥、车架的安装应保持一定的相对位置。通常车轮定位主要是指前轮定位，现在也有许多车辆需要进行四轮定位。主要有主销后倾、主销内倾、前轮外倾、前轮前束、后轮外倾和后轮前束。

车轮定位的作用是保持汽车直线行驶的稳定性，保证汽车转弯时转向轻便，且使转向轮自动调整，减少轮胎的磨损等。

各种车轮定位角，在汽车使用中，由于车架和悬架的变形而在不断地发生变化，应注意定期在四轮定位仪上进行检查调整。

（5）汽车悬架。

①悬架作用：汽车悬架如图 5-39 所示。悬架就是车架（或车身）与车桥（或车轮）之间的一切传力连接装置的总称。其作用是把路面作用于车轮上的各种反力所造成的转矩传递到车架或车身上，减少汽车振动，保证汽车正常行驶。

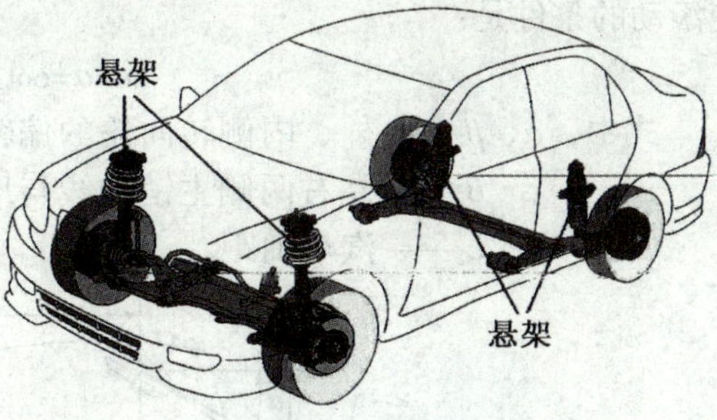

图 5-39 汽车悬架

②悬架的基本组成：汽车悬架的基本组成如图 5-40 所示。它一般由弹性元件 1，减振器 2 和导向机构（横向稳定杆 4、摆臂 3 和 7，以及纵向推力杆 5 等）三部分组成。

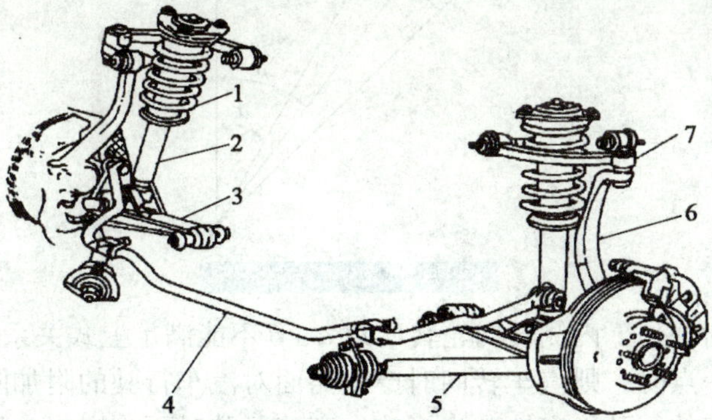

1—弹性元件；2—减振器；3—摆臂；4—横向稳定杆；

5—纵向推力杆；6—转向节；7—上摆臂

图 5-40 悬架的基本组成

●弹性元件的作用是使车架（或车身）与车桥（轮）之间成为弹性连接，和弹性的充气轮胎一起缓和不平路面对车辆的冲击，提高乘员的舒适性，避免货物损伤，延长汽车使用寿命。

●弹性系统受到冲击会产生振动，持续的振动易使乘员感到不舒适或疲劳，为了使弹性系统的振动迅速衰减，悬架还安装有减振器，使振动迅速衰减。

●导向机构也是传力机构，用来传递各个方向的力和力矩。

●横向稳定杆是为了增强汽车的横向刚度，防止车身在转弯等行驶情况下发生过大倾斜的辅助弹性元件。

三、汽车转向系统

1. 功用

汽车转向系统的功用就是保证汽车能够按驾驶员的意志改变或恢复行驶方向。

2. 汽车转向原理

汽车的转向是由地面的侧向力提供向心力，只有当四个车轮的轴线交于一点 O 时，才能够保证各车轮纯滚动而不滑动。如图 5-41 所示。分析图可知，所有刚性车轮做纯滚动的条件是：

$$\cot\alpha=\cot\beta+B/L$$

式中，α、β—— 外、内侧转向轮的偏转角；

B—— 左右两侧主销轴线与地面相交点之间的距离；

L—— 汽车轴距。

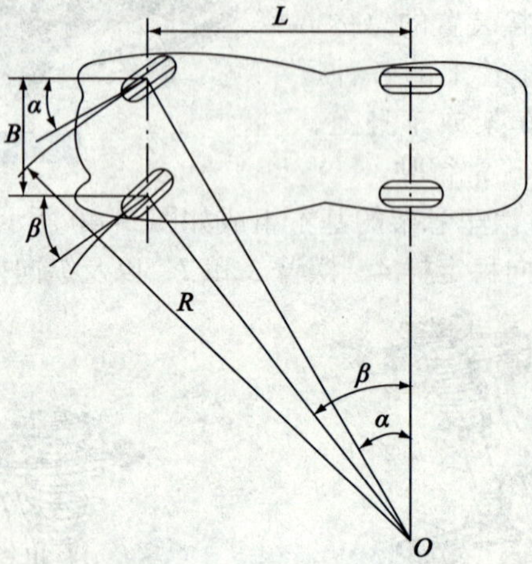

图 5-41 汽车转向分析

若汽车转向时，外、内侧转向轮转向角 α、β 不能满足上式关系，即汽车的四个车轮轴线不能交于一点时，则汽车转向时产生路面对汽车行驶的附加阻力，使轮胎磨损过快，并且对汽车的行驶稳定性产生影响，高速行驶时更为突出。汽车转向系统应尽可能满足上述要求。

3. 汽车转向系统类型

汽车转向系统分为机械转向系统和动力转向系统两大类。机械转向系统以驾驶员的体力作为转向动力源，传力件都是机械的；动力转向系统以发动机或电动机的动力作为主要转向动力源，转向轻松省力。

4. 汽车转向系统组成

以机械转向系统为例，它主要由转向操纵机构、转向器和转向传动机构组成。如图 5-42 所示。

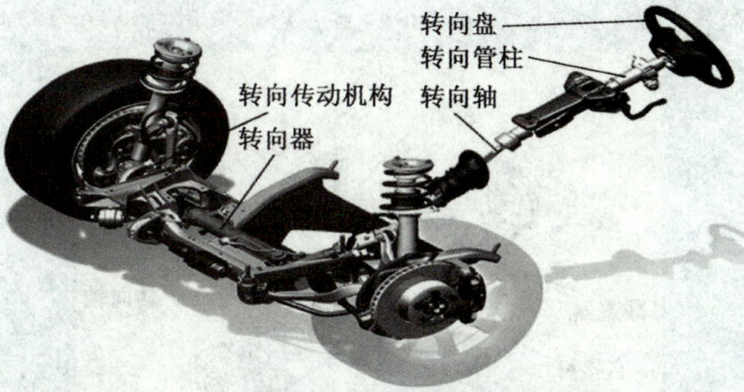

图 5-42 汽车转向系统

（1）转向操纵机构：转向操纵机构包括转向盘、转向轴和转向管柱等。它们的作用是将驾驶员的操纵力传给转向器。

由于转向系统各传动件之间存在着装配间隙，所以在转向盘转动过程的开始阶段，有一段转向盘空转行程，该行程称转向盘的自由行程，它对于缓和路面冲击，减少驾驶员疲劳是有利的，但也不宜过大，以避免过大影响转向灵敏性，一般不超过 15°，当零件磨损严重到使转向盘自由行程超过 25° ～ 30° 时，必须进行调整。

（2）转向器：转向器是转向系统中的减速增矩装置，并改变转向力矩的传动方向。目前应用广泛的机械转向器有齿轮齿条式转向器、循环球式转向器和蜗杆曲柄指销式转向器等几种。

（3）转向传动机构：转向传动机构的功用是将转向器输出的力和运动传给转向桥两侧的转向节，使两侧转向轮按要求的角度关系偏转，以保证汽车转向时各车轮与地面的相对滑动尽量小。

5. 电子控制动力转向系统

理想的转向系统应使汽车在静止或低速行驶时，转向所需操纵力小，轻便省力；而在中高速行驶时，转向操纵力稍大，增加驾驶员的“路感”，提高操纵稳定性，保证高速行车的安全。传统的机械式转向系统不能达到这个要求，而电子控制动力转向系统可以满足。

6. 汽车四轮转向

汽车四轮转向是对后轮也进行转向操纵的系统。前后转向轮的转向控制有同相和逆相两种情况，逆相式的转弯半径比两轮转向的转弯半径小，提高了汽车转向的机动性，适于汽车低速行驶；同相式在转向时车身与行驶方向的偏转角小，提高了操纵稳定性，适于汽车的高速行驶。

拓展知识——转向为什么需要助力?

助力转向也称动力转向，它是指可以借助外力的帮助，使操作转向盘的力量减轻的装置。现在轿车上基本都采用助力转向，因此连柔弱女性也能操作驾驶。

根据助力来源形式的不同，助力转向又分为液压助力转向和电动助力转向。前者是利用液压机构来提供助力，后者则是利用电动机的力量作为转向助力。由于电脑技术在汽车上的广泛应用，电动助力转向可实现更先进的控制方式，如车速感应助力转向等。因此，现在高档轿车上一般都采用电动助力转向。

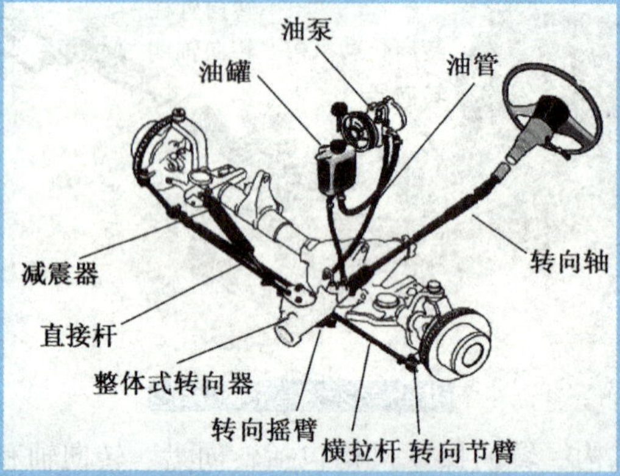

图 5-43 机械液压助力转向系统

四、汽车制动系统

1. 功用

通过驾驶员操纵并产生一定强度制动力的一套装置，称为汽车制动系统，其主要作用是：

（1）使行驶中的汽车减速甚至停车；

（2）使已经停下来的汽车保持不动；

（3）使下坡行驶的汽车车速稳定。

2. 汽车制动系统分类

汽车制动系统分类如表 5-1 所示。

表 5-1 汽车制动系统分类

分类方法	类型	特点
按功能分	行车制动	使行驶中的汽车减速或停车
	驻车制动	使汽车停在各种路面驻留原地不动
	应急制动	在行车制动系统失效后使用的制动系统
	辅助制动	增设的制动装置，以适应山区行驶及特殊用途汽车需要

续表

分类方法	类型	特点
按制动能源分	人力制动	以人力为唯一能源
	动力制动	以发动机动力转化为液压或气压制动
	伺服制动	兼用人力和发动机动力制动
按制动能量传输方式分	机械制动	以机械传输制动能量
	液压制动	以液压传输制动能量
	气压制动	以气压传输制动能量
	电磁制动	以电磁力传输制动能量
	组合制动	多种传输制动能量综合
按制动回路分	单回路	全车制动用一条制动回路
	双回路	全车制动用两条制动回路

3. 汽车制动系统基本组成与工作原理

（1）汽车制动系统基本组成（以液压鼓式制动系统为例）。

汽车制动系统主要由车轮制动器和液压传动机构组成。如图 5-44 所示。车轮制动器由制动鼓 8、制动蹄 10、制动底板 11 等组成。制动鼓固定在车轮轮毂上，随车轮一同旋转，它的工作面是内圆柱面。固定不动的制动底板有两个支承销 12，支承着两个弧形制动蹄的下端。制动蹄的外圆面上装有摩擦片 9，上端用制动蹄回位弹簧 13 拉紧压靠在轮缸活塞 7 上。

液压传动机构主要由制动踏板上推杆 2、制动主缸 4、制动轮缸 6 和油管 5 等组成。制动轮缸也安装在制动底板上，并用油管与车架上的制动主缸连通。主缸活塞 3 可由驾驶员通过制动踏板来操纵。

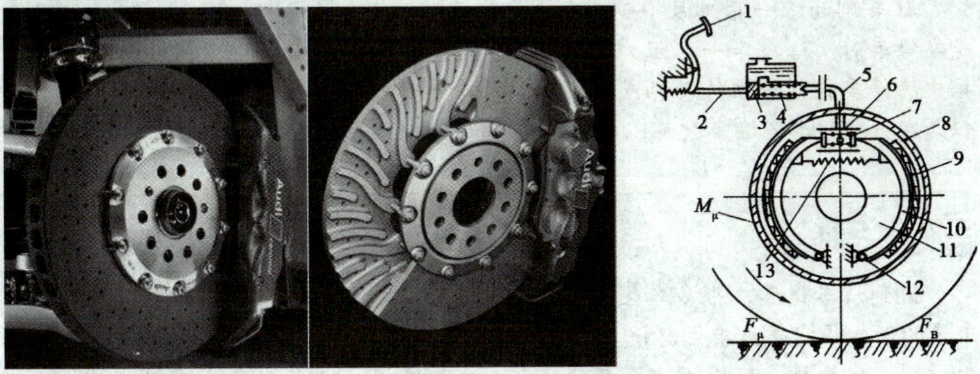

1—制动踏板；2—推杆；3—主缸活塞；4—制动主缸；5—油管；6—制动轮缸；7—轮缸活塞；8—制动鼓；9—摩擦片；10—制动蹄；11—制动底板；12—支承销；13—制动蹄回位弹簧

图 5-44 制动系统的组成

（2）汽车制动系统基本工作原理：制动系统不工作时，制动鼓的内圆面与制动蹄摩擦片的外圆面之间保留有一定的间隙，使制动鼓可以随车轮自由旋转。

制动时，驾驶员踩下制动踏板，推杆 2 便推动主缸活塞 3，使主缸 4 中的油液以一定压力流入制动轮缸 6，通过轮缸活塞 7 使两制动蹄 10 的上端向外张开，从而使摩擦片压紧在制动鼓的内圆面上。这样，不旋转的制动蹄就对旋转着的制动鼓产生一个摩擦力矩，方向与车轮旋转方向相反，迫使车轮停止转动。

当松开制动踏板时，制动蹄回位弹簧 13 将制动蹄拉回原位，制动作用即行解除。

（3）盘式制动器结构原理：盘式制动器由制动盘、制动钳及车轮轴承等组成，如图 5-45 所示。制动时，制动钳内的制动活塞在液压力作用下推动制动衬块压靠到制动盘表面，将制动盘的两侧压紧，实现了车轮制动。

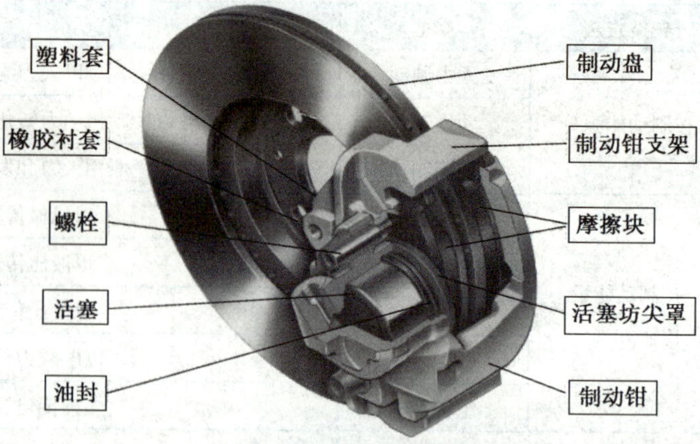

图 5-45 盘式制动器

（4）汽车制动间隙与制动距离：制动器在不工作时，摩擦片与制动鼓之间的间隙称制动间隙。制动间隙应合适，如果制动间隙过小，就不易保证彻底解除制动而造成摩擦片的拖磨；过大又将使制动踏板行程太长，同时也会推迟制动器开始起作用的时刻。由于摩擦片与制动鼓磨损，导致制动间隙变大，制动距离变长，应定期进行检查调整。

制动距离是指驾驶员踩下制动踏板至车辆完全停住时汽车所行驶的距离。按我国国家标准规定，乘用车以 50km/h 初速度空载行驶的制动距离不得大于 19m。

拓展知识

驻车制动，一般叫做手刹（个别也有用脚操作，如别克 GL8），它的作用就是在停车时，给汽车一个阻力，使汽车不溜车。驻车制动，也就是手刹或者自动挡中的停车挡，锁住传动轴或者后轮。驻车制动比行车制动的力小很多很多，仅仅是在坡路停车不溜车就可以了。

学习案例

说到汽车保养，很多车主首先想到的就是发动机、轮胎、刹车系统，而汽车底盘的保养很容易被车主忽视，殊不知，汽车底盘保养直接关系到汽车的操控性、舒适性、安全性，可以说，汽车底盘是保证汽车整体性能的一个重要部位，其保养不能掉以轻心。

案例分析

对于汽车来说，底盘能确保车辆和车主的安全。车辆在行驶过程中，路面飞溅起的沙砾不断撞击底盘，底盘上原有的防锈层逐渐被破坏，金属暴露在外面。夏天，白天地表的高温使底盘炙热异常，晚间大气中的湿气慢慢腐蚀温度回落后收缩的车底。底盘的损伤更会进一步威胁到其他机件的正常使用：转向受损、漏油、底盘变形、整体构架松动，都会给行车带来安全隐患。一般新车出厂时都会喷涂防锈底漆，但一段时间后还是会慢慢氧化。一旦底盘零部件生锈腐蚀，就会导致整车的架构松动，带来安全隐患，很多交通事故都由底盘松动所导致。

底盘在日常保养的时候最重要的是防锈。阴雨天气，大量泥沙溅到汽车底盘上，很难清洗干净，底盘会被侵蚀氧化、生锈。汽车维修人员建议，车主在对汽车的底盘防锈处理时，应选择专业的汽车美容中心。因为专业的设备能够对底盘进行彻底清洁。一般来说，做完防锈护理的底盘在高压喷水冲洗后几乎不挂水珠，这样的效果才代表是“货真价实”的护理，才可起到很好的防锈保护作用。此外，洗车主要注意的是，做完防锈护理不要用碱性清洗液，如洗衣粉、洗涤灵等洗车身及底盘，会影响防锈效果、缩短防锈时间。经常长途出行的车主可定期对车辆进行专业的底盘护理。

市场上比较流行的底盘防护措施是底盘装甲，就是给汽车底盘装上坚固的甲胄，这也确实是目前保护汽车底盘裸露部件的唯一方法。专业的底盘装甲是将一种特殊的弹性胶质材料喷涂在汽车底盘上，将底盘及轮毂上方的噪声部位完全包裹起来，其自然固结后形成的底盘保护层，可以降低沙石撞击的损伤，防腐防锈。除此以外，底盘装甲还能起到较好的隔音作用。

学习单元3 汽车车身结构

知识目标

了解汽车车身结构及相关系统。

技能目标

通过学习能够了解车身的结构；了解车身附件系统的主要部件和工作原理。

基础知识

汽车车身是供驾驶员操作，以及容纳乘客和货物的场所。其主要作用是为乘员提供安全、舒适的乘坐环境，隔绝振动和噪声，不受外界恶劣气候的影响。同时车身也是一件精致艺术品，给人以美感享受，反映现代的风貌、民族的传统以及独特的企业形象。

车身结构包括车身壳体、开启件（各种门、窗、行李箱及车顶盖等）及附件（各种座椅、内饰与外饰、仪表电器、座椅及空调等）等。

一、车身壳体

汽车车身壳体按结构形式可分为骨架式、半骨架式及壳体式，按用途可分为货车车身、客车车身及轿车车身。轿车和客车的车身由乘员（包括驾驶员）的车厢、放置行李与备胎及工具等物品的行李箱、发动机舱以及与车厢合为一体的翼子板等组成，而载货汽车的车身由容纳驾驶员及其助手的驾驶室、固定在车架上的各种货厢或容罐、发动机舱以及翼子板等组成。

1. 轿车车身

为了省去笨重的车架而使汽车轻量化，绝大多数轿车车身都采用承载式结构。一汽大众的捷达轿车的车身就是采用承载式结构，如图 5-46 所示。该车身的特点是没有明显的骨架，是由外部覆盖件和内部板件焊合而成的空间结构。

图 5-46 捷达轿车车身壳体的结构

现代轿车承载式车身壳体前部都有副车架，在副车架上安装发动机、传动系统、前悬架和转向轮，组合成便于装配和维修的整体。副车架与承载式车身前部的下方用弹簧橡胶垫连接，以隔离振动和冲击，提高车身的舒适性。

2. 客车车身

客车（特别是大型客车）车身大体上为长方体结构，形同居室，以便安排更多的座位。发动机室常位于长方形的“居室”内。大客车的车身主要包括骨架和蒙皮两部分。骨架都是由矩形截面的冲压件或型材焊接成的整体，其刚度、强度和重量都很大。外蒙皮是焊接于骨架的钢板，内蒙皮又叫内装饰，是固定于骨架上的塑料板及木板等。

由于大客车的主要用途是运载乘员，故除对其车身的刚度、强度有较高要求外，对安全性、密封性、乘坐舒适性以及通风、采光、视野等也都有较高要求。过去，我国的国产客车大多是用卡车底盘改装的，技术水平较低。目前生产的客车基本上都是专门设计的，更多地考虑到人体工程学的要求和美学艺术要求，使现代科学技术与工艺美学完美地结合起来。

3. 货车车身

货车车身通常包括驾驶室和货厢两部分，货厢可分为传统的货厢、封闭式货厢、自卸式货厢、专用车货厢以及特种车货厢等多种类型。

货车的车身有长头和平头之分。长头载重货车是典型的三室前后排列，即发动机室在前，驾驶室居中，车厢在后。平头载重货车是将驾驶室放置于发动机室之上，其后放车厢。这两种形式的车身相比，长头载重货车总长较长，总高较低，驾驶时安全性强，但视野不及平头车开阔。平头载重货车由于驾驶室位于发动机室之上，维修保养发动机时不方便。因此，许多平头载重货车都把驾驶室设计成可向前翻转的结构。

载重货车车身的核心是驾驶室。如图 5-47 所示为平头载重货车驾驶室的分解图，其主要由顶盖、上边梁、前风窗框上横梁、后围上横梁、后围板、

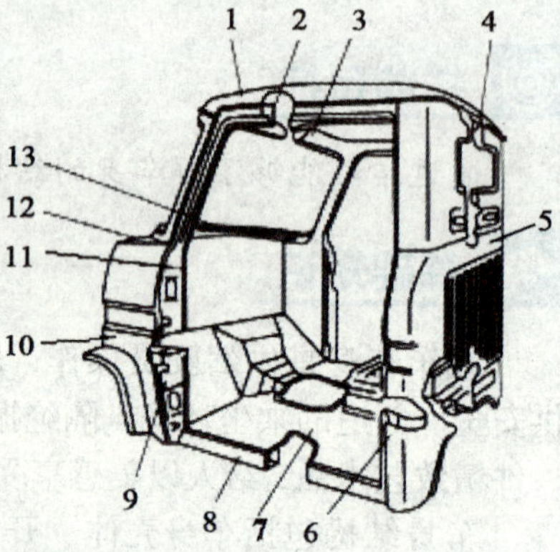

1—顶盖；2—上边梁；3—前风窗框上横梁；4—后围上横梁；5—后围板；6—左后立柱；7—底级；8—左门槛；9—左前立柱；10—前围左侧盖板；11—前围板；12—前围上盖板；13—前风窗框下横梁

图 5-47 平头载重货车驾驶室的分解图

前围左侧盖板及前风窗框下横梁等组成。

二、开启件

1. 汽车车门

汽车车门是汽车拥有的附件总成之一。虽然不同车型的车门结构形式差异较大，但其结构的基本特征都是相似的，主要包括车门骨架及盖板、车门护面、车门窗和玻璃等。此外，车门还包括外饰条、内外把手、门锁、内饰条、升降器把手、门铰链、玻璃升降器及密封条等。

2. 汽车车窗

汽车的前、后车窗通常采用视野宽阔而又美观的曲面玻璃，玻璃借助橡胶密封条扣在窗框上，或采用专用的胶黏剂贴在窗框上。为便于自然通风，汽车的侧窗一般可以上下移动或左右移动。具有完善的冷气、暖气、通风及空调设备的高级客车，通常将侧窗设计成不可打开的形式，以提高车身的密封性。许多汽车的前门还装有三角形的通风窗，以加强自然通风。

早期的汽车玻璃都是建筑用普通玻璃。由于强度较低，经受不住振动及冲击，经常碎裂，破碎的玻璃会对车上乘员产生二次伤害，特别是会伤及头部、面部等要害部位。因此，普通玻璃逐渐被淘汰。现代汽车所使用的玻璃绝大多数都是钢化玻璃和夹层玻璃。

钢化玻璃是将玻璃加热至接近软化点时进行急速均匀冷却，或者进行特殊的表面化学处理而形成的特殊玻璃。钢化玻璃的机械强度和稳定性比普通玻璃高得多，在遇到巨大冲击时，会破碎成直径小于10mm的圆钝颗粒，降低对人员的伤害程度。

夹层玻璃是在两层形状相同的玻璃之间用高强度透明塑胶黏合而成的玻璃。这种玻璃较厚（7～10mm），强度也很高。当遇到巨大冲击时只会出现裂纹，即使破碎了，碎块也被黏在中间的塑胶上，不会飞溅起来。夹层玻璃也常作为防弹玻璃。

有些汽车夹层玻璃（一般是后风窗玻璃）在两层之间带有电热丝。当玻璃上结有冰霜时，可以通以电流加热，融化冰霜。还有些夹层玻璃在夹层中带颜色，如蓝色、茶色等，用于减少外界光线对车内的影响，这种玻璃叫减光玻璃，如有些汽车的前风窗玻璃的上部就涂有蓝色。还有些汽车玻璃（一般是前风窗玻璃）的厚度不相等，特殊设计的不等厚度可以使汽车在高速行驶时，利用光线的折射原理使近处的物体看上去比实际移动要慢，这种玻璃叫减速玻璃。装有减速玻璃的汽车在高速行驶时，给车内乘员一种安全感。

三、汽车空调系统

1. 作用

汽车空调系统的功能是对车室内空气的温度、湿度、流速和清洁度等参数进行调节，使乘员感到舒适，还可以去除风窗玻璃上的雾、霜和冰雪，以保证乘员身体健康和行车安全。

2. 汽车空调系统的基本组成及工作原理

汽车空调系统主要由制冷系统、供暖系统、通风系统、空气净化系统及控制系统组成，如图 5-48 所示。

3. 储液干燥器

（1）制冷系统的组成：制冷系统的作用是对车室内空气或由外部进入车室内的新鲜空气进行冷却或除湿，使车室内空气变得凉爽舒适。典型的制冷系统的组成如图 5-49 所示。

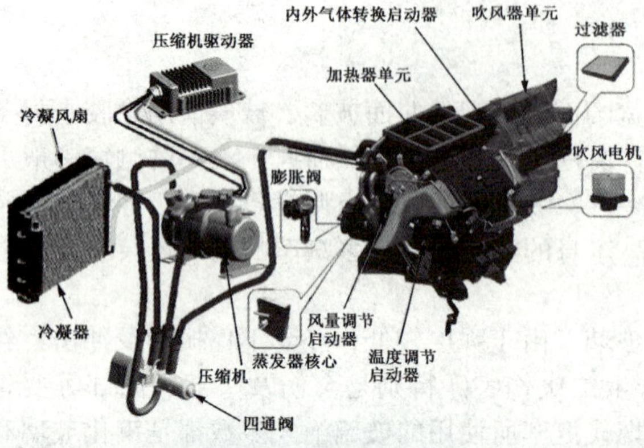

图 5-48 汽车空调系统

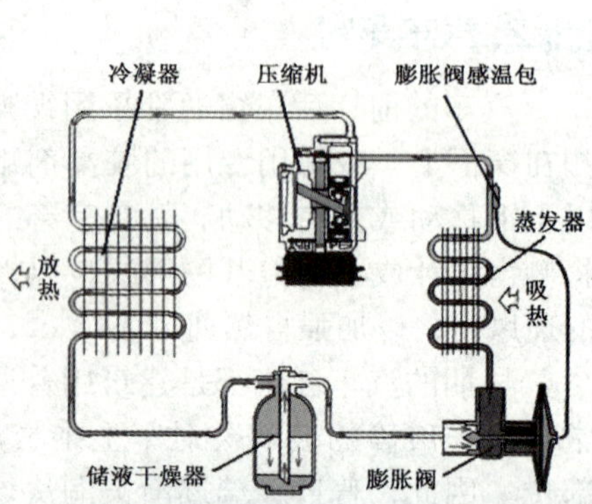

图 5-49 制冷系统

（2）制冷原理：制冷系统工作时，压缩机由发动机带轮带动，将蒸发器中因吸热而汽化的低压制冷剂（氟利昂 R12 或四氟氢碳 R134a）蒸汽吸入后，压缩成高温高压制冷剂气体，经高压管送入冷凝器，冷凝器冷却，使高温高压的制冷剂气体冷凝成中温高压制冷剂液体，送入干燥器中除去水分和杂质，然后送入膨胀阀，经膨胀阀节流降压，变为低温低压液态制冷剂后进入蒸发器。在蒸发过程中，蒸发器管道外壳温度降低。在鼓风电机风力的作用下，蒸发器管道外壳吸收车室内的热量，使车室内的温度降低。汽化后的制冷剂再次被压缩机吸入，重复上述过程。

四、其他系统

1. 供暖系统

供暖系统利用暖风系统对车内空气或由外部进入车内的新鲜空气进行加热，达到取暖除湿的目的。

一般采用发动机工作时冷却液提供热源的装置，称为水暖式暖气装置。如图 5-50 所示。水暖式暖气装置主要由加热器、鼓风机、热水阀及通风道等组成。

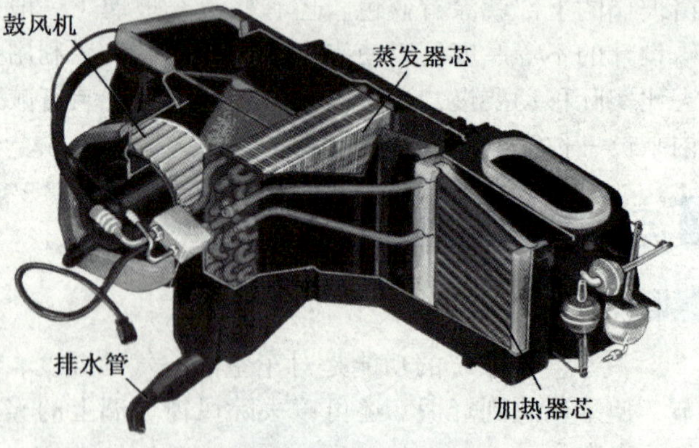

图 5-50 暖气装置

2. 通风系统

通风系统的作用是在汽车行驶中从车室外引入一定量的新鲜空气，并将车室内的污浊空气排出车室外，同时还可以防止风窗玻璃结霜。

通风系统的通风方式一般有自然通风和强制通风等方式。

（1）自然通风。自然通风是利用汽车行驶时对车内、外部所产生的空气压力差，通过进风口和排风口实现车内的通风换气。进、排风口的位置决定于汽车行驶时车身外表面的风压分布状况和车身结构形式。进风口应设置在正风压区，并且要求离地面尽可能高，以免引入汽车行驶时扬起的带有尘土的空气。排风口则设置在汽车车室后部的负压区，并且应尽量加大排气口的有效流通面积，提高排气效果，还必须注意到防尘、防噪声以及防雨水。

由于自然通风不消耗任何动力，结构简单，通风效果也较好，因此，轿车大都设有自然通风口。

（2）强制通风。强制通风是利用冷暖一体化空调的风机强制从车室外引入新鲜空气与车室内空气混合的一种通风方式。这种通风方式是冷暖一体化空调的一种功能，冷暖一体化空调常用在一些高级轿车上。

3. 空气净化系统

汽车空气净化系统通常有空气过滤式和静电除尘式两种类型。

（1）空气过滤式。空气过滤式空气净化系统是在空调系统的进风和排风口处设置空气滤清装置，它仅能滤除空气中的灰尘和杂物，结构简单，工作可靠，只需定期清理过滤网上的灰尘和杂物即可，故广泛应用于各种汽车空调系统中。

（2）静电除尘式。静电除尘式空气净化系统则是在空调进气口的过滤器后再设置一套静电除尘装置或单独安装一套用于净化车内空气的静电除尘装置。它除具有过滤和吸附烟尘等微小颗粒杂质的作用外，还具有除臭、杀菌作用，有的还能产生负离子使车内空气更新鲜干净。

4. 安全带

用于乘员由于惯性而急剧向前冲撞时产生束紧力，保护乘员，避免发生碰撞事故。安全带的布置形式很多，用得最多的是三点式安全带。如图 5-51 所示 。

5. 安全气囊

（1）作用：安全气囊（Supplemental Restraint System，简称 SRS）是为了减少汽车在发生碰撞时因巨大的惯性对乘员造成伤害而设置的。统计表明，交通事故中，头部受伤占 66% 左右，使用安全气囊，头部受伤率可减少 30% ～ 50%，面部受伤率可减少 70% ～ 80%。

（2）类型：按照安全气囊安装的位置分为正面、侧面和顶部安全气囊。

①正面安全气囊。如图 5-52 所示，安装在驾驶员和乘客的正面，对汽车正面碰撞起安全保护作用。正面安全气囊一般安装在转向盘中央的衬盖内，副驾驶一侧安装在仪表板上，有的车辆还在仪表板下方安置了膝部免受伤害的安全气囊。

②侧面和顶部安全气囊分别安装在驾驶员、乘客的侧面和顶部，对汽车侧面碰撞和汽车翻倾起安全保护作用。

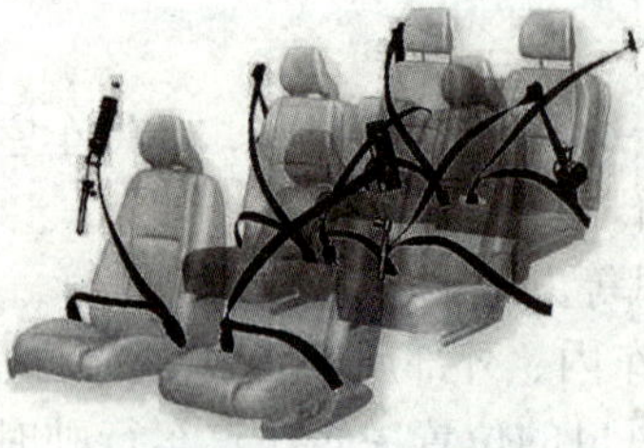

图 5-51 三点式安全带

图 5-52 安全气囊

（3）结构原理：安全气囊主要由碰撞传感器、气体发生器、气囊、安全带收紧器、控制装置以及显示装置等组成。

气囊一般用尼龙布制成，在尼龙布上开有排气的小孔，以便在气囊充气后就进行排气，使气囊逐渐变软，加强缓冲作用和不至于影响人员活动。安全气囊只能使用一次，用完即报废。

气体发生器用来产生气体，安装于气囊下，能在极短的时间（30ms）内将气体充满整个气囊。气体的产生方法主要有高压储气式、固体推进剂式和混合式三种方式。

当汽车发生碰撞时，碰撞强度通过传感器转化为电信号，被电控装置接收，进行分析，发出相应指令，由执行器执行。轻度碰撞时，电控装置指令执行器收紧安全带，保护乘员；碰撞达到一定程度，电控装置指令引爆气体发生器，安全气囊急速膨胀，挡住驾驶员或乘员的身体，起到缓冲保护作用。之后安全气囊小孔排气，使气囊逐渐变软，加强缓冲作用。整个工作过程如图 5-53 所示。

（a）触发前　（b）充气膨胀　（c）头部陷入　（d）气囊压扁

图 5-53 安全气囊的工作过程

安全气囊与安全带同时使用，才能发挥更好的作用。而且，平时保养维修时，不要重度碰撞安全气囊的各传感器，以免引起误触发，造成不必要的损失。

拓展知识

随着科技的发展和人们对汽车安全重视程度的提高，汽车安全技术中的安全气囊技术也发展得很快，智能化、多安全气囊是今后整体安全气囊系统发展的必然趋势。

新的技术可以更好地识别乘客类型，采取不同的保护措施。系统采用重量、红外、超声波等传感器来判断乘客与仪表板远近、重量、身高等因素，进而在碰撞时判断是否点爆气囊、采用 1 级点火还是多级点火、点爆力有多大，并与安全带形成总体控制。通过传感器，气囊系统还可以判断出车辆当前经历的碰撞形式，是正面碰撞还是角度碰撞，侧面碰撞还是整车的翻滚运动，以便驱动车身不同位置的气囊，形成对乘客的最佳保护。

6. 刮水器

用于清除玻璃外表面的雨水、雪及灰尘的装置，以保证驾驶员在雨雪天行驶时有良好的视野。现代汽车都采用电动机驱动的电动刮水器，其基本结构如图5-54所示，电动机通过蜗杆、涡轮、摇臂和拉杆，带动刮水臂摆动，刮水片便可以刮除玻璃表面的雨水、雪及灰尘。

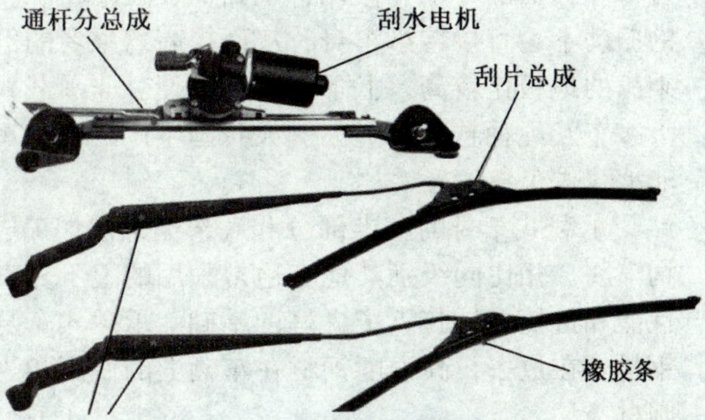

图 5-54 电动刮水器

7. 风窗洗涤器

风窗洗涤器的功用是将清洁的水或洗涤液喷射到风窗玻璃上，在刮水器的作用下，清洗风窗玻璃上的尘土和污物，使驾驶员有良好的视野。

风窗洗涤器主要由洗涤液泵、洗涤液罐和喷嘴等组成。

8. 风窗除霜（雾）装置

风窗除霜（雾）装置的作用是在较冷的季节，有雨、雪或雾的天气，防止水蒸汽在风窗玻璃上凝结成细小的水滴甚至结冰。该装置是在装有空调或暖风装置的汽车上，通过风道向前面及侧面风窗玻璃吹热风以加热玻璃、防止水分凝结。

对后风窗玻璃的除霜，常常是利用电热丝加热实现。

拓展知识

大灯清洗装置就是指在前灯的下方有一出水口，随时可以清洗前灯的灰尘及污垢。一般高级一些的车型都具备此功能。汽车在夜晚或光线较暗的行驶过程中，雨水和尘埃会将前大灯的照明度减少90%，驾驶员的视线受到严重影响，对行驶安全来说，存在较大的隐患。保障大灯的足够照明并给予驾驶者清晰的视线成为这种情况下亟待解决的重要课题。大灯清洗装置则为解决这一问题提供了简单而有效的方法。现在许多国家的法律都做出规定，要求在汽车上必须安装前大灯清洗系统。

学习案例

从汽车车身结构看汽车安全。

案例分析

一般来说，车身可分为非承载式、半承载式和承载式车身。

什么是非承载式车身？顾名思义，就是不参与承载重量的车身。再说俗点，就是有大梁的车身，汽车的主要承载任务由大梁承担，车身只起“包装”作用。这种车身通过多个橡胶垫沿车身总长安装在大梁上，橡胶垫可以吸收以及缓冲来自不平路面的冲击和振动，从路面、发动机、转向机构、传动机构、悬挂等传来的振动不会直接传给车身，从而提高驾乘者的舒适度。非承载式车身的缺点是驾乘舱的地板比较高，上下车略有不便。非承载式车身一般用在高级轿车、卡车、大客车及纯种越野车上。例如我国生产的一汽奥迪、上海大众、江铃全顺等均是非承载式车身。

承载式车身的上半部分和底部框架被加工成一个整体，保证了质量效益和结构牢固。相比同级别其他车通常采用的上下分离式车身结构，承载式车身为车辆性能和抗撞击性打下了良好的基础。承载式车身在其车身结构中大量使用高强度钢材。在过去，高强度钢材在车辆上的使用相当有限，多为附在保险杆前面的短圆材。

还有一种介于非承载式车身和承载式车身之间的车身结构，被称为半承载式车身。它的车身本体与底架用焊接或螺栓刚性连接，加强了部分车身底架而起到一部分车架的作用，例如发动机和悬架都安装在加固的车身底架上，车身与底架成为一体共同承受载荷。这种形式实质上是一种无车架的承载式车身结构。因此，通常人们只将汽车车身结构划分为非承载式车身和承载式车身。

拓展知识——GOA 安全车身

GOA 是世界顶级水平的安全设计（Global Outstanding Assessment）的缩写。

GOA 是丰田公司的设计专利。位于车前后的可溃缩车体，不仅能应对撞击事故，还能全方位加强座舱防护，缓和二次撞击，利于驾驶者逃逸或被救。

GOA 车身安全性高的另一个原因是在撞击时有效将撞击力分散至全车各部位，并以能量吸收材质与多处强化钢梁保护座舱空间，再搭配 ABS，气囊等多项安全防卫，充分体现对生命的尊重。

自 1995 年末，GOA 车身首次被采用以来，丰田在同级别车型中实现世界最高水平的安全性，其中丰田包括皇冠、锐志、花冠、威驰在内的 17 种车型获得最高等级六星；在欧洲 Euro-NCAP 驾驶座和副驾驶座综合评估中，丰田有 5 种车型荣获五星级最高评价；在美国 IIHS 前方撞击试验中，丰田“驾驶座和副驾驶座综合评估标准”被评为 Best Pick。

学习单元 4　汽车电气设备

知识目标

了解汽车电气设备结构及相关系统。

技能目标

通过学习能够了解汽车电气设备的组成；了解电气设备主要系统的主要部件和工作原理。

基础知识

汽车电气设备是汽车的重要组成部分之一，其性能的好坏直接影响到汽车的动力性、经济性、可靠性、安全性、排气净化及舒适性。例如，为使汽车发动机获得最高的经济性，需要使点火系统在最适当的时间点火；为使发动机可靠启动，需采用电动启动机；为保证汽车工作可靠、行驶安全，则有赖于各种指示仪表、信号装置和照明等电器的正常工作。

多年来，汽车电气设备在汽车工业中发挥了极其重要的作用，并将继续发挥其应有的作用。基础电气设备将向继续提高品质、提高性能的方向发展，辅助电气将向进一步拓展种类、扩大应用范围的方向发展。

汽车电气设备组成的系统称为汽车电气系统。与其他电气系统不同，汽车电气系统或称汽车电路，具有双电源、低压直流、单线并联、负极搭铁等特点，并且汽车电路由相对独立的分支系统组成。汽车电路一般包括电源电路、启动电路、点火电路、照明与信号电路、仪表报警电路、辅助装置电路等。

一、电源电路

汽车电源由蓄电池和发电机并联组成，用于向汽车点火系统、启动系统、灯光、信号等全车电器设备供电。

在发动机启动时，蓄电池向启动机、点火系统等用电设备供电。当发动机启动后，转速大于一定值时，由发电机向全车电器设备供电，并同时给蓄电池充电。当汽车上的用电设备同时启用，所需功率超过发电机的额定功率时，蓄电池和发电机同时向用电设备供电。当发动机低速运转或不运转时，发电机发出电压很低或不发电时，由蓄电池向全车电器设备供电。

汽车电源电路由发电机、电压调节器、蓄电池和用电设备组成。

1. 蓄电池

汽车电池是一种提供和储存电能的电化学设备。当接上外接负载后，例如启动电机，能量的转化就开始了，并在回路中产生电流。电能是由浸在电解液当中不同的两电极间的化学反应产生的。

当电池放电时，电池就将化学能转化为电能。通过这种变化，电池释放出了储存的能量。当电池充电时，电能转化为化学能。正因为如此，电池可以在需要的时候储存能量。

蓄电池作为一种能量转换装置，其功用有：

（1）发动机启动时，向启动机供给 200 ～ 600A 的启动电流（柴油机达 1000A），同时向点火系统供电；

（2）发电机不发电或电压较低时，向用电设备供电；

chapter 01
chapter 02
chapter 03
chapter 04
chapter 05
chapter 06
chapter 07

（3）发电机超载时，协助发电机供电；发电机端电压高于蓄电池电动势时，将发电机的电能转变为化学能储存起来；

（4）吸收发电机的过电压，保护车用电子元件。蓄电池还是ECU内存的不间断电源。

2. 发电机

发电机的作用：交流发电机是汽车上的电源之一，它与电压调节器互相配合工作，其主要任务是对除启动机以外的所有用电设备供电，并向蓄电池充电。主要有硅整流交流发电机、感应子式交流发电机等几种，其中以硅整流交流发电机应用最为普遍，已基本取代了传统的直流发电机。

3. 电压调节器

交流发电机调节器是把交流发电机的输出电压调节在规定范围内的控制装置，又称为电压调节器，简称调节器。汽车采用有触点式调节器和电子式调节器两大类。由于有触点式调节器存在体积大、结构复杂、触点振动频率低、触点易烧蚀及故障率高等缺点，现在已被电子式调节器所替代。

（1）交流发电机调节器的作用：汽车用交流发电机是由发动机按固定的传动比驱动旋转，其转速高低取决于发动机转速。在汽车行驶过程中，由于发动机转速随时都在发生变化，那么发电机转速随之改变，发电机输出电压必然随转速的变化而变化。因此，发电机必须有一个自动的电压调节器，交流发电机调节器的作用就是当发动机转速变化时，自动对发电机的电压进行调节，使发电机的电压稳定，以满足汽车用电设备的要求。

（2）电压调节器工作原理与调节方法：由于发电机的电动势及端电压与磁极磁通成正比关系，因此当发电机转速变化时，如果要保持发电机电动势及端电压恒定，就必须相应地改变磁极磁通。磁极磁通量的多少取决于磁场电流的大小。在发电机转速变化时，只要自动调节磁场电流，就能使发电机电压保持恒定。调节器的调节原理：通过调节磁场电流因而改变磁极磁通，来使发电机输出电压保持恒定。汽车用发电机电压调节器基本原理是控制转子线圈（励磁线圈）中的电流大小来控制电压。当发电机的电压达设定的上限制时，调节器动作，使磁场线圈的励磁电流降低或者断流，从而减弱磁极磁通，致使发电机电压下降；当发电机电压下降至设定的下限值时，调节器又动作，使励磁电流增大，磁通加强，发电机电压上升；这样使发电机的电压在设定的范围内脉动，得到一个稳定的平均电压值。

二、照明与信号电路

当今汽车的照明电路可由超过50个照明灯和数百米的接线组成。集成到这些电路中的是电路保护器、继电器、开关、灯泡和连接器等。此外，更先进的照明系统使用了计算机和传感器。照明电路由一组车内照明灯和外部照明灯组成，主要包括前照灯、尾灯、驻车灯、停车灯、红色尾灯、示廓灯、仪表板灯、门控灯等。

1. 汽车照明系统

（1）汽车照明系统的作用。

汽车照明系统保证汽车在夜间及能见度较低的情况下高速行驶，改善车内驾乘环境，便于交通安全管理和车辆使用、检修。

（2）汽车照明系统的组成：照明系统由电源、照明装置及控制部分（包括灯光开关、继电器等）组成。

①前照灯：照明前方道路的主要灯具，具有特殊的光学要求和结构。每辆汽车装2只或4只，每只的功率为20～60W。它保证车前明亮而均匀的照明，使驾驶员能辨明车前100m（或更远，目前有些汽车的照明距离已经达到400m）内道路上的任何障碍物，且具有防眩目装置，以免夜间两车迎面相遇时，导致对方驾驶员目眩而发生事故。

②雾灯：在有雾、下雪、暴雨和尘埃弥漫时，有效地照明道路和提供信号的灯具。灯泡为单丝，发光一般为黄色，大多安装在保险杠上面或下面。

③牌照灯：用于照亮汽车前后牌照的灯具，发光为白色。

④后照灯：汽车在倒车时为观察后方障碍物和指示倒车信号而设置的灯具，受倒车灯开关的控制。一般汽车倒车灯开关置于变速器上，当变速器置于倒挡时，此开关才接通。

⑤仪表灯：供仪表照明的灯具，功率为2W左右。

⑥工作灯：修车用的照明灯具，功率为20W左右，分固定和移动两种。

⑦顶灯：安装在车厢顶部，照亮顶部、驾驶室的灯具。

⑧壁灯：安装在车厢内，照亮车内的灯具。

⑨阅读灯：安装在车厢内，是供乘客阅读用的灯具。

⑩踏步灯：照亮车门踏步处的灯具，方便夜间上下车。

2. 汽车信号装置

（1）汽车信号装置的作用：通过灯光和声音等手段，向行人和车辆发出警告，以保证行车安全。

（2）汽车信号装置的组成：常见的汽车信号装置包括喇叭声响信号装置（电喇叭、气喇叭等）、转向信号装置（转向灯、闪光器）、制动信号装置（制动灯、制动开关）、倒车信号装置（倒车信号灯、蜂鸣器）和危险警告信号装置等。

①转向灯：汽车行驶中需要转向时，告知周围行人和车辆，以灯的亮灭闪光为信号，受转向开关和闪光器控制。

②示廓灯：标识汽车宽度轮廓的灯具，大型车上还装有示高灯。

③制动灯：此灯亮度较强，用来告知后车，前车要减速或停车，此灯如使用不当极易造成追尾事故。

④停车灯：停车时标识汽车存在的灯具，前后各有两只，有的汽车将示廓灯及停车灯合用。

⑤尾灯：夜间行车时向后方警示前方有汽车正在行驶的灯具。

⑥门控灯：指示车门关闭情况的信号灯，通常和室内灯兼用，但受位于门轴处的控制开关控制。当车门没有关严时，门轴处的控制开关闭合且室内灯亮，提示乘室人员将车门关严。

⑦其他信号灯：另外还有一些车内信号灯，包括前大灯远光工作指示信号灯、手制动信号指示灯、转向指示信号灯、ABS防抱死制动系统工作指示信号灯、收放机工作指示灯、空调开关工作指示灯、前雾灯开关工作指示灯、后风窗除霜开关工作指示灯等。

3. 仪表与报警电路

（1）汽车仪表系统的作用：用来反映汽车的一些重要运行状态参数，必要时提出警示，保证汽车可靠而安全的行驶，驾驶员行车时应该给予注意。

随着现代电子工业的快速发展，汽车仪表从传统的基于机械力工作的机械式，到基于电测原理的模拟电子式，又发展到最新的步进电动机全数字式，汽车仪表技术一直在不断地进步和提高，汽车工况综合信息系统可以说是第四代汽车仪表。

传统的机电式汽车仪表及各种报警装置虽然能向驾驶员提供诸如充电情况、机油压力、冷却水温度、燃油储量、制动系统压力、发动机转速、汽车速度和里程等信息，但随着汽车排放、节能、安全和舒适性等使用性能的不断提高，传统的仪表及报警装置所能提供的信息量已远远不能满足现代汽车新技术、高速度的要求。汽车电子控制技术的发展，要求汽车能够更迅速、更准确地处理包含各种电子控制装置在内的更多信息，并通过汽车电子仪表显示出来，使驾驶员及时了解并掌握汽车的运行状态，妥善处理各种情况。

随着现代电子显示技术的迅速发展，汽车电子仪表将逐步取代常规的机电仪表，并正向“综合信息系统”的方向发展，其功能将不局限于现在的车速、里程、发动机转速、油量、冷却液温度、机油压力的指示，还能具备提供安全运行状态所需的多种信息的功能，如轮胎气压、制动装置、安全气囊等。多功能、高精度、高灵敏度、读数直观的电子数字显示及图像显示的仪表正不断地在汽车上得到应用。驾驶员信息系统作为汽车 CAN 总线上的一个节点，可以在仪表盘上显示汽车运行状态的各种数据，并具有汽车诊断数据接口，读取保存的数据，可以分析汽车的运行情况，也可以作为汽车黑匣子使用。

现代汽车仪表有分装式仪表、电子组合仪表、智能组合仪表和综合信息系统等。分装式汽车仪表具有各自独立的电路，有良好的磁屏蔽和热隔离，相互间影响较小，便于维修。缺点是所有仪表加在一起所占据的空间太大，且互相拥挤，安装不方便。有些汽车采用电子组合仪表，其结构紧凑，便于安装和接线，缺点是各仪表间磁效应和热效应相互影响，易引起附加误差，因此要采取一定的磁屏蔽和热隔离措施，还要进行相应的补偿。

未来汽车仪表的功能将具备更完善的通信系统及诊断系统，体现体积小型化、显示界面人性化、信息高度集成化等特点。仪表显示终端越来越趋向于一个高清晰度的液晶显示屏。电光学技术将在汽车仪表上得到广泛应用。自动导航和定位系统也许将成为未来汽车仪表上不可缺少的部分，包括全球卫星定位系统和电子地图等。如图 5-55 所示为某汽车表板。

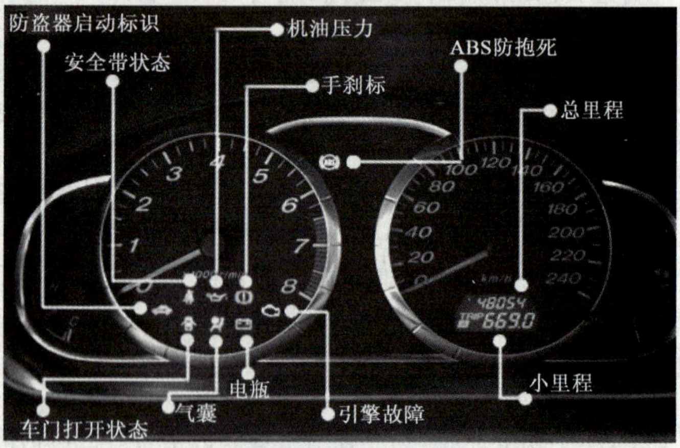

图 5-55 汽车仪表板

（2）汽车仪表系统组成：汽车常用仪表及警示灯见表 5-3。

表 5-3 汽车常用仪表系统

仪表系统		功用
充放电显示系统	电流表	指示蓄电池充电或放电的电流值
	电压表	指示蓄电池充电或放电的电压值
	充电指示灯	指示蓄电池充电或放电
机油压力显示系统	机油压力表	指示发动机主油道中机油压力大小
	机油压力报警灯或蜂鸣器	机油压力过低时报警
燃油量显示系统	燃油表	指示汽车燃油箱内储存燃油量的多少
	液面报警灯	燃油箱内燃油量过少时报警
冷却液温度显示系统	冷却液温度表	指示发动机水套中冷却液温度的高低
	冷却液温度报警灯或蜂鸣器	冷却液温度过高时报警
车速里程显示系统	车速表	指示汽车行驶速度
	里程表	指示汽车累计行驶里程
	转速表	指示发动机转速的高低

（3）仪表板常见符号：仪表板上每个仪表通常用符号表示，常见符号的含义如图 5-56 所示。

图 5-56 仪表板常见符号的意义

三、汽车总线路

1. 汽车电路特点

（1）低电压：汽车一般采用 12V，部分大功率柴油机采用 24V。低电压的优点是安全、电源简单。

（2）单线制：由于电压低，汽车采用机体作为电流的一条公共回路，所以从电源到用电设备一般只用一条导线，称单线制。部分要求比较高的线路也有采用双线制。

（3）并联制：所有低压用电设备均采用并联制，电压相同。

（4）负极搭铁：现代汽车都采用负极搭铁，即蓄电池的负极直接与机体连接。

2. 汽车电路图

（1）汽车电路图的作用：现代汽车电器与电子设备多，线路复杂，故障判断困难，只有熟悉汽车电路和各用电设备的工作原理，才能正确判断故障，合理使用和维修汽车。

图 5-57 为雪佛兰开拓者点火、起动、充电电路图。

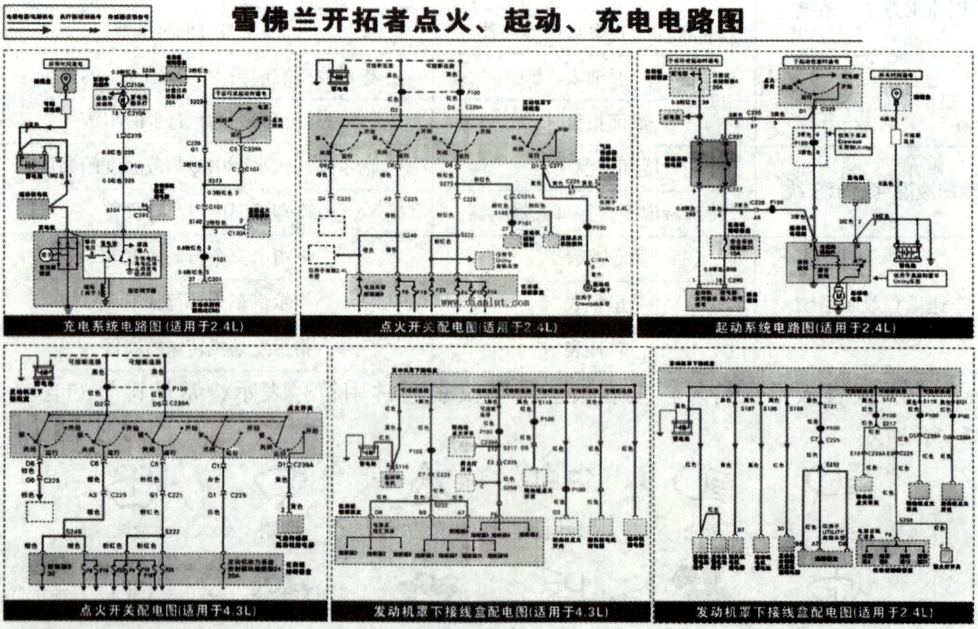

图 5-57 汽车电路图

（2）汽车电路图的种类：根据工作需要，汽车电路有多种表示方式，主要有布线图、原理图和线束图，以原理图最为简捷明了。

（3）汽车电路原理图的识读：要识读一辆汽车的全车线路，应该掌握如下要点：

①熟悉汽车电路的一些特点（如单线制、并联制及负极搭铁）。

②了解不同国家的汽车电器设备的图形符号。

③掌握每一个电器设备的结构、工作原理和该电器设备所需要的控制开关、熔断器及插接器等。

④根据“模块原则”，化整为零，逐个系统（点火系统、燃油喷射电控系统、自动变速器电控系统、ABS 电控系统、起动系统、充电系统、灯光系统以及信号系统等）进行线路分析；最后再归纳综合，化零为整，以中央结线盒为中心，向外辐射。

⑤对照实际汽车电路走线，理论联系实际，多看多动手，才能逐步掌握。

学习案例

汽车的日常保养非常重要。对日常保养稍有大意不仅会给车辆造成无谓的损伤而且危及行车安全。汽车是个很复杂的大机械，在运行中各机械部件不可避免地会产生磨损，加上外界人为、环境等因素的影响，造成汽车的损耗。根据汽车的行驶状况，厂家都会制定相应的汽车保养项目，常见的保养项目有哪些呢？

案例分析

一、底盘检查保养

检查内容包括各传动部件、悬挂部件是否松动或损伤，如传动轴、半轴、半轴防尘套、悬挂、减震器、螺丝、球头及底盘锈蚀检查。一路的坎坷给底盘带来持续的撞击，而爱车的四轮定位也可能因此而发生改变，导致轮胎的不正常磨损，所以旅途归来后应当为爱车重新做一次四轮定位。同样，剧烈的震动会损伤转向系统，应观察转向机球头有无松动。此外，底盘部分的螺丝应该进行紧固。车主可以回忆行驶过程中是否有刮过底盘的经历。同时，对比爱车假期前后是否有明显的变化，如果出现底盘异响、方向盘抖动、车辆的停放位置出现油渍等现象，就说明底盘已经受损。这是因为路面障碍物刮伤底盘后，可能导致底盘的一些零件变形，特别是上下摆臂、左右方向拉杆等容易发生变形。一些轻微碰刮同样会引起机油底壳或变速箱油底壳等发生轻微渗漏，而这些都是车主自行检测无法及时发现的问题。建议去专业规范的汽车服务店做专业的底盘防锈护理或者喷上涂料做一次底盘装甲以绝后患。

二、油水检查保养

它包括发动机润滑油、变速箱齿轮油、刹车助力油、助力转向油、水箱防冻防沸液、自动变速箱等，检查的主要项目有：（1）检查全车油、水是否足够。液面缺乏需添加，油质不好的要进行更换；（2）检查动力总成、传动系统有无渗漏机油。主要有几大部件如发动机、变速箱、后桥等。

三、轮胎检查保养

（1）轮胎一般会出现哪些问题？

坑洼不平的道路造成汽车剧烈颠簸，特别是高速行驶时突然遇到不平路面，有可能产生轮胎异常磨损，出现车辆跑偏、安全性下降、方向盘发沉、车辆发飘等不适症状。

（2）轮胎出现问题了怎么办？怎么保养？

最重要的轮胎检查项目是轮胎的气压。如果轮胎气压过低，将大幅度降低汽车的转向特性，同时使燃油消耗量增加，使轮胎出现偏磨损，害处极大。为此，必须按照规定的气压给轮胎充气。使用气压表测量气压时，必须在轮胎温度不高时进行，即不得在行驶之后立刻测量轮胎气压。如果希望延长轮胎气压的检查间隔，可以适当地提高轮胎的气压，使之比规定值高出 10% ～ 20% 均可。除此之外，必须注意轮胎花纹面的磨损情况。如果轮胎花纹面磨损严重，将大幅度降低雨天时的排水性，使轮胎十分容易打滑，这时必须尽快地更换新轮胎。如果轮胎出现偏磨损，必须检查车轮和悬挂装置。如果轮胎的侧壁出现了较大的损伤，应该请专业修理人员帮助检查。清理轮胎花纹沟槽中的异物。如果发现铁钉刺进了轮胎之中，千万不要把铁钉拔出来，应直接驶向轮胎商店寻求帮助。使用深度尺检查轮胎花纹沟槽的深度，如果沟槽深度达到 1.6mm 左右，应该尽快地更换轮胎。

教学检测

填空题

1. 根据所用燃料种类，活塞式内燃机主要分为______、______和______三类。
2. 内燃机所有气缸工作容积的总和称为______。
3. 将活塞的往复直线运动变为曲轴的转动，实现能量的转换的主要机构是______。
4. ______是为了减少汽车在发生碰撞时因巨大的惯性对乘员造成伤害而设置的。

选择题

1. 下列不属于柴油机系统的是（　）。
   A. 润滑系统　　B. 燃料供给系统
   C. 冷却系统　　D. 点火系统
2. 目前，应用最广、数量最多的汽车发动机为（　）往复活塞式内燃机。
   A. 风冷、四冲程　　B. 风冷、二冲程
   C. 水冷、四冲程　　D. 水冷、二冲程
3. 在（　）时气缸内气体温度最高。
   A. 进气行程　　B. 压缩行程
   C. 做功行程　　D. 排气行程
4. 我国国家标准规定，乘用车以 50km/h 初速度空载行驶的制动距离不得大于（　）。
   A. 9m　　B. 19m　　C. 29m　　D. 39m

拓展实训　整车拆装

一、实训目的

了解汽车的基本组成、总体构造和国产先进车辆的主要结构和技术特性；了解各大部件总成之间的相互连接关系及动力传递。

二、实训内容

1. 轿车发动机附变速器总成的整体吊拆（汽车在实训室两柱举升机工位上进行）

（1）在发动机完全冷却的状态下，放出散热器及水套内的冷却水；放出油底壳

内的机油，装放油螺塞；拆卸汽油供油管路。

（2）拆下发动机面罩，拆除散热器进出水管、散热器总成、风扇叶片、水泵等。

（3）拆卸蓄电池极桩上的夹头后，再拆下发动机上的全部连接电线（包括搭铁线）；拆下发电机、空调压缩机（不要脱开制冷环路而用绳子固定在车体上）。

（4）拆下发动机上的各附件总成：空气滤清器、化油器、供油管、加速踏板操纵机构、阻风门拉绳、制动助力真空管等。

（5）松开进排气歧管与消声器连接螺栓。

（6）拆卸变速器变速杆操纵机构和后悬置连接螺栓；拆卸发动机前悬置连接螺栓。

（7）安装发动机吊具，吊下发动机附变速器总成并支好。

2. 传动机构的拆卸

（1） 操纵举升机把汽车举高并用专用托架把后驱动桥支好，拆除所有后驱动桥和车体连接的零部件如驻车制动器拉绳、横直支撑杆、后避震器以及两后轮等。

（2） 整体卸下后驱动桥和传动轴，放出驱动桥齿轮油以备进一步解体。

三、实训结果

______

______

______

四、总结分析

______

______

______

五、教师评分

______

______

______

学习情境六

汽车娱乐

情境导入

2014 北京车展在 2014 年 4 月 20 日揭幕，向观众展示的时间为 21 日至 29 日，展览地点为顺义国际展览中心新馆和朝阳区静安庄国际展览中心老馆，总展示规模达到 23 万平方米，预计吸引观众 80 万人次。本届车展共展示车辆 1134 台，全球首发车 118 台，跨国公司全球首发车 31 台，跨国公司亚洲首发车 45 台。2014 年 4 月 29 日，本届车展落下帷幕。数据显示，截止到 29 日中午 12 时，本届车展共吸引观众 85 万人次，再度成为展览界的人气王。

北京车展受车企欢迎已经持续多年。多位车企高层谈到参展原因时，都谈及中国汽车市场的高增长、北京的辐射效应。从销量上看，中国已经连续 5 年稳居全球销量第一。2013 年，中国汽车产销量分别是 2211.68 万辆和 2198.41 万辆，同比增长 14.76% 和 13.87%，持续保持稳定增长势头。从区域优势看，北京有着高端辐射作用。专家指出："在为期十天的车展里，集中全球最新、最多的展车，聚集汽车业界内外最高端、最广泛的人群，汇聚如此多优质的媒体平台并能达到最佳的传播效果，是北京车展持续火爆的重要原因"。

学习导航

汽车娱乐主要包括：

1. 汽车比赛；
2. 汽车展览。

学习单元 1　汽车比赛

知识目标

了解汽车比赛的类型。

技能目标

通过学习能够列举出典型汽车比赛的种类，熟悉一级方程式锦标赛。

基础知识

一、汽车比赛与分类

1. 定义

汽车比赛是指汽车在封闭场地内、道路上或野外，比赛速度、驾驶技术和车辆性能的一种运动。它是世界范围内一项影响较大的体育运动。

汽车比赛是集人、车为一体的综合较量，不仅是车手个人技艺、意志和胆量的竞争，同时是汽车设计、产品质量的角逐。汽车运动激烈、惊险、浪漫、刺激，使成千上万的观众为之痴迷，同时，使汽车技术的发展日新月异。

2. 赛车运动的起源

赛车运动是随着汽车的出现而兴起的。最初进行汽车比赛的目的是为了检验汽车的性能，推销产品；随着汽车工业的发展和人们对汽车的喜爱，汽车运动逐步变成了体育运动。最早的汽车比赛是 1887 年 4 月 20 日由法国《汽车》杂志社主办，不过参赛的选手只有乔乐基·布顿 1 个人。1888 年，法国《汽车》杂志社再次举办了汽车赛，但参赛选手只有两人，并且以上两次比赛都是蒸汽机汽车。最早使用汽油汽车进行长距离汽车公路车赛的是 1895 年 6 月 11 日由法国汽车俱乐部和《鲁·普奇·杰鲁瓦尔》报社联合举办的，此次参加比赛的总共有 23 辆车，跑完全程的有 8 辆汽油车和 1 辆蒸汽机车。

在以后的车赛中，为避免汽车在野外比赛时扬起漫天尘土而影响后面车手的视线，造成伤亡事故，车赛逐渐改为在封闭的道路赛场和跑道上进行，这就是汽车场地赛的雏形。

世界上第一次真正意义上的汽车场地赛是 1905 年在法国的勒芒市举行的场地汽车大奖赛，共有德国、意大利、法国等国家的 32 辆车参赛，结果只有 11 辆汽车完成比赛。从此，汽车大奖赛成为世界体育舞台上一项非常重要的赛事，小城勒芒也因此闻名于世。

纵观汽车运动发展史，最初的汽车运动主要是在法国兴起的，即法国对汽车运动的产生和发展做出了巨大的贡献，是汽车运动的摇篮。“赛车”一词就来自于法文

Grand Prix，是“国际大奖赛”的意思。

1904年6月10日，在赛车运动兴盛的法国成立了国际汽车联合会（法文缩写FIA），负责管理全世界的汽车俱乐部和各种汽车协会的活动。中国于1983年加入FIA。

由于要求赛车有强大的功率、最小的空气阻力及最轻的质量，促使汽车厂家为此作出最大的努力，直接推动了汽车工业的发展。如涡轮增压发动机、自动电子变速装置、扰流板及尾翼、纤维增强复合材料车身及不少最新的技术，都是在赛车上首先采用的。一些汽车品牌也是在汽车比赛中出现的，如意大利的法拉利轿车、日本的本田轿车和三菱汽车等。

3. 汽车比赛类型

汽车比赛的种类很多，目前，世界上比较著名、影响较大的项目主要有以下几类：

（1）汽车道路比赛：用成批生产的汽车在现有道路上进行的比赛，如拉力赛、越野赛，其车速较低，但赛程较长，比赛很艰苦。

（2）汽车耐久赛：也称“GT”赛，是指用成批生产的旅行车或特制的运动原型车，在固定赛场或圈围好的现有道路上进行的长时间连续比赛，如法国勒芒24h耐久赛、日本铃鹿8h耐久赛，汽车耐久赛车速很高，比赛既刺激，又艰苦。

（3）汽车场地赛：用特制的专用赛车，在2km内的固定赛道中进行的比赛，如方程式车赛、印第车赛。汽车场地赛车速很高，赛程只有2～3h，比赛激烈。

其他的汽车比赛还有创纪录赛、冲刺赛、技巧赛、节油车赛、卡丁车赛、太阳能车赛、老式汽车赛、大脚车赛、泥潭赛、毁车赛、汽车足球赛、汽车选美赛等。

二、典型汽车比赛

1. 方程式汽车赛

方程式汽车赛是汽车场地赛的一种，是一项长距离比赛。

早期汽车比赛，对赛车无任何规定，比赛胜负主要取决于赛车发动机功率大小。为了使比赛公平合理，国际汽联（FIA）对赛车发动机类型、排量、功率作出了规定，赛车必须依照规定的车辆技术要求制造，因此叫做方程式（定式、准则）赛车（即以相同的方程式制造出来的赛车），该类比赛创办于1950年。

方程式赛车的级别有很多种，主要有：一级方程式（简称F1，发动机排量3L，功率478kW，最高时速超过315km/h）、二级方程式（简称F2，发动机排量3L，功率350kW）、三级方程式（简称F3，发动机排量2L，功率125kW）、亚洲方程式、自由方程式、福特方程式、雷诺方程式、卡丁车方程式等。

图6-1 F1锦标赛

F1锦标赛是世界汽车场地赛项目中级别最高，也是最引人注目的体育比赛项目之一，最精彩、最刺激，与奥运会和世界杯足球赛并称为世界三大体育赛事。它由FIA组织，每年在世界各地比赛16～19场，获得总积分最高者即为世界冠军。F1锦标赛通常可以吸引200万以上的观众到场观战。如图6-1所示，全球200多个国家5万多家电视台通过电视转播，观看的观众多达500多亿人次。如上海站赛，销售总额达4亿，创中国赛事之最，门票最低380元，最高3980元。

人们这样形容F1比赛：F1是“时装”，F1是“艺术”，F1是瞬间与速度，F1是人的意志对抗，F1是团队精神的典范，F1是高科技成果展示，F1是抛撒金钱的游戏，F1是光与影的印象。

拓展知识

从1950年第一场F1比赛至今，无数在当时最先进的技术都是在F1身上第一次大显身手。现在的后置引擎技术、涡轮增压技术、安全头盔等等都是经F1的发展最后步入千家万户，为现在的汽车工业造福。没有曾经的F1，就没有现在的民用车。

目前F1赛车的拨片换挡、空气弹簧等基本成形的技术已经被运用到了一些高档跑车的身上，相信不远的将来，这些看似非凡的高科技会像今天的安全带一样普及。

F1汽车赛对赛车（包括发动机）、比赛场地和比赛规则有详细的规定。

（1）F1车队。

按照国际汽联规定，要想参加F1汽车大奖赛，就必须先注册成立一支专业赛车队，成为国际汽联中“一级方程式车队协会”的成员。

成立和运作一支F1赛车队所需的费用非常高，一般一支规模较小的车队开支预算就达到5千万美元，而规模最大的法拉利车队一般要达到2亿9千万美元的天文数字，其主力车手麦克尔·舒马赫的年薪就高达3千万美元。所以，世界上没有任何一个国家的政府或体育部门会养着一支车队和身价百万的车手，车队每年高昂的运作费用全是仰仗各大汽车厂家和各个大财团的支持。而这些大品牌也通过赞助这一影响广泛的赛事获得了丰厚的广告回报。同时，赛车比赛的车手、车队是跨越国界的，是全球化的，他们不代表任何国家，而只代表企业。

对于赛车来源，一般一些实力雄厚的赛车队，如法拉利车队、威廉姆斯车队、雷诺车队和英美车队等，都拥有自己的F1赛车设计制造中心。但一些规模较小的车队，只是负责汽车比赛的一些事项，赛车和发动机则是由那些实力雄厚的汽车或发动机厂商负责制造，如红牛一、二队。

（2）F1赛车。

在国际汽联的F1赛车技术规则里，F1赛车定义为：“一种至少有四个不在一条线上的轮子的车辆，其中至少有两个轮子用于转向，至少有两个轮子用于驱动”。

方程式赛车队在比赛中的成败很大程度上取决于赛车的性能，因此各赛车队和有关赛车制造公司都不惜花费巨资和大量的精力，采用现代最先进的技术和质量轻、强度大的航空材料来制造赛车。

赛车是比赛用专用汽车，速度极高，其外形与普通汽车有很大差别。扁平的车身，尖尖的锥形车头，车头前下方、车尾后上方均装有一块翼子板，四个宽大的轮胎暴露在车身外，主要是为了保证赛车良好的空气动力性（减小空气阻力和升力）。

F1赛车主要出自德国保时捷和宝马公司、意大利法拉利公司、美国福特公司和日本丰田公司等几家大公司。2012 赛季各车队选用的赛车主要是卡特汉姆车队的 CT01、迈凯轮车队的 MP4–27、法拉利车队的 F2012、印度力量车队的 VJM05、莲花车队的 E20、索伯车队的 C31、威廉姆斯车队的 FM34 等。

① F1 对车身的要求。

车身采用碳素纤维材料，中间夹有高强度的铝材。驾驶舱位于车身中部，后面是发动机舱。座椅是按照车手的身体轮廓用碳素纤维板制造而成的，没有座垫，远没有我们日常所见的一般汽车的座椅那样舒适。在座椅的后上方还有一个粗大的防翻滚杆，用来保护车手在发生翻车事故时不被压伤。

●长度：没有限制，但赛车前端与前轴中心线间的距离不得超过 1.2m。

●宽度：赛车的总宽度（包括完整的车轮）在方向盘打正时，不超过 2m。

●高度：车体任何部件高度不得超过基准面 0.95m。

●重量：赛车及车手的总重量，在正式比赛中不少于 505kg。

②发动机。

●采用四冲程往复活塞式发动机。

●排量不得超过 3000mL。

●必须使用自然进气发动机，不得使用涡轮增压或机械增压。

●气缸数必须为 10 缸，而且气缸形状必须是圆的。

●每缸气门数以 5 气门为限。

●禁止使用可变几何长度的进排气系统。

●曲轴、凸轮轴必须以钢或铸铁为基本材质。

●活塞、气缸盖、气缸体禁止用碳纤维或强化纤维为材料。

●在发车区及维修区，可用临时的辅助设备启动发动机。

目前主要赛车发动机有雷诺 F1、法拉利 V12、奔驰 V10、标致 V10、雅马哈 V10、福特 V8、本田 V10 等。

③变速器。

不超过 7 个前进挡和 1 个倒挡（自动变速器的传动效率不高）。目前采用半自动变速器，变速器响应迅速、操作方便。只要轻拨方向盘侧边的开关即可完成换挡动作，实现瞬间变速。

④制动器。

采用盘式制动器，由碳纤维制成，制动系统能让 F1 赛车在 2.5s 内由 240km/h 减速到 0，制动距离只要 80m。

⑤轮胎。

轮胎也是赛车的关键技术。为了使发动机的动力能可靠地传递到路面，轮胎制作得相当宽大（前轮约为 290mm，后轮约为 380mm，一般汽车轮胎 200mm 左右），用以增加与地面的接触面积。根据天气的不同，赛车选用不同的轮胎：干地胎或湿地胎。在无雨时选用干地胎，这种胎表面光滑，无任何坑纹，以利于与地面良好贴合；在湿滑条件下则要选用湿地胎，这种胎具有明显的坑纹，以利于排出轮胎与地面之间的积水，保持必要附着力。比赛中的高速行驶及频繁的强力转向和急刹车使轮胎磨损极快，经常需要在中途换胎。车赛就是时间的比赛，因此，赛车轮胎只有一个紧固螺栓，便于迅速拆装。

总之，因为F1赛车具有先进的结构和装备，才使它具有了普通汽车所难以达到的良好性能。

（3）F1赛车的成本。

据粗略统计，一部可以参赛的F1赛车价格约在750万元左右，而这个价格只能组装出一部可以开动的赛车，如果去参加比赛，一次比赛还需要更换大量的配件。参见如下配件单：

刹车盘：4万元/套，每年总消耗68万元。

刹车片：2.3万元/套，共需39万元。

悬架系统：3站比赛更换一次，价值8.5万元，一个赛季需要6套，共51万元。

轮胎：1.7万元/只，一个赛季耗资925万元。

轮圈：5次比赛换一套，3.4万元/套，一个赛季需要4套，价值13.6万元。

排气系统：6.8万元/个，一个赛季用17个，共115.6万元。

齿轮副：11.3万元/套，一个赛季用17套，共192.1万元。

发动机：200万元/台，一个赛季需17台，价值3400万元。

变速箱：75万元/台，一个赛季用17台，价值1275万元。

上面这个配件单只是全年的正常损耗，要让一部F1赛车跑完一年赛事，所需配件还远不止这些。把上述数字简单相加，正常损耗下全年参赛总费用是6800万元。当然，这些费用还只是F1赛车的基本费用，如果再加上科研费、设计费、风洞试验费（甚至风洞实验室的造价）、公开和私下试车费，上述数字至少翻1倍。

（4）F1赛车手。

F1方程赛，不仅速度高，而且工作环境恶劣，对赛车手的技术与体能要求极高。按照国际汽车联合会（FIA）规定，参加F1比赛的选手，必须持有“超级驾驶执照”。而每年，全世界有资格驾驶F1赛车的车手不能超过100名。因此，为了跻身F1赛场，每名车手必须过五关斩六将，先是小型车赛，然后是三级方程式，接着是二级方程式，这一切都通过了才能获得“超级驾驶执照”，成为F1车手，通常要花8年时间。目前，各车队的F1赛车手主要来自欧洲国家。据统计，自1950年以来，参加大奖赛的31个国家的564名车手中有一半来自英国、意大利和法国。到1995年为止，英国是获得F1大奖赛冠军次数最多的国家，共有16位车手取得164次冠军。

F1车赛不仅是车速的比试（从0加速到100km只需2.3s，时速300km以上轻而易举），同时也是车手体能和意志的较量，所以F1车手必须集身体素质、车技、经验和斗志于一身。比赛中，车手要消耗大量的体力，承受因加速、减速和离心力所引起的巨大作用力。比如，高速行驶的赛车在转弯时产生巨大的离心力，常常高达车手体重的4～5倍，这种离心力使人感到非常恶心，感觉五脏六腑都与身体骨架脱节。由于车手一直处于神经高度紧张的状态，且赛车内温度极高，车手的水分、盐分和矿物质消耗得都极快。据统计，一个车手在2h的比赛中要消耗3～5kg的体重，脉搏达140～160次/min，并且持续5h左右，在比赛高潮时，脉搏甚至高达200次/min。

F1赛车还是一项很危险的运动，比赛时不可避免地会发生翻车、起火等事故，为了保护车手安全，比赛时必须穿戴专用服饰和全脸头盔。可以说F1大赛在某种意义上说是对车手身体的摧残。

F1赛事已走过了半个世纪的历程，涌现出了众多的著名车手，其中以巴西车手埃尔顿·赛纳和德国车手迈克尔·舒马赫最为出色。

德国车手迈克尔·舒马赫1969年1月3日出生，从1991年首次参加F1大奖赛至今，共7次获得世界年度总冠军，91次分站赛冠军。1996年以来一直效力于法拉利车队，2006年正式退役。

（5）F1赛道。

F1汽车赛必须在专用赛车场进行，对专用赛车场的长度和宽度、路面情况、安全措施等均有极为严格的要求。一般来说，专用赛车场为环形，每圈长3～7km；比赛总长度为305～320km。为安全起见，赛道两旁一般铺设宽阔的草地或沙地，以便将观众与赛道隔开。

每年F1比赛用的16～19个赛道分布在不同的国家和地区，主要在欧洲。中国有上海国际赛场。

图6-2为上海国际赛场，位于上海嘉定区，总面积5.3km²，2002年动工建设，2004年4月竣工，2004年10月举办了第一场大赛。

图6-2 上海国际赛场

整个赛道是由弯道、直道和一些上下坡道组成，其在最长直道上（T13和T14之间）的最高允许时速为326km，比赛激烈、紧张和刺激。

（6）比赛规则。

F1赛车规则很多很复杂，主要有：

①练习和排位赛。

在正式比赛前的星期五和星期六上午可以进行两个长45min的自由练习，每辆赛车每天自由练习限跑23圈。下午进行60min计时赛又称排位赛，在计时赛中限跑12圈，分别计得每部赛车跑得最快的一圈所用的时间，此时的时间决定排位顺序，用时最少的车在决赛中将在赛道上排在前面，其他依次类推。

赛车在赛道上的排位相当重要，排在前面的将有抢先拐第一个弯的优势。

②当起跑比赛时间到时，首先开始暖胎圈，这是为了确保车手的安全。如果此时车手的赛车熄火，则将在出发时排在最后；如果车手的赛车还在Pit中，那车手将在Pit的入口处出发。这些车手原来的车位空缺。暖胎后，各车回到发车位，5盏发令灯一盏一盏地亮，全亮后当5盏一起熄灭时，方可起跑。如此时赛车还是熄火不能发动，将退出比赛。

③比赛中。

比赛安排在星期日进行。比赛中车手的赛车如果发生意外，轻度可以重新回到比赛，严重的退出。如赛车熄火，车手能在 10s 内重新发动，还可以继续比赛。当赛会认为事故或环境引起危险时，会舞动黄旗，此时一般不许超车。如果赛会认为事故或环境使比赛不能正常进行时，会出动 Safty Car（SC），由 SC 来领跑，直到赛会认为可以恢复比赛（允许由 SC 领跑到比赛结束）。若赛会认为比赛实在是无法进行下去，可以宣布停止比赛，延迟再赛。当领先的赛车返超慢车时，赛会会舞动蓝旗，示意慢车赶快让路。正式比赛的成绩以完成比赛所用时间短者名次列前，各分站比赛设车手奖，取前三名，锦标赛全赛季设世界车手冠军奖和世界车队冠军奖。

④比赛距离。

每站比赛的全程为 305 ～ 320km，时间限制为 2h。满 2h 裁判员将在终点挥动黑白格旗，示意车手比赛已经完成，最先通过终点的车手即为冠军（不管该车手是否跑完 300 ～ 320km）。

⑤比赛暂停。

比赛可以因意外或大雨暂停。在赛程中，赛车可以更换轮胎，出了故障可以修理，但占用比赛时间，每次比赛最少更换四次轮胎。

⑥计分方法。

每站比赛获前六名的车手得分依次为 10、6、4、3、2、1 分。车手将在各站的得分相加即为总得分，得分最高者为当年的世界冠军，车队计分方法与车手一样。

拓展知识

F1 方程式禁止使用涡轮增压技术（1977 年被引进，1988 年全面禁止），原因如下：

（1）马力过大。涡轮增压技术（尾气排放做功—带动空气压缩器—压缩空气进入燃烧室，效率有些可高达 60% 增幅）的出现，使整个比赛变得更具有竞争性和观赏性，但是过大的马力 / 功率输出使驾驶员更容易疲劳从而车祸频发。

（2）发动机寿命下降过快。在 F1 方程式的比赛场上发动机经常是冲过终点线就爆缸，涡轮增压技术会直接降低发动机寿命（燃烧室因为吸入增压空气使汽油燃烧得更充分，但是过大的燃烧爆炸力会剥夺发动机气缸寿命），赛场上一辆 F1 赛车引擎发生故障很容易就引发连环车祸。

2. 汽车拉力赛

汽车拉力赛是指在一个国家内举行或者跨越国境举行的多日的、分段的长途汽车比赛。比赛的路面既有平坦的柏油公路，也有荒山野岭的崎岖山路。比赛时，路线上不断绝其他车辆通行，限定参赛汽车每天行驶的路程及到达时间。路线上设检查站检查是否在规定时间内通过，这是一种既检验车辆性能和质量，又考验驾驶员技术的比赛。参赛汽车须是批量生产的小轿车或经过改装的车。短的拉力赛需要几天，长者可持续几十天。拉力赛将出发地到终止地之间的路程分成若干个行驶路段和赛段，并在沿途设有给养站和休息站。在行驶路段行驶时，参赛汽车受到一定的时速限制，并须按规定时间抵达各路段的终点，既不能提前也不能拖后，行驶中要遵守当地的交通规则，违反规则者将被扣分。在赛段中，赛车可以全速行驶，有时车速高达每小时200km以上。在整个拉力赛结束时，以跑完全程累积时间最少和被扣分数最少的汽车和驾驶者为优胜。

拉力赛参赛车辆均为各大汽车公司年产量超过5000辆的原型轿车，但必须经过不同程度的改装方可参赛。无限制改装的称为A组赛车，除了保留外型和原厂标志以外，几乎所有的部件都可以改装。经过A组标准改装的赛车，如同坦克一般结实，但费用昂贵，一般都是由汽车公司直接赞助的职业赛车队才能达到。有限制改装的称为N组赛车，它只允许进行安全改装和有限的性能改装，发动机内部必须维持原车的标准，不允许改动。由于N组改装费用相对较少，因此多为业余车队和个人选手使用。

（1）拉力赛的特点。

拉力赛是各种汽车比赛形式中最为复杂的一种，受欢迎程度仅次于F1赛车汽车比赛，主要特色如下：

①拉力赛各站比赛选择在世界各地的特色地点，如图6–3所示。如高原、沙漠、山地、雪域，再加上穿越众多当地集镇、特色建筑，视觉感一流。

图6–3 世界各地的汽车拉力赛

②与F1赛昂贵的票价不同，拉力赛不但不用买门票，而且可以自己选择赛段并站在赛道上最近距离地接近比赛、接近赛车，自由度和身临其境的现场感远超过其他任何车赛。

③F1赛车虽然车速高，但车辆始终沿着赛道上固定的线路平稳行驶，而拉力赛车虽然车速没有F1赛车快，但是车辆驶过时会带起滚滚烟尘，而且还出现跳跃、侧滑、冲水等漂亮的场景，同一弯道不同车手的过弯表现也会截然不同，更具有欣赏性。

④拉力赛车都是量产车改装而成，对于多数作为车主的观众而言，更容易产生共鸣。

⑤由于路况复杂以及赛道的漫长，拉力赛的悬念及意外发生率都远超F1赛车比赛，让人感觉更加刺激和扣人心弦。

（2）著名的拉力锦标赛。

国际上著名的拉力赛有世界拉力锦标赛（14～16站）、欧洲拉力锦标赛（11站）、亚洲拉力锦标赛（6站）、非洲拉力锦标赛（5站）、中东拉力锦标赛（6站）等。比赛均设车手奖和车队奖，享有盛名的职业拉力车队有丰田车队、福特车队、555富士车队、三菱车队、雪铁龙车队等。

①蒙特卡罗汽车拉力赛。

蒙特卡罗拉力赛是一种国际性的汽车拉力赛。蒙特卡罗是法国和意大利之间的一个欧洲小国摩纳哥的首府，也是一个著名的赌城。

1911年，欧洲十国进行了以各自首都为起点，到摩纳哥的蒙特卡罗集合的汽车长途越野赛。全程限7天完成，以各自行驶的平均速度作为胜负的标准。这次比赛，以BALLY命名，成为世界上第一次正式的汽车拉力赛。

以后比赛每年1月份举行，路线在摩纳哥附近的山区，由于冬季冰雪，行驶条件十分恶劣，全程约5000km，赛程为4～5天。

②巴黎－达喀尔汽车拉力赛。

巴黎－达喀尔拉力赛是世界上最长最艰苦的汽车拉力赛之一。这一拉力赛，自1979年开始，每年1月份举行。从法国巴黎出发，乘船渡过地中海，在非洲北部上岸。然后，穿越非洲的撒哈拉大沙漠、潮湿的热带雨林及各种崎岖的路段，途经多个国家，最后到达塞内加尔的首都达喀尔，总行程约13000km，历时约20天。达喀尔拉力赛自2009年后移师南美洲的阿根廷和智利举行。截至2015年，达喀尔拉力赛已经举办了36届。中国车手在达喀尔拉力赛上的最好成绩是第19名。

拓展知识

达喀尔拉力赛的车辆主要有三个分级：摩托车、汽车（范围从沙地越野车到小卡车）和大卡车。虽然参赛车都经过了大幅度改装，但许多汽车制造商还是愿意把拉力赛严酷的比赛环境当作试验场地，以此证明其车辆的耐用。

③555香港－北京汽车拉力赛。

在我国也举办了555香港－北京国际拉力赛，由于这一赛事由生产“555”牌香烟的英美烟草公司赞助，所以前面冠以“555”。该赛事从1985年开始举办，1988年中断，1993年恢复，1996年为最后一届。

这一比赛从香港出发，途经广东省韶关市的世界地质公园丹霞山，再经长沙、武汉、郑州、石家庄，终点为北京天安门广场，总行程约3900km，历时约7天。参加这一赛事的国家有日本、美国、菲律宾、澳大利亚、德国、奥地利、瑞典、英国、意大利、肯尼亚及中国香港。中国车手卢宁军在1986年勇夺冠军，这是中国车手首次参加国际汽车拉力赛，并取得优良成绩。

1999年开始，我国北京怀柔成为世界拉力锦标赛的分站之一，因此不再举办555香港－北京拉力赛。

④其他汽车拉力赛。

东非沙法里拉力赛，从1953年起每年举行一次，比赛途径肯尼亚、乌干达等国家，路面条件十分恶劣，路线长达6000km，赛程4～5天。

还有 1971 年英国伦敦到澳大利亚悉尼的拉力赛和摩洛哥、奥地利阿尔卑斯、法国阿尔卑斯、希腊的阿克罗波拉斯、美国的奥林巴斯、芬兰的千湖等拉力赛。

3. 汽车越野赛

越野赛是汽车道路比赛项目之一，是在一个国家或几个国家的公路和自然道路上进行的汽车比赛。经过几个国家的领土、总行程超过 10000km 或跨洲进行的汽车比赛，称为马拉松越野赛。

越野赛不同于拉力赛，比赛必须在白天进行。除国际汽联特别批准外，赛程不得超过 15 天，每经过 10 个阶段后，至少休息 18h。参赛车辆必须是全轮驱动汽车。

越野赛每阶段的行驶距离自定，但每个赛段的最大长度，越野赛规定不超过 350km, 马拉松越野赛规定不超过 800km，而且必须使用在国际汽联注册的全轮驱动汽车参赛。

目前，比较著名的越野赛事有巴黎至达喀尔越野赛、突尼斯国际汽车赛、巴黎—北京马拉松越野赛、阿拉伯联合酋长国沙漠挑战赛等。

巴黎 – 北京马拉松越野赛是世界上最早的汽车越野赛，在 1907 年举行。汽车从北京开到巴黎，有 5 辆汽车参加，3 辆汽车历经 2 个月才到达巴黎。

1992 年 9 月，又举行了一次巴黎 – 北京马拉松越野赛。比赛从巴黎出发，经莫斯科，进入我国新疆，最后到达北京。其全程为 16135km，途经 11 个国家，历时 27 天，有 50 辆赛车在规定时间内跑完全程。

4. 汽车冲刺赛

汽车冲刺赛（直线竞速赛）起源于美国，由于具有很高的刺激性和娱乐性，因而逐渐在欧洲和日本得到较大发展。到目前为止，汽车冲刺赛还是一种不够规范的汽车比赛，比赛采取两辆车“捉对厮杀”的办法进行逐步淘汰，坚持到最后者为胜。这种比赛的场面非常热闹壮观，比赛时两辆功率奇大无比且奇形怪状的汽车在一条长 1500m、宽 30m 的平直跑道上静止发车，加速行进，以最快的速度通过一段由电子仪器测量的距离（一般为 1/4mile，即 402m），先到终点者为优胜。

汽车冲刺赛始于第二次世界大战后的美国，那时主要在加州的干湖床上进行。1951 年，美国成立了国家高速汽车协会，这是至今美国最大的一个冲刺赛组织。1960 年，派生出了美国高速汽车协会，使冲刺赛每年举办的场次和竞争更为激烈。大约在 20 世纪 70 年代，汽车冲刺赛引起加拿大、澳洲和欧洲一些人的兴趣，特别是 20 世纪 90 年代汽车冲刺赛开始走向世界。

汽车冲刺赛所用的赛车都是特制的，它具有细长的车体和 2 个小前轮，一般采用喷气式发动机并用制动伞减速，发动机的排量可以高达 9000mL，所用的燃料可以是汽油，也可以是酒精，车重 500 ～ 1000kg。

5. 卡丁车赛

卡丁车赛是汽车场地赛的一种，如图 6-4、6-5 所示。兴起于 20 世纪 50 年代的欧美国家，是世界方程式赛车的最初级形式。许多著名的 F1 赛车手都是从卡丁车起步，因此，卡丁车被称为“F1 车手的摇篮”。由于卡丁车尺寸小，安全性强、易于操作且价格便宜，又兼有大型赛车速度快、惊险刺激的特点，既可以从事竞技比赛，又可作为娱乐活动，因而现已成为全世界参与人数最多的汽车运动项目。

图 6-4 卡丁车比赛

近年来，中国的卡丁车运动得到了较大发展。中国汽联已举办了多届卡丁车锦标赛。参加比赛的卡丁车须是经国际汽联卡丁车委员会（CIK）认证的标准卡丁车，目前国内尚无法生产，一律使用欧洲的标准车型。

图 6-5 2013 上海卡丁车大奖赛

6. 勒芒 24 小时耐力赛

勒芒 24 小时耐力赛是每年 6 月定期在法国小城勒芒（人口 20 万）举办的 24 小时耐久赛。勒芒 24 小时耐力赛开始于 1923 年，是最负盛名的汽车耐力赛，勒芒大赛环行跑道全长 13.5km，其中绝大部分是封闭式的公用高速公路，在一昼夜之中汽车的行程超过 5000km、平均车速超过 200km/h；最高车速超过 300km/h，需要两个驾驶员轮流驾驶与休息，行驶距离长者获胜。这项竞赛可以说是行驶距离最长的汽车耐力赛，发动机长时间地吼叫、汽车在不停地狂奔，驾驶员丝毫不能松懈，精神紧张，无论对汽车和对驾驶员都是极其严峻的考验。因此，各个汽车公司都希望利用这项大赛来显示汽车产品的优良性能。

截至 2015 年，勒芒 24 小时耐力赛已举办了 82 届，前 58 届冠军均被欧美车手垄断，其后，日本丰田、本田赛车也取得了几次冠军。其中，获胜最多的是保时捷队（20 次）。

7. 世界房车锦标赛

世界房车锦标赛（World Touring Car Championship，WTCC）是国际汽车联盟（FIA）旗下与 F1 和世界拉力锦标赛齐名的国际赛车顶级赛事。作为涵盖方程式和拉力赛的汽车赛事，F1 旨在专为比赛制造赛车，世界拉力锦标赛更关注挑战极限大自然。而世界房车锦标赛则是以在售的量产房车为基础的比赛，在赛道上飞驰而过的炫酷赛车，就是我们日常驾驶熟悉的身影，比赛也借此变得愈加地亲民、写实，愈加贴近生活和车迷。

世界房车锦标赛之所以被众多制造厂商和车迷所喜爱，除了使用能够拉近与车迷距离的“生活化”量产房车参加比赛外，更得益于其公平的比赛方式、增加比赛激烈程度和冠军归属悬念的特殊比赛规则（包含比赛配重和两回合比赛），以及作为全球赛事的吸引力。参加 WTCC 赛事的量产房车在窒息的比赛争夺中更能证明其出色的操控性能，以及在极限操控中展现出来的稳定性和可靠性。

为了体现出比赛的公平竞争性，世界房车锦标赛赛事组委会对赛车规定了严格的条例。WTCC 的参赛车型必须以至少 4 座的量产型房车为基础，采用 4 缸发动机，排量不能超过 2L，而且必须采用自然吸气方式，最高转速不得超过 8500r/min，最大马力也被限定在 250 ～ 270 马力的区间。可采用 5 速或 6 速直齿手排变速箱，轮圈尺寸不得超过 9 × 17 英寸，且每个轮圈的质量被限定在 9kg 之内。另外，制动碟的直径也不得超过 296.5mm。

另外，在每场比赛前，赛车和车手都要进行称重，连同驾驶员在内的总质量不得低于 1140kg。如果整体质量有出入，将会配以一定重量的压舱物，确保每部赛车和车手的质量相等。

参照车手的总积分和每场比赛的表现，比赛配重的计算方法有两种。首先，车手每取得一个积分都会增加 1kg 的配重。另外，在每一站比赛中取得好的成绩，在接下来一站比赛的配重也会相应增加。最新的规则是：单场比赛的前六名会依次加上 30、25、20、15、10、5kg 的重量。每一站比赛结束的时候都会根据成绩重新计算下一站比赛的配重。比赛最高配重的上线为 70kg。

世界房车锦标赛采用分站赛的形式，每个分站比赛分排位赛和正式比赛两部分，正式比赛分两回合进行，每回合有约 50km 的比赛距离。其中头一天的排位赛成绩将决定次日第一回合比赛的发车顺序。而第二回合比赛的发车顺序则取决于第一回合比赛的成绩，其中第一回合的前 8 名在第二回合的发车顺序将会被颠倒，即按照第一回合的成绩从第一名到第八名的顺序反向安排第二回合比赛的发车顺序。比赛结束后颁发冠军车手和冠军车厂两个奖项。每个回合最后成绩的前 8 名可以分别获得 10、8、6、5、4、3、2、1 的比赛积分。

图 6-6 为德国房车大师赛。

图 6-6 德国房车大师赛

三、著名车队与车手

1. 著名车队

①法拉利车队：法拉利车队 1950 年首次参赛，1961 年首次获世界车队冠军。至 1999 年共夺得 10 次世界车队冠军，12 人次世界车手冠军。

②麦克拉伦车队：麦克拉伦车队（Mclaren）由布鲁斯·麦克拉伦于 1964 年创建。1966 年首次参赛，1974 年首次获世界车队冠军，至 1999 年共夺得 9 次世界车队冠军，10 人次世界车手冠军。

③威廉姆斯车队：威廉姆斯车队于 1973 年建立，原名 ISO 车队，1975 年更名为威廉姆斯车队。1975 年在阿根廷第一次参加 F1 大赛，1980 年第一次夺得世界车队冠军。共获得过 8 次世界车队冠军和 7 人次的世界车手冠军。

④莲花车队：莲花车队在 1963 ～ 1978 年共夺得 7 次世界冠军。

其他著名的职业拉力车队还有：丰田车队、福特车队、555 富士车队、三菱车队、兰西亚车队、日产车队等。

2. 著名车手

①胡安·曼努尔·凡乔：1911 年，胡安·曼努尔·凡乔出生在阿根廷一个工厂主家庭，1934 年进入赛车界，1951 年、1954 ～ 1957 年 5 届 F1 年度总冠军。他是赛车史上一位传奇人物，一代元老，一个神话。

②尼克·劳达：1949 年，尼克·劳达出生在奥地利。1971 年开始参加 F1 大赛，3 次世界冠军得主。

③阿兰·普罗斯特：1955 年，阿兰·普罗斯特生于法国圣日耳曼，早年以卡丁车运动起家，夺得过 2 次法国冠军。1979 年转入 F3 车赛，1980 年加盟麦克拉伦车队开始了其 13 年的 F1 大赛历程。共夺得 4 次 F1 年度总冠军，在 F1 的历史上居于第 2 位，他迄今仍保持着获得 51 次 F1 分站赛冠军的世界纪录。

④艾尔顿·塞纳：1960 年，艾尔顿·塞纳出生在巴西圣保罗市一个家财百万的汽车工厂主家庭，13 岁时就参加卡丁车比赛，17 岁时夺得南美冠军。1984 年进入 F1 车队，1988、1990、1991 年连续 3 年夺得 F1 年度总冠军。

⑤米切尔·舒马赫：米切尔·舒马赫是一位德国车手，获得过 7 届 F1 冠军。

⑥斯蒂芬·彼得汉塞尔：1965 年 8 月，斯蒂芬·彼得汉塞尔出生于法国，在过去的 15 年当中，他成为达喀尔拉力赛历史上最成功的个人赛车手，取得了 7 次冠军。

学习案例

老式汽车比赛是世界三大汽车赛事（另外两个是 F1、DAKAR）之一。其源于欧美，盛于西方，百年来方兴未艾、风靡世界。不仅是汽车厂商争相竞逐、扬名显威的赛场，也是名流雅士云集交流的特色 PARTY，更是爱好者和民众盛大的节日。在世界各地都比 F1、DAKAR、A1 等汽车顶尖赛事地位更高、更具影响、更具吸引力。

世界最著名的老式汽车比赛是“一千英里赛”。其起源于 1927 年，至 2010 年已成功举办过 34 届，是全球规模最大、历史最为悠久、最贵气十足的古董老爷车赛事。也是当今世界赛车界最具浪漫氛围、最富传奇色彩的赛车比赛。比赛每年均在意大利举行（由罗马出发再返回罗马），赛程全长约一千英里（约1600km），故此得名“Mille Miglia”，也称“1000 Miglia”。

比赛每年一度穿越意大利古老的托斯卡尼山谷，贵族气息浓厚，尽管比赛行程紧张，并注定有部分选手不能到达终点，但从未影响过参与者的热情，有一路欢歌笑语、玫瑰鲜花及古罗马旧迹相伴，有不少汽车企业和社会名流的参加，每年都会在罗马和沿途营造出强烈的节日气氛，吸引了数以千万计民众热切的目光。

一千英里赛最初是以巴伦西亚（Brescia）为起点的，1939年后，虽然比赛路线在23年间变动了13次，但起终点总是在罗马，其赛程路线蜿蜒曲折，通过山区和小城镇，前期具有强烈的耐力赛色彩。现在，今日的Mille Miglia已演变为一场缅怀历史、速度和优雅古典相会的嘉年华古董车会，也变成了欧美甚至世界汽车迷特别是老式汽车收藏家及爱好者的盛大节日。大赛在欧洲乃至世界极负盛名，颇受汽车厂家和爱好者追捧。几十年来，每年都有数百辆车参赛，其中最多时可以达到惊人的768辆，少时也有250余辆，2008年参加车辆为388辆。而每年从世界各地赶往罗马观赛的人群高达数十万。

案例分析

老式汽车，英文“Classic car”或“Oldtimer”。也称“古典车”，俗称“老爷车”。指的是那些年代久远、年势弥高的汽车。从1886年第一辆汽车诞生以来，世界各大汽车品牌群雄逐鹿、各展风骚，创造了无数艺术与动力的完美结合，展现了科学与工艺的日益进步，诠释了人类永不停息的追求和至臻至纯的梦想。

老爷车这一概念始于20世纪70年代，最早出现在英国的一本杂志上，这种说法很快得到了广泛的认同。以至于很多人甚至不知道老式汽车的确切含义。

不仅是百年来汽车发展的历史见证，也是百年来人类发展的历史见证。吸引人们的不光是她们的典雅、尊贵和奇特的造型，更是她们承载历史的文化底蕴。老爷车是人类怀旧情结的必然产物，它们不仅记录着汽车发展的历史脚步，同时也见证着社会的发展轨迹。每一款老爷车在其古典、奇特的造型之下，都还浓缩和贮藏着一段段传奇般的历史。它们既是汽车历史的标本，也是人类社会的标本。它们永远是人们注意的焦点，无论是不是车迷，也不管在哪里见到，老爷车独特的风采和神奇的韵味都足以令你驻足，令你侧目，令你发出不由自主的惊叹和震撼，令你产生无法抑制的激动和遐想……这，就是老爷车的魅力。

老爷车历来是身份的象征与品位生活的标志，而老爷车比赛不仅是当今世界赛车界最具浪漫氛围、最富传奇色彩的赛车运动，而且是人类历史最为悠久、最具规模、最富感召力和贵族气息的汽车赛事。与目前中国民众熟悉的F1、A1等汽车顶级赛事不同，老爷车赛事没有强烈的锦标主义和竞技主义色彩，也没有几乎高不可攀的场地要求和民众难以领悟的技术指标。老爷车比赛多数是集中数十甚至数百辆年代不同、车型各异的老式车辆，以旅游景点为节点，穿行于具有旅游价值的城际之间，并以趣味性的评分规则评定赛事成绩。其集展示、竞技、娱乐于一身，聚历史、美学、动力、速度、人文于一体，每至一地，万众欢腾、万人空巷、摩肩接踵，民众奔走相告、竞相追逐、争睹为快。

学习单元 2 汽车展览

知识目标

了解汽车展览相关知识。

技能目标

通过学习能够了解汽车展览的作用，列举出著名汽车展览名称。

基础知识

汽车展览会带来更多的概念车型、新车型、汽车展会风格和文化氛围，让人们感受到世界汽车工业跳动的脉搏。汽车展览是汽车制造商们展示新产品的舞台，在流光溢彩的样车背后，是汽车制造商们为在汽车市场上争夺市场份额而进行的殊死较量。

凡是对汽车有所了解的人都知道，德国法兰克福车展、美国底特律车展、瑞士日内瓦车展、法国巴黎车展和日本东京车展被誉为当今五大国际车展。它们之所以成为国际一流车展，一是参展商的规模和级别一流；二是展品档次和首次亮相的新车、概念车一流；三是场馆面积和配套设施一流；四是主办方服务质量一流；五是国内外记者范围、观众数量和专业水平一流。人们都说巴黎时装展是世界一流的时装展，是因为它代表了世界时装业发展的潮流；五大国际车展之所以世界知名，也是因为它们代表了世界汽车工业发展的潮流。

这五大车展当中，最年轻的东京车展也已经有 50 年左右的历史。撇开带给汽车爱好者和观众们的激情与快乐，这些车展都对世界汽车工业与汽车市场的发展起到了极大的推动作用，在世界汽车历史长河中有着不可磨灭的功绩。彰显自己鲜明的个性是这些著名车展的共同特点。比如法兰克福车展作为汽车工业的发源地之一，尤其重视传播汽车的文化性；日内瓦所在的瑞士因为没有自己的汽车工业，可以为各大汽车厂商提供公平竞争的舞台；北美车展则充满美国人的娱乐精神，吃喝玩乐无处不在，一应俱全；东京车展众多匪夷所思的“概念车”和最新科技的展示也是吸引观众眼球的卖点。

一、国际汽车展会

1. 德国法兰克福国际车展

德国是世界最早办国际车展的地方。法兰克福车展前身为柏林车展，创办于 1897 年，1951 年移到法兰克福举办，每年 9 月在德国法兰克福举行，轿车和商用车轮换展出。法兰克福车展是世界规模最大的车展，有“汽车奥运会”之称，是五大车展中技术性最强的，被誉为是最安静的车展。如图 6-7 所示。

法兰克福车展每两年举办一次，每次为期两周左右，到 2015 年已成功举办 65 届。作为世界五大车展之一，法兰克福车展的参展商家也包揽天下，但主要来自欧洲、美国和日本，尤其以欧洲汽车商居多。当然，德国的几大汽车巨头如奔驰、宝马等占尽天时地利。

图 6-7 德国法兰克福国际车展

1999 年第 58 届法兰克福车展，展览面积达 22.5 万平方米，吸引了 44 个国家的 1200 家汽车制造商、81 个国家的 1.35 万名记者和 89.6 万名参观者，展出了 100 多项汽车新技术，参展商中还有大量相关行业的厂商和维修、出版等机构，各种研讨会和信息发布会，使车展可谓包罗万象，应有尽有。法兰克福车展的服务细致而周到，符合德国人一贯的滴水不漏办事作风。人们不仅可以看到百年“老爷车”和光彩夺目的新车，还可以观看新车表演和国际赛事实况转播，并可获得汽车发展史、技术性能、安全行车、环保节能等多方面知识。法兰克福属黑森州，位于莱茵河畔，全称为莱茵河畔法兰克福，它不仅是欧洲最大的交通枢纽，拥有欧洲最大的航空站，而且也是德国金融业、高科技和现代化的象征，是欧洲最主要的经济金融中心。法兰克福以其著名的股票交易所和众多的摩天大楼而被称为德国的“曼哈顿”。作为“博览会之城”的法兰克福还有其他名胜，勒默尔市政厅、老歌剧院、圣巴托洛梅教堂、德国著名诗人歌德的故居、察尔商业街和展览中心更是世界知名，这里曾是 20 多名德意志帝王进行加冕的地方。

2. 美国底特律车展

底特律车展每年 1 月在美国底特律举行，创始于 1907 年，是世界上历史最长、规模最大的汽车展之一，由于在年初举行，被誉为“全球汽车风向标”。美国底特律可以说是世界与汽车联系最紧密的城市。从造车起步，靠汽车工业蜚声天下，现在底特律依然是美国这个“车轮上的国度”的发动机，底特律车展也成为当今世界最负盛名的车展之一。

1957 年，欧洲车厂终于远渡重洋而来，首次出现了沃尔沃、奔驰、保时捷的身影，获得了美国民众的高度重视，底特律车展的“王旗”正式树起。底特律汽车展览会 1989 年才正式更名为北美国际汽车展览会。其历史开始于 1900 年 11 月纽约汽车俱乐部召开的第一届世界汽车博览会，后来辗转迁移至汽车城底特律。在 2002 年举办的北美国际汽车展上，共有来自北美、欧洲及亚洲的 400 多家厂商带来的 700 多辆轿车、货车参展。作为美国汽车市场的传统烙印，北美车展基本上是日本、美国车的天下。

底特律——美国最大的汽车工业中心孕育了汽车工业。美国最大的三家汽车公司

（通用、福特、克莱斯勒）的发源与兴旺都是在这个城市，它也被称为“汽车城（Motor City）”。底特律位于美国北部五大湖区的密歇根州，在由机场通往市区的公路旁，每个进入底特律的人，都会看到一座巨大无比的汽车轮胎雕塑，这是这座城市的标志。另外还有一个巨大的计数器，不停地按分、按时、按天显示出美国造出来的汽车数目。到了这里，你会感到只有汽车没有别的，这是一座名副其实的汽车城。

3. 瑞士日内瓦车展

一年一度的日内瓦车展起始于1905年，1926年起由非正式协会主办，1947年协会改组为国际车展基金会，1982年起由政府出面创立的Oexpo基金会主办。瑞士日内瓦车展每年3月举行，在第二次世界大战期间暂停了七年，是世界5大车展中最热闹的，被誉为“国际汽车潮流风向标”。

瑞士没有自己的汽车工业，而日内瓦却承办着世界最知名的车展之一。日内瓦始终是一个让人刮目相看的城市，每年一度的日内瓦车展，以其迷人的景致，处处公平的氛围和细致入微的参展规则，受到世界汽车巨头们的好评，更为众多观光者所青睐。车展主办方最引以自豪的是日内瓦公平的展览氛围，底特律车展上通用、福特趾高气扬；法兰克福汽车展简直就是德国车商的表演舞台；巴黎汽车展的主要大厅则被法国的车商所占据，但日内瓦车展一视同仁，地方保护主义的色彩最淡。日内瓦车展历来推崇技术革新和偏重概念车，在世界五大车展举办国中，唯有瑞士目前没有汽车工业，因而日内瓦车展以其“中立”身份赢得最为“公平”的形象。豪华车和概念车仍是日内瓦车展上最耀眼的明星。

伴着瑞士让人倾倒的美景，日内瓦的车展是许多车迷看车和旅游一举两得的好去处。车展期间，日内瓦大小饭店均告客满，图6-8为瑞士日内瓦车展。车展期间，每晚灯火辉煌，各类招待会和酒会一个接一个，花样繁多的食品犹如食品博览会，给日内瓦带来了巨额的旅游收入。虽然它没有底特律、法兰克福车展的规模，在世界五大车展中属于“小家碧玉”型，其特有的中立地位，使得众多的参展商非常看好日内瓦车展，许多汽车制造商也乐于在日内瓦车展上推出新车。2005年3月3日举行的第75届日内瓦国际汽车展，同时也迎来了日内瓦车展的百年华诞。吸引了来自30个国家和地区的261家厂商的900多个品牌的汽车参展，其中包括53种世界首发和18种欧洲首发车型。本届车展的一大亮点是概念车型层出不穷。

图6-8 瑞士日内瓦车展

日内瓦——瑞士境内国际化程度最高的城市，位于西欧最大的湖泊——美丽的日内瓦湖之畔，法拉山和阿尔卑斯山近在眼前。市区内，公园星罗棋布，湖畔鲜花遍地，美不胜收。作为历史悠久的国际大都市，日内瓦以其深厚的人道主义传统，多彩多姿的文化活动、重大的会议和展览会、令人垂涎的美食、清新的市郊风景及众多的游览项目和体育设施而著称于世。日内瓦市内值得一游的有著名的宗教改革国际纪念碑、圣一皮埃尔大教堂、大剧院、艺术与历史博物馆、日内瓦大学等，在晴朗的日子里泛舟日内瓦湖，更是别有一番情趣。

4. 法国巴黎车展

1898 年 6 月，首次举办巴黎车展，自 1923 年开始，车展改在 10 月的第一个星期三举办，这一惯例一直延续到今天。1976 年起车展定为两年举行一次，至 2015 年已举办了 81 届。作为浪漫之都的巴黎，它的车展总能给人新车云集、争奇斗艳的感觉。充满时尚是具有悠久历史的巴黎车展的突出特点。

1998 年，欧洲车迷期待已久的巴黎“百年纪念车展”举办，该届车展以“世纪名车大游行”的方式，让众多观众在巴黎大街上一睹香车美女的芳容。2000 年巴黎汽车展在凡尔赛门展览中心举办，共有来自全世界 30 多个国家的汽车厂商，展示 667 个品牌的产品。并且首次将展期由过去的 12 天延长至 17 天，还增加了低票价的 18：00 ～ 22：00 的晚场参观时段，总参观人数大约在 130 万左右。

世界各大巨头总喜欢把最先进的技术产品放在巴黎露面，而两年一届巴黎车展，也是概念车云集的海洋，各款新奇古怪的概念车常常使观众眼前一亮。

巴黎——历史名城，作为法国首都，既是世界时尚中心，也是浪漫迷人的大都会，素有“世界花都”之称。雄伟庄严的凯旋门和屹立于塞纳河畔的埃菲尔铁塔是巴黎及法国的标志。协和广场、香榭丽舍大道、巴黎圣母院、收藏有举世闻名的蒙娜丽莎、维纳斯、胜利女神三宝的卢浮宫及美轮美奂的凡尔赛宫、总统府——爱丽舍宫等地，风格出众，总是让人流连忘返。

5. 日本东京车展

东京车展是五大车展中历史最短的，被誉为“亚洲汽车风向标”，东京车展创办于 1966 年，每年 10 月底举行，单数年为轿车展，双数年为商用车展。历来是日本本土生产的各种千姿百态的小型汽车唱主角的舞台，这也是与其他国际著名车展相比最鲜明的特征。同时，各种各样的汽车电子设备和技术也是展会的一大亮点。一年一度的东京车展为小轿车展与商务车展交替举行，历史最短的东京国际汽车展发展非常之快，日本人对技术的崇拜使这一展会成为最新汽车科技的集中展示地。日本人建造了世界上最先进、设施也最完备的展馆——位于千叶县的暮张新馆。

环保和节能始终是东京车展的亮点，与其他西方大型车展相比，日本车展更具有东方神韵。日本厂商多款造型小巧精美、内饰高档的车总能成为车展的主角。

2004 年 38 届展览是东京车展历史上的第三届商用车展，展览主题是“汽车——人类的伙伴”。东京车展在 1999 年秋季被分为“乘用车与摩托车展”和“商用车展”两个展会，每年交替举办。首届商用车展，即第 34 届东京车展于 2000 年举办，为了更好地反映展览的主题“工作与福利车”，本届展览名称被改为“商用车及无障碍车辆展览”。主办者特地在展会现场布置了一系列的观众参与项目，能满足各种观众的需求。

东京——日本第一大都会，是政治、经济、文化中心和世界著名旅游城市之一，也是服装、时尚流行的前沿。东京有许多名胜古迹和著名国际活动场所，东京银行最集中的丸之内、剧场和游乐场所众多的乐町区、因世界百货总汇而闻名的银座商业区等，是繁华东京的缩影。此外闻名遐迩的富士山和东京迪士尼乐园也让人们趋之若鹜。

二、我国五大车展

中国已成为无可否认的汽车生产大国。而从各个车展展馆内人头攒动的场面中，也不难看出，汽车已经深刻地影响着国人的生活。到车展看热闹的人越来越少，准备买车的人越来越多。车展市场兴盛繁荣，而最具代表性的车展当属北京、上海、广州、长春、成都车展。

1. 北京车展

北京国际汽车展览会（Auto China）创办于 1990 年，至今已成功举办了十三届，2008 年北京车展期间我们隆重地举行了北京车展十届纪念活动，2014 年我们迎来了北京车展创办 24 周年纪念日。

北京车展从创办至今的 20 年，适逢我国经济在改革、开放政策指导下，全面进入高速发展时期。众多跨国汽车公司先后在中国设立合资、合作企业，把先进的技术和管理、制造经验带到中国，促进了中国汽车工业的蓬勃发展。特别是近几年，中国汽车工业自主创新势头强劲，自主品牌开始崛起。中国经济几十年来的高速发展，带动了中国汽车消费市场的持续繁荣。2006 年，中国已经成为世界第二大汽车市场，第三大汽车制造国，中国汽车业已在全球市场占据举轻若重的地位。今年一季度，我国汽车销量 267.88 万辆，汽车产量 256 万辆，继续保持平稳发展的势头。中国正向世界汽车产销第一大国快速迈进，成为跨国汽车巨头汽车销售业绩的主要增长点，是全球汽车市场中增速最快和最重要的新兴市场。

在此背景下，两年一届的北京国际汽车展览会受到中外汽车界、新闻界和社会各界的高度关注和积极参与，北京车展已称为中外汽车业展示企业形象、宣传推广品牌、实施战略发布、展现先进前沿技术和研发实力、沟通交流信息的有效平台。20 年来，北京国际汽车展览会不仅见证了中国汽车业飞速发展的历史，展览会自身也依托中国汽车产业的发展和广大市场，从小到大、秉承“展品精、品牌全、国际化”的办展理念和特色，从普通专业类展览会逐步成长为目前在国际会展业和汽车业有着广泛影响，具有品牌效应的重要汽车展览会，成为中外汽车业界每两年一次在中国的重要展事活动。

2. 上海车展

上海车展创办于 1985 年，是中国最早的专业国际汽车展览会，如图 6-9 所示；逢单数年举办，目前已经成功举办了十五届，是亚洲最大规模的车展。

2004 年 6 月，上海国际汽车展顺利通过了国际博览联盟（UFI）的认证，成为中国第一个被 UFI 认可的汽车展。伴随着中国汽车工业与国际汽车工业的发展，经过 20

多年的积累，上海国际汽车展已成长为中国最权威、国际上最具影响力的汽车大展之一。从2003年起，除上海贸促会外，车展主办单位增加了权威性行业组织和拥有举办国家级大型汽车展经验的中国汽车工业协会和中国国际贸促会汽车行业分会，三家主办单位精诚合作，为上海车展从区域性车展发展成为全国性乃至国际汽车大展奠定了坚实的基础，确立了上海车展的地位和权威性。

图 6-9 上海车展

3. 广州车展

广州汽车展乘用车展区展品范围：乘用车（包括各种基本型乘用车、SUV、MPV、混合车型、改装车型等）。中国（广州）国际汽车展览会创办于2003年，定位于“高品位、国际化、综合性”，基于广州市人民政府的大力支持，依托中国三分之一的汽车消费市场、强势发展的汽车产业优势以及亚洲最好的展馆，经过多年精心培育的广州车展已成为中国国内知名汽车展之一。

4. 成都车展

成都车展是中国西部最具规模和影响力的汽车产业与消费专业展示交流平台，经过十余年的不懈努力与精心打造，成都车展的品质、规模及其专业化程度得到了行业的一致认同，被中国贸易促进委员会汽车行业分会认定成为中国最具影响力的车展之一。

5. 长春车展

中国（长春）国际汽车博览会是由中国国际贸易促进委员会批准的国内著名车展之一。目前，中国（长春）国际汽车博览会已成为国内著名的车展之一，是继上海车展之后第二个获得国际展览联盟（UFI）认证的专业汽车展览会。在南京举办的中国会展财富论坛上，中国（长春）国际汽车博览会入选中国展会一百强。

学习案例

2013北京汽车博览会·嘉年华于8月9日~12日在国家会议中心举行。相比于一些热闹的车展，此次博览会现场大部分汽车厂商并未邀请车模，这也让现场略显低调。

案例分析

车模在给车展带来高人气的同时，其喧宾夺主的效果也成为近年来大众所诟病的环节。在此，业界也就车模对车展的利弊进行了探讨。

有人说车模最大的作用就是能够吸引人气，可以将展会现场的观众吸引到自己的展台，这必然会增加现场观众对汽车的关注度，间接地也能够增加汽车的销量。另一方面，在媒体的宣传报道上，车模可以大大增加汽车品牌的曝光率。

展览会上的车模能够吸引观众的眼球，这一方面可以给企业品牌宣传推广，另一方面会提高现场的交易量。但其实并不是每一场展览都会请车模，车展是否会请车模会根据展览会现场的具体情况而定。当展会现场存在同类型品牌竞争的时候，请车模的概率会比较大，因为车模会带来人气。

也有人认为最开始车模是为了展示汽车的文化，但目前车模变成比车还要吸引观众的现象，这事实上背离了对车模最初的设想。车模在一定程度内无可厚非，但是现在一些做法有些出格了，出现了车模衣着过分暴露，非参展人员个人炒作等现象。去年，首都精神文明办就针对2012北京国际汽车展览会中的不文明现象进行了批评。

邀请车模属于商家行为，是商家为了推销汽车产品吸引观众的一种措施，但是目前车模走入了一个误区。前两届的北京国际汽车展览会上车模穿得越来越少，与其说是车展，倒不如说其成为人们口中的“肉展”。展览会不是在宣传车，而是通过人来吸引人，产生了一定的负面影响。此外，这种通过哗众取宠的方式来吸引观众，吸引来的不一定是专业观众。车模吸引观众的作用不能一概而论，真正来看车买车的专业观众的数量才是判断展会效果的核心因素。

综合来说，车模主要是表现人与车之间的关系，展示汽车的文化，其中包括汽车历史典故、市场定位、消费对象、汽车品牌及性能的推广等，表现出不同环境中人与车、与自然的关系。车模作为汽车文化宣传的一种手段，要把握一定的尺度，不能够落入俗套。国外的车展也有车模，但其对车模的穿着、行为举止都是有严格要求的，以保证汽车是车展的主角。

教学检测

填空题

1. __________被称为汽车运动的摇篮。
2. __________与奥运会和世界杯足球赛并称为世界三大体育赛事。

3. ________是指在一个国家内举行或者跨越国境举行的多日的、分段的长途汽车比赛。

选择题

1. 曾 7 次获得 F1 世界冠军的德国赛车手是（　）。
   A. 埃尔顿·塞纳　　B. 迈克尔·舒马赫
   C. 费尔南多·阿隆索　　D. 简森·巴顿
2. （　）被誉为“国际汽车潮流风向标”。
   A. 瑞士日内瓦车展　　B. 美国底特律车展
   C. 日本东京车展　　D. 德国法兰克福车展
3. （　）是中国第一个被 UFI 认可的汽车展。
   A. 北京车展　　B. 上海车展
   C. 广州车展　　D. 长春车展

拓展实训　汽车运动的意义

一、实训目的

通过查询整理相关信息，了解汽车运动对汽车发展的意义。

二、实训内容

（1）4 个人为一小组，通过网上查询、报刊阅读等方法，选定某款赛车，介绍其技术特点和性能参数（对比市面上普通汽车），以 PPT 的形式与全班同学交流；

（2）由此明确汽车运动作为一种产业文化其应该代表行业的科学性和先进性。

三、实训结果

____

____

____

四、总结分析

____

____

____

五、教师评分

____

____

____

学习情境七

汽车新技术及新能源汽车

情境导入

欧洲汽车废气排放标准是欧盟国家为限制汽车废气排放污染物对环境造成的危害而共同采用的汽车废气排放标准。当前对几乎所有类型的车辆排放的氮氧化物（NO_x）、碳氢化合物（HC）、一氧化碳（CO）和悬浮粒子（Particulate Matter，PM）都有限制，比如小轿车、卡车、火车、拖拉机和类似机器、驳船，但不包括海轮和飞机。对每一种车辆类型，汽车废气排放标准有所不同。在 1992 年实行了欧 1 标准，1996 年实行欧 2 标准，2000 年实行欧 3 标准，从 2005 年开始，实行欧 4 标准，2008 年开始实行欧 5 标准，而在 2014 年 1 月初实行的就是欧 6 标准了。相对于美国和日本的汽车废气排放标准来说，测试要求比较宽泛，因此，欧洲标准也是发展中国家大都沿用的汽车废气排放体系。我国就将欧洲排放法规应用推出国 3、国 4 等标准。随着排放法规的不断跟进和人们对汽车性能要求的不断提高，汽车新技术的开发显得尤为重要。

学习导航

本情境的主要内容包括：

1. 汽车发动机新技术；
2. 汽车底盘新技术；
3. 汽车安全新技术；
4. 新能源汽车。

学习单元1　汽车新技术

知识目标

了解汽车新技术的应用。

技能目标

通过本单元学习，能够了解相关汽车最新技术的工作原理及作用。

基础知识

汽车工业的水平是评价一个国家工业化水平的重要指标，汽车已成为人们生活中必不可少的交通运输工具之一。传统的技术已不能满足汽车发展的需要，汽车的性能也有待提高。本单元将对发动机、底盘和汽车安全这三方面在近几年所采用的新技术进行介绍。

一、发动机新技术

1. 可变配气相位技术

可变配气相位能根据发动机的运行状况而改变气门升程和开启的时间，使发动机在所有的工作转速下都能获得较佳的配气相位和气门升程，提高发动机的动力性和经济性。

传统的发动机配气机构在发动机制造装配好之后，配气相位角及气门升程便无法改变。但理想的配气相位角应随着发动机的转速、负荷及其他工况而改变；如发动机低速时，在气门重叠角范围内，由于气流惯性的减弱，可能造成废气倒流；尤其当转速在1000r/min以下时，更为明显，容易造成怠速不稳，功率下降等。而在高转速时，又由于进气行程的时间非常短促，可能造成进气不足、排气不净、功率下降等。因此，传统的配气机构难以同时兼顾高低转速时对配气相位的要求。

为了使发动机在高转速时能提供较大的功率，要求提早开启、推迟关闭进气门。在低转速时又能产生足够的转矩，要求推迟开启、提早关闭进气门。现代轿车发动机已有采用可变气门控制系统，它能根据发动机的运行状况而改变配气相位和气门升程。主要通过两种形式实现。一种是气门挺柱或摇臂可变系统，工作时凸轮轴和凸轮不变动，气门挺柱、摇臂或推杆靠机械力或液压力的作用而改变，从而改变配气相位和气门升程；另一种是凸轮轴和凸轮可变系统，通过凸轮轴或者凸轮的变换来改变配气相位。如日本本田公司研制的“可变气门配气相位和气门升程电子控制系统”（Variable Valve Timing and Valve Life Electronic Control System，简称“VTEC”），是世界上第一个能同时控制气门开闭时间及升程在两种不同情况下工作的气门控制系统。

采用配气相位技术，可以达到：

①提高标定功率；

②提高低速扭矩；

③改善起动性能；

④提高怠速稳定性；

⑤提高燃油经济性达 15%；

⑥降低排放。

（1）本田车系可变气门相位 VTEC。

VTEC 机构在本田轿车车系许多车上采用，VTEC 是英文缩写，其全称为：Variable Valve Timing & Valve Lift Elecctronic Control，意思是可变气门相位与升程电子控制。

VTEC 机构的工作原理（如图 7-1）：

①发动机低速运转时，ECM 无工作指令，油道内无控制油压，各摇臂中的柱塞都在各自的柱塞孔中，各摇臂独自摆动，互不影响。主摇臂随主凸轮开闭主进气门，次凸轮推动次摇臂微开次进气门；中间摇臂只是“空转”。

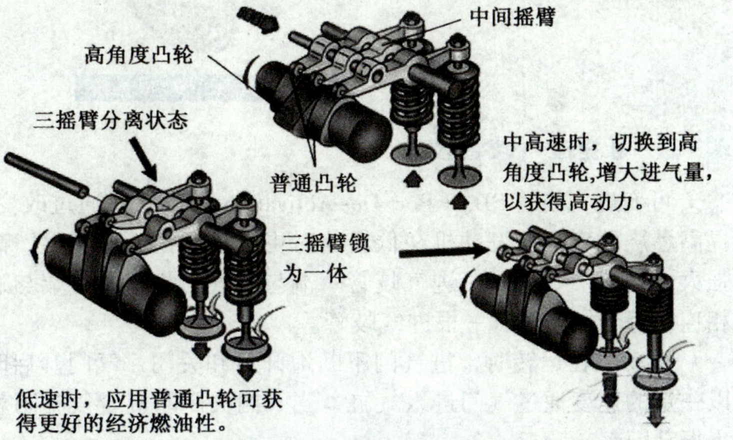

图 7-1 本田 VTEC 示意图

②发动机高速运转时，发动机转速达到 2300 ~ 2500r/min，车速达到 10km/h 以上，节气门开度达到 25% 以上，冷却液温度在 60℃以上。ECM 指令 VTEC 电磁阀开启液压油道，油压推动正时柱塞、同步柱塞和限位柱塞移动，将三个摇臂栓为一体。由于中间凸轮的升程大于另外两个凸轮，且凸轮的相位角也加大，主次进气门都大幅度地同步开闭。此时，发动机处于“双进双排”工作状态，功率明显地加大。可见栓联时有轻微噪声，是正常现象。

③汽车在静止状态空转时，VTEC 机构不投入工作。

④ VTEC 机构技术状态的好坏，除电控部件外，主要决定于滑润系统的特设油道油压值。对机油品质、润滑系统相关部件和曲轴的轴承配合间隙要求严格（0.02 ~ 0.04mm），必须使用本田车系的专用纯正机油。

⑤另外本田系列的采用可调气门间隙的配气机构，气门间隙的调整必须在冷态下进行。

⑥ VTEC 机构的正时柱塞处，尚有惯性锁止片，用扭簧控制，片端插入正时柱塞的锁止槽中，该锁止片依靠高速时的惯性力解脱。

（2）丰田 VVT-i 系统（如图 7-2）。

VVT-i（Variable Valve Timing intelligent）系统用来控制进气凸轮轴在40° 曲轴转角范围内，保持最佳的气门正时，以适应发动机工作状况，从而实现在所有速度范围提高转矩和燃油经济性，减少废气排放量。这种结构只是改变进气门开、关时间的早晚，配气相位角值不变（时间平移——早开、早关；晚开、晚关），不改变进气门升程的大小。

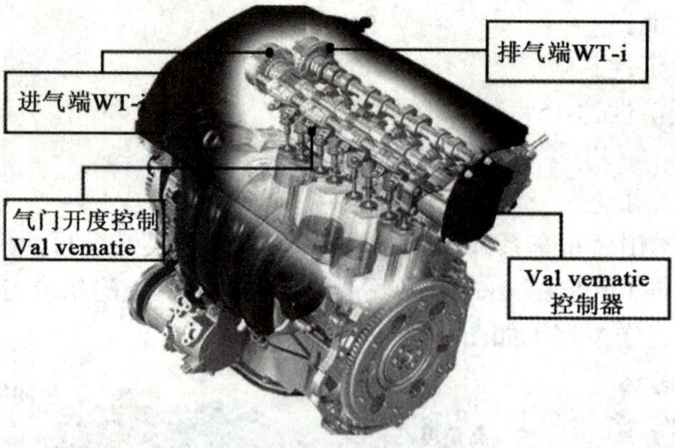

图 7-2 丰田 VVT-i 系统

2. 可变进气歧管技术

可变进气歧管 PDA（Port De-Activation Valve）是通过改变进气管的长度或截面积，提高燃烧效率，使发动机在低转速时更平稳、扭矩更充足，高转速时更顺畅、功率更强大，如图 7-3 所示。进气歧管一端与进气门相连，一端与进气总管后的进气谐振室相连，每个气缸都有一根进气歧管。

发动机在运转时，进气门不断地开启和关闭，气门开启时，进气歧管中的混合气以一定的速度通过气门进入气缸，当气门关闭时混合气受阻就会反弹，周而复始会产生振动频率。

如果进气歧管很短，显然这种频率会更快；如果进气歧管很长的话，这个频率就会变得相对慢一些。如果进气歧管中混合气的振荡频率与进气门开启的时间达到共振的话，那么此时的进气效率显然是很高的。

3. 可变增压技术

涡轮增压技术是发动机上常见的技术之一，虽然发动机全负荷状态下时排气能量非常可观，但当发动机转速较低时，排气能量却小得可怜，此时涡轮增压器就会由于驱动力不足而无法达到工作转速，这样造成的结果就是，在低转速时，涡轮增压器并不能发挥作用，这时候涡轮增压发动机的动力表现甚至会小于一台同排量的自然吸气发动机，这就是我们经常说的“涡轮迟滞（Turbo lag）”现象。

为解决这个矛盾，让涡轮增压发动机在高低转速下都能保证良好的增压效果，VGT（Variable Geometry Turbocharger）或者叫 VNT 可变截面涡轮增压技术便应运而生。在柴油发动机领域，VGT 可变截面涡轮增压技术早已得到了很广泛的应用。由于汽油发动机的排气温度要远远高于柴油发动机，达到 1000℃左右（柴油发动机为 400℃左右），而 VGT 所使用的硬件材质很难承受如此高温的环境，因此这项技术也迟迟未能在汽油机上应用。如图 7-4 所示。

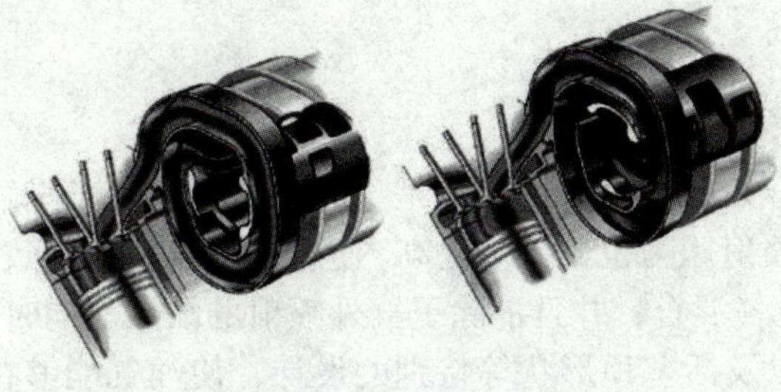

图 7-3 可变进气歧管

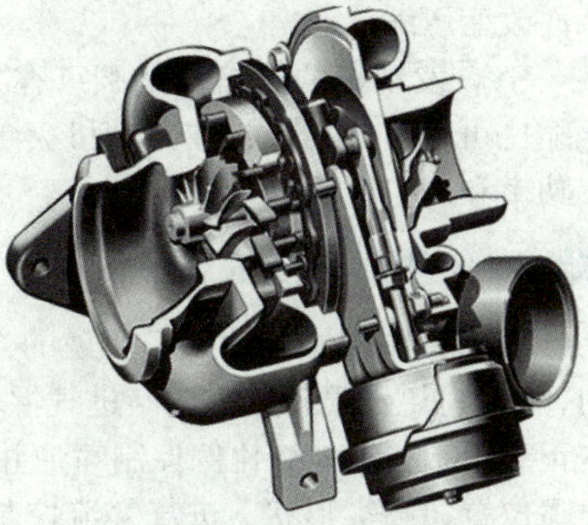

图 7-4 VNT 结构图

VGT 技术的核心部分就是可调涡流截面的导流叶片，从图上我们可以看到，涡轮的外侧增加了一环可由电子系统控制角度的导流叶片，导流叶片的相对位置是固定的，但是叶片角度可以调整，在系统工作时，废气会顺着导流叶片送至涡轮叶片上，通过调整叶片角度，控制流过涡轮叶片的气体的流量和流速，从而控制涡轮的转速。当发动机低转速排气压力较低的时候，导流叶片打开的角度较小。根据流体力学原理，此时导入涡轮处的空气流速就会加快，增大涡轮处的压强，从而可以更容易推动涡轮转动，从而有效减轻涡轮迟滞的现象，也改善了发动机低转速时的响应时间和加速能力。而在随着转速的提升和排气压力的增加，叶片也逐渐增大打开的角度，在全负荷状态下，叶片则保持全开的状态，减小了排气背压，从而达到一般大涡轮的增压效果。此外，由于改变叶片角度能够对涡轮的转速进行有效控制，这也就实现对涡轮的过载保护，因此使用了 VGT 技术的涡轮增压器都不需要设置排气泄压阀。

4. 可变压缩比技术

由于燃烧室容积及气缸工作容积都是固定的参数，在设计中均已经确定，所以一般发动机的压缩比是不可变动的。为了使现代发动机能在各种工况中发挥更好的效率，以便改善其运行性能，人们开始尝试通过改变压缩比来提高发动机的效率。由于改变压缩比必然要改动整个发动机的结构，难度很大，因此这个问题困扰了汽车界人士很长一段时间。现在这一难题已被瑞典的绅宝工程师解决。

近年来，萨博（Saab）开发的 SVC 发动机（如图 7-5 所示）以改变压缩比来控制发动机的燃油消耗量。它的核心技术就是在气缸体与气缸盖之间安装楔形滑块，气缸体可以沿滑块的斜面运动，使得燃烧室与活塞顶面的相对位置发生变化，改变燃烧室的容积，

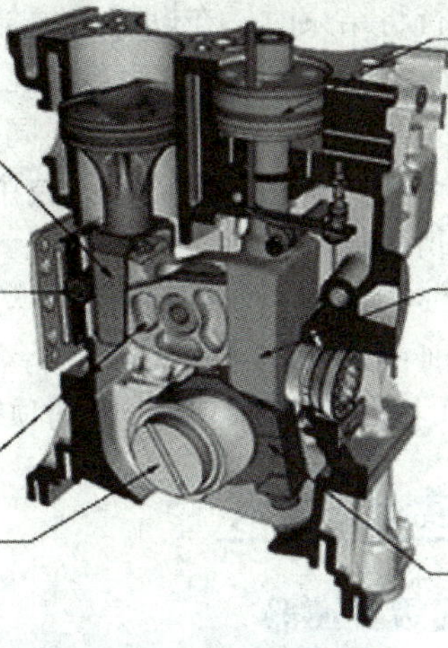

图 7-5 可变压缩比发动机

从而改变压缩比。

SVC 发动机的压缩比范围可在 8 ～ 14 范围内变化。在发动机小负荷时，采用高压缩比可以节约燃油；在发动机大负荷时，采用低压缩比并辅以机械增压器可以实现大功率和高扭矩输出。

5. 缸内直喷技术

缸内直喷技术，即人们所说的 GDI，如图 7-6 所示，就是将燃油喷嘴安装于气缸内，直接将燃油喷入气缸内与进气混合。喷射压力也进一步提高，使燃油雾化更加细致，真正实现了精准地按比例控制喷油并与进气混合，并且消除了缸外喷射的缺点。同时，喷嘴位置、喷雾形状、进气气流控制，以及活塞顶形状等特别的设计，使油气能够在整个气缸内充分、均匀地混合，从而使燃油充分燃烧，能量转化效率更高。因此有人认为缸内直喷式汽油发动机是将柴油机的形式移植到汽油机上的一种创举。

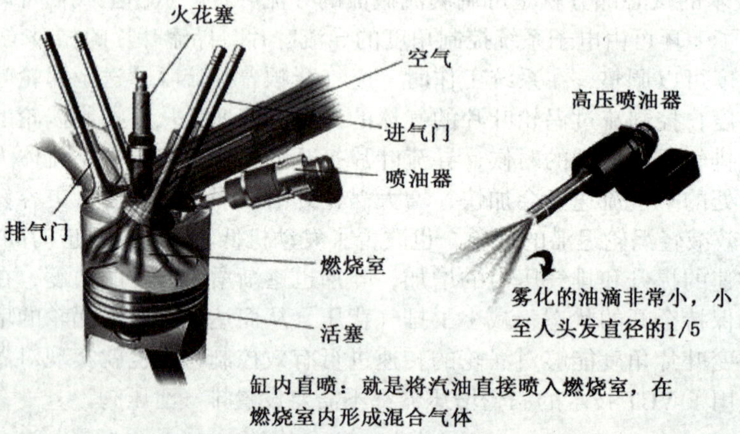

图 7-6 缸内直喷技术

缸内直喷式汽油发动机的优点是油耗量低，升功率大。其空燃比达到 40 : 1（一般汽油发动机的空燃比是 15 : 1），也就是人们所说的“稀燃”。机内的活塞顶部一半是球形，另一半是壁面，空气从气门冲进来后在活塞的压缩下形成一股涡流运动，当压缩行程行将结束时，在燃烧室顶部的喷油嘴开始喷油，汽油与空气在涡流运动的作用下形成混合气，这种急速旋转的混合气是分层次的，越接近火花塞越浓，易于点火做功。GDI 发动机压缩比高达 12，与同排量的一般发动机相比功率与扭矩都提高了 10%。

在近来各厂采用的发动机科技中，最炙手可热的技术非缸内直喷莫属。这套由柴油发动机衍生而来的科技目前已经大量使用在包含 VAG、BMW、Mercedes-Benz、GM 以及 Toyota（Lexus）车系上。其中 VAG 集团可以算是导入缸内直喷科技最具代表性的例子，目前包含 Audi 和 VW 都已将名为 FSI 的缸内直喷发动机列为旗下车款的高阶动力来源，而且在 Audi 和 VW 车系的顶级车上，甚至更以 FSI 结合上涡轮增压以增大动力。

二、底盘新技术

1. 无级变速器

（1）无级变速器概述。

无级变速器是传动比可以在一定范围内连续变化的变速器，简称 CVT（英文 Continuously Variable Transmission 的缩写）。它采用传动带和工作直径可变的主、从动轮相配合来传递动力，可以实现传动比的连续改变，从而得到传动系与发动机工况的最佳匹配，最大限度地利用发动机的特性，提高汽车的动力性和燃油经济性，目前在汽车上的应用越来越多。目前常见的无级变速器是金属带式无级变速器（VDT-CVT）。

20 世纪 70 年代中后期，CVT 研制成功并于 1982 年投放市场，被菲亚特公司及富士重工相继采用。福特公司于 1987 年首次将装钢带的 CVT 轿车引入市场，受到用户好评。

目前，我国已经有部分车型配用了无级变速器，如一汽大众奥迪、广汽本田飞度、东风日产新天籁、东南得力卡菱帅、南京菲亚特派力奥及奇瑞旗云等轿车。

（2）无级变速器的基本组成。

奥迪 01J CVT 主要由飞轮减振装置、前进挡离合器、倒挡制动器、行星齿轮装置、速比变换器、液压控制单元和电控单元组成，如图 7-7 所示。

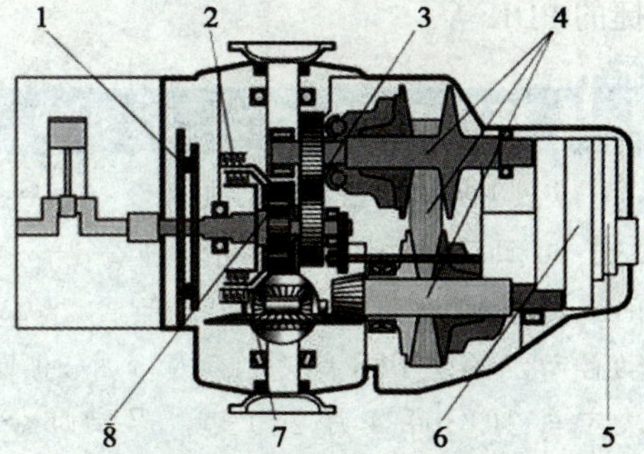

1—飞轮减振装置；2—倒挡制动器；3—辅助减速齿轮；4—速比变换器；5—电子控制系统；6—液压控制系统；7—前进挡离合器；8—行星齿轮机构

图 7-7 奥迪 01J CVT 的基本组成

（3）无级变速器的优点。

①结构简单，体积小，大批量生产后的成本肯定低于当前液力自动变速器的成本。

②工作速比范围宽，容易与发动机形成理想的匹配，从而改善燃烧过程，降低油耗和排放。

③具有较高的传动效率，功率损失少，经济性高。

2. DSG 双离合变速器

DSG（Direct Shift Gearbox）中文表面意思为“直接换挡变速器”，DSG 是大众对自己买断的双离合技术专有称谓。

DSG 结构如图 7-8 所示。双离合变速箱结合了手动变速箱和自动变速箱的优点，没有使用变矩器，转而采用两套离合器，通过两套离合器的相互交替工作，来达到无间隙换挡的效果。两组离合器分别控制奇数挡与偶数挡，具体说来就是在换挡之前，DSG 已经预先将下一挡位齿轮啮合，在得到换挡指令之后，DSG 迅速向发动机发出指令，发动机转速升高，此时先前啮合的齿轮迅速结合，同时第一组离合器完全放开，完成一次升挡动作，后面的动作以此类推。

图 7-8 大众 DSG 双离合变速器

因为没有了液力变矩器，所以发动机的动力可以完全发挥出来，同时两组离合器相互交替工作，使得换挡时间极短，发动机的动力断层也就非常有限。作为驾驶者我们最直接的感觉就是，切换挡动作极其迅速而且平顺，动力传输过程几乎没有间断，车辆动力性能可以得到完全的发挥。与采用液力变矩器的传统自动变速器比较起来，由于 DSG 的换挡更直接，动力损失更小，所以其燃油消耗可以降低 10% 以上。

不过与传统的自动变速器比起来，DSG 也存在一些固有的弊端，首先就是由于没有采用液力变矩器，又不能实现手动变速器“半联动”的动作，所以对于小排量的发动机而言，低转速下的扭矩不足的特性就会被完全暴露出来；其次，由于 DSG 变速器采用了电脑控制，属于一款智能型变速器，它在升 / 降挡的过程中需要向发动机发出电子信号，经发动机回复后，与发动机配合才能完成升 / 降挡。大量电子元件的使用，也增加了其故障出现的概率。

目前常见的双离合变速器有大众的 DSG、福特的 Powershift、三菱的 SST 以及保时捷的 PDK 等。

拓展知识

2013 年 3 月 15 日，央视 3 · 15 晚会曝光大众汽车 DSG 变速器存在安全隐患。3 月 16 日，国家质检总局发布公告，要求大众汽车针对 DSG 变速器动力中断故障问题实施召回。3 月 16 日下午，大众中国在其官方微博称，“大众汽车将实施主动召回以解决 DSG 问题。”。3 月 20 日大众汽车向国家质检总局备案了召回计划，决定自 2013 年 4 月 2 日起，召回部分缺陷汽车，共计 384181 辆。这是最近中国大陆最大的一起汽车召回事件。

3. 电控悬架

悬架主要影响汽车的垂直振动。传统的汽车悬架是不可调整的，在行车中车身高度的变化取决于弹簧的变形。因此就自然存在了一种现象，当汽车空载和满载的时候，车身的离地间隙是不一样的。尤其是一些轿车采用比较柔软的螺旋弹簧，满载后弹簧的变形行程会比较大，导致汽车空载和满载的时候离地间隙相差有几十毫米，使汽车的通过性受到影响。

汽车不同的行驶状态对悬架有不同的要求。一般行驶时需要柔软一点的悬架以求舒适感，当急转弯及制动时又需要硬一点的悬架以求稳定性，两者之间有矛盾。另外，汽车行驶的不同环境对车身高度的要求也是不一样的。一成不变的悬架无法满足这种矛盾的需求，只能采取折中的方式去解决。在电子技术发展的带动下，工程师设计出一种可以在一定范围内调整的电子控制悬架来满足这种需求，这种悬架称为电控悬架，目前比较常见的是电控空气悬架形式。

（1）组成。

电控悬架由传感器、电子控制单元和执行器三部分组成，如图 7–9 所示。

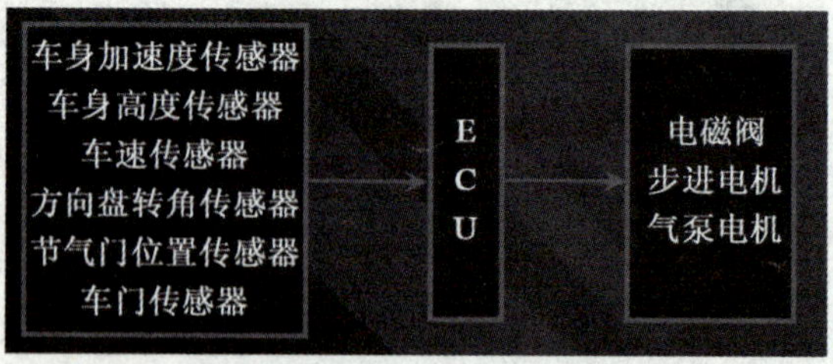

图 7–9 电控悬架系统组成

（2）电控悬架的控制功能。

①车速与路面感应控制。

● 当车速高时，提高弹簧刚度和减振器阻尼力，以提高汽车高速行驶时的操纵稳定性。

● 当前轮遇到突起时，减小后轮悬架弹簧刚度和减振器阻尼力，以减小车身的振动和冲击。

●当路面差时，提高弹簧刚度和减振器阻尼力，以抑制车身的振动。

②车身姿态控制。

●转向时侧倾控制：急转向时，提高弹簧刚度和减振器阻尼力，以抑制车身的侧倾。

●制动时点头控制：紧急制动时，提高弹簧刚度和减振器阻尼力，以抑制车身的点头。

●加速时后坐控制：急加速时，提高弹簧刚度和减振器阻尼力，以抑制车身的后坐。

③车身高度控制。

●高速感应控制：车速超过 90km/h，降低车身高度，以减少空气阻力，提高汽车行驶的稳定性。

●连续差路面行驶控制：车速在 40 ～ 90km/h，提高车身高度，以提高汽车的通过性；车速在 90km/h 以上，降低车身高度，以满足汽车行驶的稳定性。

●点火开关 OFF 控制：驻车时，当点火开关关闭后，降低车身高度，便于乘客的乘降。

●自动高度控制：当乘客和载质量变化时，保持车身高度恒定。

4. 电动助力转向系统

目前，配有动力转向系统的轿车约占全世界轿车保有量的 50%。随着汽车电子技术的发展，一些轿车上已采用电动助力转向系统，从而使汽车的经济性、动力性及机动性都有所提高。

电动助力转向系统的英文全称是 Electric Power Steering，简称为 EPS。它利用电动机产生的动力协助驾车者进行转向。EPS 一般由转矩传感器、电控单元（微处理器）、电动机、减速器、机械转向器和蓄电池电源等组成。

电动助力转向系统具有很多优点，与液压系统相比，其零件数目较少，布置方便，质量较小，因此在各种行驶条件下均可节能 80% 左右，提高了汽车的运行性能。

电动助力转向系统在近些年得到迅速的推广，也是未来助力转向系统的发展方向。

三、汽车安全技术

随着汽车保有量的增长，道路交通事故已成为全球性问题。提高汽车安全性就是稳定社会及保证经济繁荣的重要举措。汽车安全技术分为主动安全技术和被动安全技术。

1. 汽车主动安全技术

汽车主动安全技术是指在汽车设计和制造过程中，采用先进的技术和装备，对内、外部结构进行合理布局，主动预防、避免或减少事故发生的技术，如防抱死制动系统（ABS）、电子制动力分配（EBD）系统、牵引力控制系统（TCS）及电子稳定程序（ESP）系统等均属于汽车主动安全技术。

（1）防抱死制动系统。

现代汽车上大量安装防抱死制动系统，简称 ABS。ABS 既有普通制动系统的制动功能，又能防止车轮锁死，使汽车在制动状态下仍能转向，保证汽车的制动方向稳定性，防止产生侧滑和跑偏，是目前汽车上最先进、制动效果最佳的制动装置。

普通制动系统在湿滑路面上制动，或在紧急制动的时候，车轮容易因制动力超过轮胎与地面的摩擦力而完全抱死。完全抱死的车轮会使轮胎与地面的附着摩擦力下降，驾驶员无法控制汽车的行驶方向，制动过程中极易出现侧滑、甩尾和冲到公路外的危险情况。随着高速公路的发展，汽车的速度越来越快，制动时车轮安全抱死会出现更大的危险性。因此，出于安全考虑，汽车必须安装防抱死制动系统。

①组成。

汽车防抱死系统一般由车轮速度传感器、发动机速度传感器、电磁阀、计算机（电脑）和液压控制单元（液压调节器）组成。

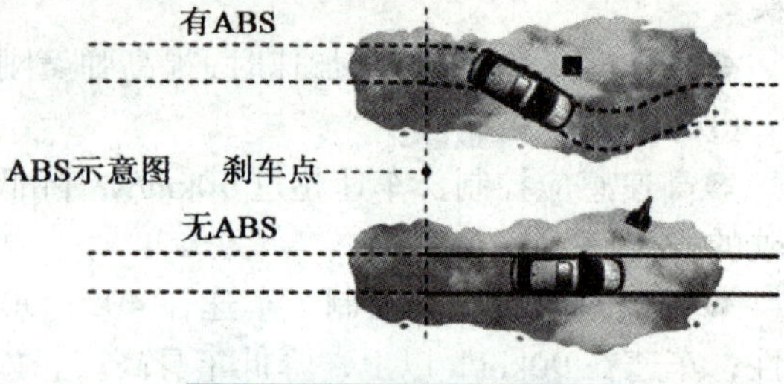

图 7-10 车轮抱死时的状态

②防抱死系统的功能。

防抱死系统能根据路面状况，控制车轮的滑移率在某一范围内工作。在汽车制动过程中，自动调节车轮的制动力，防止车轮的制动抱死，即使在非常恶劣的路面条件下，也能够保证车辆：

●在制动时方向的稳定性；

●在制动时的转向操纵能力；

●获得较短的制动距离；

●无需点制动。

③工作原理。

它是利用阀体内的一个橡胶气囊，在踩下刹车时，给予刹车油压力，充斥到 ABS 的阀体中，此时气囊利用中间的空气隔层将压力返回，使车轮避过锁死点。当车轮即将到达下一个锁死点时，刹车油的压力使得气囊重复作用，如此在一秒钟内可作用 60 ～ 120 次，相当于不停地刹车、放松，即相似于机械的“点刹”。因此，ABS 防抱死系统，能避免在紧急刹车时方向失控及车轮侧滑，使车轮在刹车时不被锁死，不让轮胎在一个点上与地面摩擦，从而加大摩擦力，使刹车效率达到 90% 以上。

（2）电子制动力分配系统。

电子制动力分配系统的英文全称为Electric Brake Force Dis-tribution，简称为EBD。EBD是ABS系统的辅助装置，在ABS起作用之前，先自动以前轮为基准去比较后轮轮胎的滑动率，若有差异需要调整时，制动油压系统将会调整传至后轮的油压，使制动力的分布效果更理想，从而提高制动效能及制动稳定性。

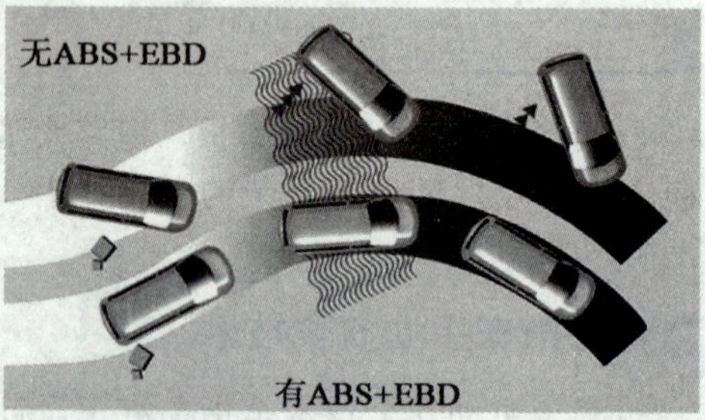

图 7-11 安装 ABS+EBD 前后制动效果图

（3）牵引力控制系统。

牵引力控制系统的英文全称为 Traction Control System，简称为 TCS，作用是防止驱动轮打滑空转。

汽车行驶时，驱动力主要取决于发动机的转矩，也受驱动轮附着力的限制，而附着力的大小取决于路面的附着系数。对于雨雪及湿滑的路面，发动机输出转矩过大时将引起驱动轮打滑，从而破坏了车辆的行驶稳定性及行驶安全性。同样，汽车起步或加速时也容易出现驱动轮打滑的现象。制动时，又总希望汽车驱动轮能同步地切断动力，以便缩短制动距离。为了实现上述要求，一些中高档轿车配备了 TCS 系统。TCS 系统又称为驱动防滑转调节系统，即 ASR（Acceleration Slip Regulation）系统。

TCS 是在 ABS 的基础上发展而成的，它借用 ABS 的感应器来监测所有车轮的转速，当驱动轮开始打滑空转且转速比其他车轮高出某一设定的限度时，车上的计算机会自动调节驱动力，使驱动轮的牵引力和转速减小，打滑空转的现象就会消失，汽车也可恢复正常的操控性和行驶的稳定性。此时，驾驶员踩加速踏板时会感受到反推力量，同时，仪表板上的 TCS 控制灯也会开始闪烁。

配备 TCS 的汽车行驶稳定性、加速性及爬坡能力都有所增强，通常情况下 TCS 和 ABS 共用轮速传感器，并与行车 ECU 连接，不断监视各车轮转速。当汽车在低速打滑时，TCS 会立刻通知 ABS 动作来减缓此车轮的打滑。若在高速发现打滑时，TCS 立即向行车 ECU 发出指令，指挥发动机降速或变速器降挡，使打滑车轮不再打滑，防止车辆失控甩尾。TCS 和 ABS 相互配合使用，将进一步增强汽车的安全性能。

（4）电子稳定程序。

电子稳定程序的英文全称是 Electronic Stability Program，简称为 ESP。ESP 包含 ABS 及 TCS，是这两种系统功能上的延伸，是当前汽车防滑装置的最高级形式。博世是第一家把电子稳定程序投入量产的公司。

ESP 以 ABS 系统为基础，通过传感器收集转向盘的转动角度及侧向加速度等信息，这些信息经过微处理器处理，再由液压调节器向车轮制动器发出制动指令，来实现对侧滑的纠正。当汽车转弯时，即侧向力起作用时，ESP 可使车辆稳定并保持安全行驶。

在欧美国家及日本，高档车须配有 ESP 已成为标准，中档车上的装配率也在迅速提高，少量的低档车上也配有 ESP。然而在我国，目前 ESP 仅在中、高档车上装配，如一汽奥迪 A6、奥迪 A4，华晨宝马 5 系以及奔驰 E 级均采用博世的 ESP 为标配；上海通用别克荣御、君越、上海大众领驭、北京现代 NF 御翔等轿车也装备博世的 ESP。随着人们对汽车安全性的要求日益提高，ESP 将如同 ABS 系统一样，未来将成为汽车的标准装备。

（5）汽车碰撞预警系统。

汽车碰撞预警系统的英文全称是 Automotive Collosion Warning System，简称 AWS。它是目前最新的汽车主动安全装置，是一种能预测到行车危险并在碰撞危险发生前向驾驶员发出警报以预防交通事故发生的系统，故被称为驾驶员永不疲倦的“第三只眼”。

汽车碰撞预警系统是通过动态视频摄像技术和计算机图像处理技术来实现其预警功能的，主要有以下三方面的功用：

①前碰撞预警：AWS 可在发生碰撞危险前的 2.7s 发出警报，以提醒驾驶员制动汽车，同时车尾灯不停闪烁，以警示后面的汽车避免追尾。

②车道偏离预警：AWS 能在无意识发生车道偏离前 0.5s 发出警报，提醒驾驶员注意保持在原车道上安全行驶。

③车距的监控和预警：AWS 能使驾驶员始终保持安全的行车距离，并能在车距存在危险时发出警报。

2. 汽车被动安全技术

汽车被动安全技术是指在汽车发生交通事故的过程中或事故之后，通过车内的保护系统避免或减轻驾、乘人员损伤的技术，如在车体内部采用侧门防撞杆、安全玻璃、预紧式安全带、智能安全气囊及乘员头颈保护系统等。

（1）预紧式安全带。

安全带是汽车最主要的被动安全设备之一。在汽车发生碰撞事故时，安全带能有效阻止驾、乘人员在驾驶室内移动，以防止被甩出车外，同时，将车厢内发生二次碰撞的机会减至最小，大幅度减小汽车碰撞交通事故的伤亡率。目前，广泛采用的安全带形式是预紧式安全带，也称为预缩式安全带，如图 7-12 所示。

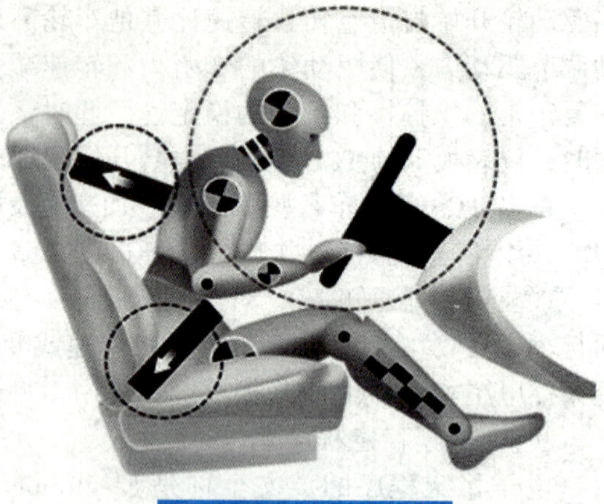

图 7-12 预紧式安全带

预紧式安全带中起主要作用的是卷收器。卷收器的控制装置有两种，一种是电子式控制装置，另一种是机械式控制装置。在电子式控制装置中，由电子控制单元（ECU）检测到汽车加速度的不正常变化，经过处理将信号发送至卷收器的控制装置，激发预紧装置工作，这种预紧式安全带通常与辅助安全气囊组合使用。在机械式控制装置中，由传感器检测到汽车加速度的不正常变化，控制装置激发预紧装置工作，这种预紧式安全带可以单独使用。

（2）安全气囊。

安全气囊系统也称为辅助乘员保护系统，它属于一种较为重要的汽车被动安全技术装置。在汽车发生碰撞而急剧减速时，安全气囊迅速膨胀，成为一个缓冲垫，可防止驾、乘人员撞到车厢内部而受到伤害。日本、美国及德国等在 2001 年已把安全带和安全气囊定为轿车上不可缺少的装备。

汽车安全气囊系统主要由传感器系统、电子控制器、气体发生器和气囊本体等组成。其中，传感器系统的作用是检测、判断汽车发生事故后的撞击信号，以便及时起动安全保护气囊，并提供足够的电能或机械能来点燃气体发生器；电子控制器的作用是不断接收传感器传来的车速信息，经过不断地计算、分析、比较、判断，并随时准备发出指令引燃气体发生器；气体发生器是根据信号产生一定量气体，并迅速向气囊充气，气囊充气后膨胀，对驾驶员起保护作用；气囊本体一般用轻尼龙或聚酯纤维布料制成，可折叠成包，内层涂覆树脂，能承受 2500 N 以上的拉力。

（3）乘员头颈保护系统。

乘员头颈保护系统的英文全称为 Whiplash Protection System，简称为 WHIPS，一般设置在前排座椅上。

当轿车受到后部撞击时，头颈保护系统会迅速充气膨胀起来，整个靠背会随乘坐者一起后倾，使乘坐者的整个背部和靠背安稳地贴在一起。靠背后倾以最大限度地降低头部向前甩的力量，座椅的椅背和头枕会向后水平移动，使乘员身体的上部和头部得到轻柔、均衡的支撑与保护，以减轻脊椎以及颈部所承受的冲击力，并防止头部向后甩所带来的伤害。乘员头颈保护系统的具体工作过程如图 7-13 所示。

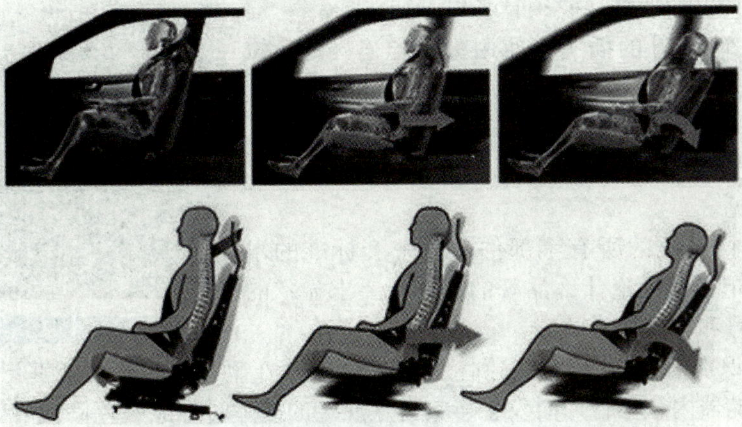

图 7-13 乘员头颈保护系统的工作过程

（4）能量吸收式转向柱。

能量吸收式转向柱的英文全称是 Energy-absorbing Steering Column，简称为 ESC。当车辆发生事故尤其是正面碰撞时，人的胸部及头部由于离转向盘较近，很容易会撞到转向盘，而车身撞击溃缩之后转向盘向后挤压，也很容易伤及驾驶者。因此，法规上对于转向系统都有规范。以美国联邦机动车安全法规为例，对于由转向盘及转向柱所组成的转向系统有两项规定，即当用试验假人以 15mph（约 25km/h）的相对速度撞击转向盘时，假人的胸部产生的冲击力不得大于 2500P（约 1134kg）；当以 30mph（约 48km/h）实车正面撞击时，转向盘的后移量不得超过 5in（约 12.7cm）。

由此可见，转向系统是一项非常重要的安全系统，为达到此项法规标准，转向柱必须设计成承受撞击后可溃缩的方式才能吸收撞击的能量，将人的碰撞伤害程度降至最低。

3. 车载自诊断系统

车载自动诊断系统的英文全称为 On-board Diagnostics，简称为 OBD，其作用是根据发动机的运行工况随时监测汽车的尾气是否超标。当汽车出现故障时，故障灯或检查发动机的警告灯亮，同时动力总成控制模块（PCM）将故障信息存入存储器，通过一定的程序设置可以将故障码从 PCM 中读出。根据故障码的指示，维修人员能迅速准确地确定故障的性质和部位，有针对性地去检查有关部位、元件和线路，使得故障快速排除。

随着电子技术的发展，OBD 也在不断地完善，从 OBD 发展到 OBD-Ⅱ及 OBD-Ⅲ。

（1）OBD-Ⅱ。

OBD-Ⅱ是 20 世纪 90 年代中期出现的，它实行标准的检测程序，不必使用特殊的专用工具。这个标准是由美国汽车工程师协会（SAE）制定的，要求各汽车制造企业按照 OBD-Ⅱ的标准提供统一的诊断模式，即任意一台仪器均可通过统一的诊断座对各种汽车进行检测。为此，各大汽车制造企业对汽车电控系统的许多方面都进行了改进。20 世纪 90 年代末期汽车只有按照新标准设置 OBD 才可以进入北美市场。

按照 OBD-Ⅱ的标准，汽车上的相关连接器及代码都实行标准化，其中，连接器为通用的 16 针标准诊断测试连接器，如图 7-14 所示。

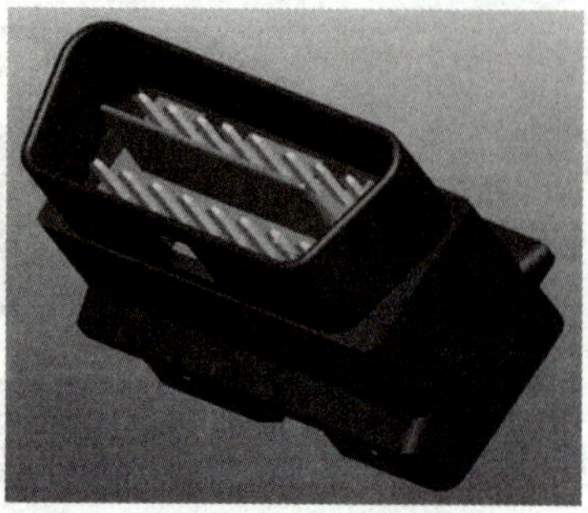
图 7-14 OBD-Ⅱ连接器

基于连接器的功能，它须具备以下特点：

①有一个 16 针的插头，使用标准的连接件，汽车的参数能通过任何按照 OBD-Ⅱ标准设计的检测仪器读取。

②标准安装位置是驾驶员侧边仪表板的下面，且要能够看得见。

③对电控系统的所有零部件使用一套标准的术语、缩写和定义，无论什么品牌的汽车，要求显示的故障代码符号和含义均一致。

④车辆识别信号能自动传输到检测仪器上，当车辆发生故障时能够记录并存入车载计算机存储器内，不管何时发生影响排气质量的故障时都能够存储代码。

⑤检修后，检测仪器能够删除存储在车载计算机存储器内的故障代码。

与OBD相比，OBD-Ⅱ有严格的排放针对性，其实质性能就是监测汽车尾气的排放。当汽车排放的 HC、CO、NO_x 或燃油蒸发污染量超过设定的标准时，故障指示灯就会点亮报警。排放超标主要包括：发动机动力系统随机引起的 HC 排放量的上升、催化转换器的净化效率下降到限值之下、密封燃油系统有空气泄漏、某个传感器或其他排放控制装置失效等引起的尾气超标情况。

虽然 OBD-Ⅱ对监测汽车排放十分有效，但当故障指示灯亮时驾驶员不一定会接受警告而采取相应的措施来解决排放超标情况，为此，更先进的 OBD-Ⅲ就应运而生了。

（2）OBD-Ⅲ。

OBD-Ⅲ主要是将汽车的监测、维护和管理合为一体，以满足环境变化的要求。它可分别进入发动机、变速箱及 ABS 等系统的 ECU 中读取故障码和其他相关数据，并利用小型车载通信系统（如 GPS 导航系统或无线通信）将车辆的身份代码、故障码及所在位置等信息自动通告给交通管理部门，交通管理部门根据该车辆排放问题的等级对其发出指令，如建议车主去哪里维修等，还可以对超出时限的违规者的车辆发出禁行指令。因此，OBD-Ⅲ不仅可对车辆排放问题向驾驶者发出警告，而且还能对违规者进行惩罚。

拓展知识

2008 年 6 月 24 日，环境保护部发布《车用压燃式、气体燃料点燃式发动机与汽车车载诊断（OBD）系统技术要求》，并宣布此要求从 2008 年 7 月 1 日起实施。

学习案例

2014 年 7 月 2 日，沃尔沃在中国正式发布 SENSUS 创新科技子品牌及相应的智能车载交互系统，提供包括互联、服务、娱乐、导航、控制在内的车载互联功能，实现迈向车联网的关键一步。随着互联网及通讯技术的提升，近年来各大车企加快对车联网的领域的研究发展。业内人士表示，车联网能给车主行车提供更多服务，车企在开发车联网的同时，需保证汽车作为交通工具的安全性和舒适性，切莫本末倒置。

案例分析

根据车联网产业技术创新战略联盟的定义，车联网是以车内网、车际网和车载移动互联网为基础，能够实现智能化交通管理、智能动态信息服务和车辆智能化控制的一体化网络。

据预测，到2015年全球将有66亿互联物体，其中汽车预估有6200万辆，这意味着汽车之间构成的网络——车联网，将成为仅次于电脑构成的互联网、手机构成的移动互联网之后的第三大互联网物体。届时依托车联网庞大的数据资源，SENSUS系统的未来也会衍生出更多样化的服务。

通过车载传感器收集的路面信息，若道路有结冰或湿滑信息，则通过互联网上传到云端，将这一信息分享给附近即将进入路径湿滑路段的车辆做提前预警，同时这一信息也会被发送到道路管理部门，以便让职能部门更迅速地做出反应。

再例如有救火车、救护车需要优先通过，上传至云端的信息将被发送至特殊车辆行经路线上的每一台车，提示他们避让或让路。同时这一系统也有望与城市交通管理部门联网，从而为特殊车辆实现“一路绿灯”的绿色通道。

而对于普通车主，也可以分享交通管理部门的交通灯控制信息，并结合车载导航系统，为驾驶员提供建议驾驶车速，从而保证以最合适的时间（每逢路口都是绿灯）通过。这个功能还可以让发动机智能启停系统更加主动、聪明地工作，例如在红灯即将转绿之前启动，从而减少污染排放，并且极大地提升了道路交通的效率。

另外，云系统和车联网技术的应用也为汽车智能驾驶（即无人驾驶）的应用铺平了道路，届时汽车的自动驾驶不再局限于依靠雷达、摄像头被动接受路况，而是通过云端大数据的信息共享、与交通管理部门、周边车辆的互动，让自动驾驶更安全、更舒适和快捷。

学习单元2　新能源汽车

知识目标

了解新能源汽车知识。

技能目标

通过本单元学习，能够了解相关新能源汽车技术的工作原理及作用。

基础知识

一、电动汽车

电动汽车是指以高效率充电电池或燃料电池为动力源，用电机驱动车轮行驶，符合道路交通、安全法规各项要求的车辆。

1. 电动汽车的优点

（1）无污染、噪声低。它本身不排放污染大气的有害气体，对环境保护和空气的洁净是十分有益的，有“零污染”的美称。它的噪声也比内燃机汽车要小得多。

（2）能源效率高，多样化。电动汽车的能源效率已超过了汽油机汽车。由于电力可以从多种能源如煤、核能、水力、风力、光、热等中获得，有效地减少了对石油资源的依赖，可将有限的石油用于更重要的方面。

（3）经济效益高。电动汽车充分利用晚间用电低谷时富余的电力充电，使发电设备日夜都能充分利用，大大提高其经济效益。

（4）结构简单，使用维修方便。电动车较内燃机汽车结构简单，运转、转动部件少，维修保养工作量小，当采用交流感应电动机时，电机无须维护。电动汽车更容易操纵。

由于电动汽车具有上述优点，因此对其的研究和应用将成为汽车工业的一个热点。

2. 电动汽车的发展概况

1873 年，英国人制造了世界上第一台可供实用的电动汽车。这比戴姆勒和本茨发明汽油机汽车早了 10 年以上。电动汽车解决了马车对路面及环境引起的诸多问题，受到伦敦市民的欢迎。此后在英国陆续地出现了电动汽车公司、电动轿车及电动出租车等，电动汽车在英国得到普遍的推广。

1889 年，美国人制造的电动公共汽车，最高时速为 11.2km，驾驶员站在电动汽车前面，采用涡轮机构转向。

1891 年，法国人设计了电动三轮车。此车采用电池组供电，电池组的总质量为 20kg。电动机功率为 2.45W，通过链条带动车轮转动，为减少摩擦力，车轮用滚动轴承支撑。车上可乘坐两名乘客，时速可达 16 ～ 19km。

1894 年，法国人制造了一辆四轮敞篷电动小汽车，此车采用六组蓄电池组，电动机的功率为 2000W，总质量为 1360kg，能乘坐几人，最高时速可以达到 16 km/h。

电动汽车于 20 世纪 20 年代达到鼎盛时期后就一蹶不振，尽管如此，电动汽车的生命并未就此结束，人们对它的研究试验活动从未停止过。

根据所使用的基本动力源不同，电动汽车可分为蓄电池电动汽车、燃料电池电动汽车和混合动力电动汽车。近年来，燃料电池电动汽车成为新的开发热点。

3. 蓄电池电动汽车

（1）基本组成。

蓄电池电动汽车主要由电池、控制系统、驱动系统及辅助系统等组成，如图 7-15 所示。

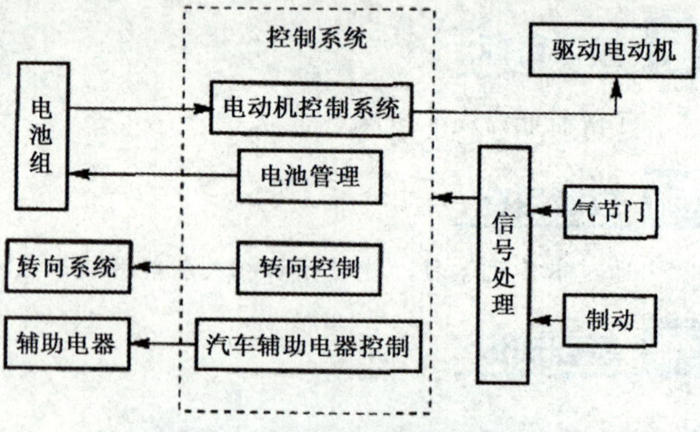

图 7-15 蓄电池电动汽车的基本组成

（2）工作原理。

电动汽车上保留了传统内燃

机汽车的加速踏板、制动踏板及各种操控手柄等结构。在其工作时，各种传感器将加速踏板及制动踏板的位移量转换成电信号，输入中央控制器，经中央控制器处理后发出驱动信号，控制逆变器的工作状态，从而达到对汽车工况的控制。当汽车行驶时，电池组输出的直流电经逆变器变为交流电后供入交流电动机，电动机输出的转矩经传动系统驱动车轮转动。

蓄电池电动汽车的主要问题是电池的寿命短，使用成本高、电池的储能量小，一次充电后行驶里程不理想，价格较高等。但蓄电池电动汽车在电动汽车中仍是目前成本最低的，其广泛应用在短距离及固定线路的运输领域，如城市公交车、机场勤务车、旅游点游览车及校园交通车等大部分都采用蓄电池电动汽车。如图 7-16 所示为蓄电池公交车。

图 7-16 蓄电池公交车

二、燃料电池电动汽车

1. 基本组成

燃料电池电动汽车主要由燃料箱、燃料电池组、控制系统、驱动系统及辅助系统等组成。

2. 工作原理

汽车运行时，由燃料箱不断地供给燃料，燃料电池把燃料的化学能转换为电能并将直流电输送给控制器，控制器将直流电转换为交流电后供入驱动电动机，经传动系统驱动车轮。

在电动汽车开始行驶时，蓄电池组处于电量饱和状态，其能量输出可以满足汽车起动要求，尤其为驱动系统提供能量，并对燃料电池进行预热，此时燃料电池动力系统不需要工作。

当氢气供给量充足时，燃料电池动力系统起动，从而向驱动系统提供能量。当汽车能量需求较大时，燃料电池动力系统与蓄电池组同时为驱动系统提供能量；当汽车能量需求较小时，燃料电池动力系统为驱动系统提供能量的同时，还给蓄电池组进行充电。如图 7-17 所示为燃料电池汽车。

图 7-17 燃料电池汽车

拓展知识

20世纪60年代和70年代，美国首先将燃料电池用于航天，作为航天飞机的主要电源。此后，美国等西方各国将燃料电池的研究转向民用发电和作为汽车、潜艇等的动力源。世界各著名汽车公司相继投入较多的人力和物力，开展燃料电池电动汽车的开发研究。在北美，各大汽车公司加入了美国政府支持的国际燃料电池联盟，各公司分别承担相应的任务，生产以新的燃料电池作动力的汽车。美国通用汽车公司在美国能源部的资助下，推出了以质子交换膜燃料电池（PEMFC，也称为离子交换膜燃料电池或固体高聚合物电解质燃料电池）和蓄电池并用提供动力的轿车。美国福特汽车公司现已研制出从汽油中提取氢的新型燃料电池，其燃料效率比内燃机提高1倍，而产生的污染则只有内燃机的5%。

三、混合动力汽车

混合动力汽车（Hybrid Electric Vehicle，简称为HEV）是指车辆驱动系由两个或多个能同时运转的单个驱动系联合组成的车辆，车辆的行驶功率依据实际的车辆行驶状态由单个驱动系单独或共同提供。因各个组成部件、布置方式和控制策略的不同，形成了多种分类形式。混合动力车辆的节能、低排放等特点引起了汽车界的极大关注并成为汽车研究与开发的一个重点。

广义上说，混合动力汽车是指拥有至少两种动力源，使用其中一种或多种动力源提供部分或者全部动力的车辆。但是，在实际生活中，混合动力汽车多半采用传统的内燃机和电动机作为动力源，通过混合使用热能和电力两套系统开动汽车。使用的内燃机既有柴油机又有汽油机，因此可以使用传统汽油或者柴油，也有的发动机经过改造使用其他替代燃料，例如压缩天然气、丙烷和乙醇燃料等。使用的电动力系统中包括高效强化的电动机、发电机和蓄电池。蓄电池使用的有铅酸电池、镍锰氢电池和锂电池，将来应该还能使用氢燃料电池。如图7-18所示为混合动力汽车。

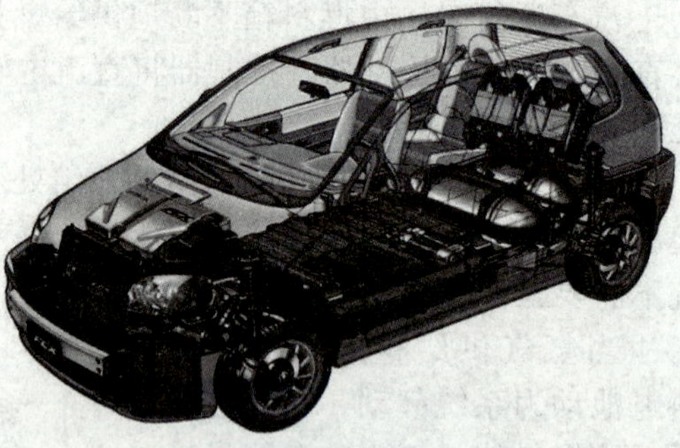

图7-18 混合动力汽车

根据混合动力驱动的联结方式，混合动力系统主要分为以下三类：

一是串联式混合动力系统（Series Hybrid）。串联式混合动力系统一般由内燃机直接带动发电机发电，产生的电能通过控制单元传到电池，再由电池传输给电机转化为动能，最后通过变速机构来驱动汽车。在这种联结方式下，电池就像一个水库，只是调节的对象不是水量，而是电能。电池对在发电机产生的能量和电动机需要的能量之间进行调节，从而保证车辆正常工作。这种动力系统在城市公交上的应用比较多，轿车上很少使用。

二是并联式混合动力系统（Parallel Hybrid）。并联式混合动力系统有两套驱动系统：传统的内燃机系统和电机驱动系统。两个系统既可以同时协调工作，也可以各自单独工作驱动汽车。这种系统适用于多种不同的行驶工况，尤其适用于复杂的路况。该联结方式结构简单，成本低。

三是混联式混合动力系统。混联式混合动力系统的特点在于内燃机系统和电机驱动系统各有一套机械变速机构，两套机构或通过齿轮系，或采用行星轮式结构结合在一起，从而综合调节内燃机与电动机之间的转速关系。与并联式混合动力系统相比，混联式动力系统可以更加灵活地根据工况来调节内燃机的功率输出和电机的运转。此联结方式系统复杂，成本高。

拓展知识

混合动力的技术概念和专利授权的公开，最早是在中国国家专利局实现的。20 世纪 90 年代末，中国电动自行车的应用开发刚刚起步。电动车技术上的瓶颈首先就暴露出来，即电池的能量有限，导致车辆的功率和行驶里程极其有限。1997 年 1 月 27 日国家专利局受理了中国第一个有关混合动力车的专利申请（混合动力这个中文名词及技术概念也是第一次使用），此专利于 1998 年 7 月 7 日获得国家专利局授权并公开：专利号（97210746.0）；专利名称（内燃机 / 蓄电池混合动力自行车）；专利人（罗宪安）。由于当时中国的经济发展水平和制造业条件的限制，这个新概念和技术没有机会在中国发展起来。

四、替代燃料汽车

1. 替代燃料汽车概况

随着汽车保有量的增加，车用汽油和柴油的消耗量也越来越大。世界主要经历了三次大的能源危机，按现在人类消耗石油的速度推算，地球已探明石油资源仅能维持 40 ~ 50 年。为此，需设计研发能以其他能源（非汽油与柴油）作为燃料的汽车——替代燃料汽车。

替代燃料汽车的英文全称为 Alternative Fuel Vehicle，简称为 AFV，它所用的燃料分液体和气体两大类，液体燃料主要有甲醇、乙醇及生物柴油等，气体燃料主要有氢、二甲醚、液化石油气及天然气等。

2. 替代燃料汽车类型

（1）氢燃料汽车。

目前，氢是最受争议但最有发展前景的替代燃料，它是宇宙中最丰富的物质之一，储量是无穷无尽的，但是，氢气并不是一次性能源，它只是一种能源载体。氢气需要消耗大量的电能电解水或其他途径才能获得，在使用中还需要将其压缩或是转换为液态，故而价格较高。

氢燃料汽车的突出优点是接近零排放和燃料来源的多样性。如图 7-19、图 7-20 所示分别为本田全新氢燃料动力概念车和雪佛兰氢燃料电动车。

图 7-19 本田全新氢燃料动力概念车

图 7-20 雪佛兰氢燃料电动车

（2）生物燃料汽车。

生物燃料属于可再生能源，来源广泛，农林作物、农作物残渣、动物粪便和生活垃圾等都是它的获得途径。生物燃料蕴藏量极大，据估计，仅地球上的植物每年可生产的生物燃料量就相当于目前人类每年消耗的矿物能量的 20 倍。未来主要的生物燃料有生物柴油、生物乙醇和生物甲醇等，利用生物燃料作能源的汽车也越来越受到关注。

①甲醇燃料汽车。

国外从 20 世纪 70 年代起就将甲醇作为汽车燃料进行研究开发，一些欧美国家都曾使用过甲醇作为汽车的燃料。20 世纪 80 年代中期，由于石油价格下跌，一度使甲醇燃料的应用受到冲击，但这方面的研发工作从未停止过。美、德等发达国家已将甲醇列为清洁能源，鼓励甲醇燃料的研发，但尚未得到大面积的推广应用。

我国对甲醇燃料的研究也开展了很多年。通过局部地区短期运行的结果表明，低比例甲醇燃料可直接代替汽油，不必添加助溶剂和腐蚀抑制剂，已初步具备推广条件。使用高比例甲醇燃料对发动机及电喷系统均须进行必要的改造，还有大量的试验研究工作要做。

上海华普是国内较早关注甲醇轿车研发的整车生产企业之一。华普甲醇轿车节能环保，排放达欧Ⅳ标准，如图 7-21 所示。华普公司以其先进的技术及明朗的产业化前景稳居国内甲醇汽车研发的领先地位。

②乙醇燃料汽车。

乙醇俗称酒精，它用玉米、小麦、薯类及糖蜜植物等为原料，经发酵、蒸馏等过程而制成。变性燃料乙醇是将乙醇进一步脱水再经过不同形式的变性处理后得到的，车用乙醇燃料是指把变性燃料乙醇和汽油（或柴油）按比例混配而成的车用燃料。

目前，世界上已经有超过 500 万辆汽车使用乙醇作为燃料。这些乙醇燃料汽车不仅比使用汽油作为燃料的汽车更经济，而且几乎不会向环境排放有害的温室气体。随着国际原油价格的上涨，经济学家预测未来只有乙醇才会真正替代汽油成为人类赖以生存的绿色燃料。如图 7-22 所示为本田开发的乙醇燃料汽车。

图 7-21 华普甲醇燃料汽车

图 7-22 本田开发的乙醇燃料汽车

（3）天然气汽车。

天然气汽车的英文全称是 Natural Gas Vehicle，简称为 NGV。天然气汽车按天然气的性质可分为压缩天然气汽车（Compressed Natural Gas Vehicle，简称为 CNGV）和液化天然气汽车（Liquified Natural Gas Vehicle，简称为 LNGV），分别如图 7-23 及 7-24 所示。

图 7-23 大众帕萨特压缩天然气汽车

图 7-24 液化天然气空调客车

压缩天然气汽车是将天然气压缩至 20MPa 充装于汽车用压缩天然气储气瓶中，经减压器减压后供给发动机燃烧的天然气汽车。液化天然气汽车是将天然气在 -162℃低温液化后，储存于液化天然气储气瓶中，经汽化后供给发动机燃烧的天然气汽车。由于液化天然气汽车所需的绝热储气瓶尚未商品化，因而目前天然气汽车主要采用压缩天然气作为燃料。

①天然气汽车的发展状况。

20 世纪 30 年代初，意大利人率先采用天然气作为汽车燃料生产汽车，到 1939 年意大利已有约 10000 辆天然气汽车。天然气汽车在 20 世纪中期发展较为缓慢，只有某些特定地区及特定用途的汽车使用天然气作为燃料。1973 年第一次石油危机之后，天然气汽车在俄罗斯、意大利、阿根廷、新西兰及巴西等国家，以及受到环保法规和国家政策制约的美国及日本等得以迅速发展。根据国际天然气汽车协会的最新统计，截至 2008 年 3 月，全世界天然气汽车总量已超过 850 万辆，近几年天然气汽车的年均增长率超过 30%，天然气加气站则超过了 12000 座。阿根廷、巴基斯坦、巴西、印度、伊朗和意大利的天然气汽车保有量居世界前六位。

我国从 20 世纪 50 年代开始对天然气汽车进行研究。20 世纪 80 年代，为解决燃油供需矛盾，四川省率先提出“以气代油”发展天然气汽车，加快了国内天然气汽车的发展步伐。1988 年，中国石油天然气总公司从新西兰引进了一套天然气汽车充气设备及汽车改装配件，在四川省南充市建成了我国第一座 CNGV 充气站。2006 年，国家启动“节能与新能源汽车”高科技计划，强力推进天然气汽车发展的进程，至此，我国的天然气汽车进入了快速发展的时期，到 2007 年底，我国已有 30 个省、市及自治区的 80 多个城市推广天然气汽车，其中 16 个重点推广城市（地区）共发展天然气汽车 26.5 万辆。我国天然气汽车和加气站主要集中在气源地附近，如四川、重庆、乌鲁木齐、西安和兰州等，天然气供应方便，气价低（仅为油价的 40% ～ 50%）是 NGV 汽车快速发展的主要动力。

②天然气汽车的优点。

●采用传统发动机，在低温状态下的冷起动性能优良。

●天然气在发动机内充分燃烧不易产生积炭，不会稀释润滑油从而降低发动机内部零件的磨损，足以成倍提高发动机的寿命和润滑油的使用期限，使用的经济性较高。

●采用价格较低的天然气作为燃料，进一步提高了经济性。

●天然气汽车是最具推广价值的低污染汽车，尤其适用于城市公共交通。

（4）液化石油气汽车。

液化石油气汽车（简称为 LPG）是指以储存在车载气瓶中的液化石油气作为燃料的汽车。由于石油气液化氢含量较大，而硫、氮等杂质含量较小，且不含芳香烃，可完全燃烧，所以热值利用率高。根据测定可知，汽车发动机使用液化石油气与使用汽油相比较，尾气中 CO 的含量可减少约 80%，HC 可减少 50% ～ 70%，且发动机运行平稳，使用寿命可延长一倍以上。由此可知，液化石油气汽车对改善城市空气质量效果十分显著，将成为城市公共交通的理想车型，如图 7–25 所示为城市液化石油气公交车。

图 7–25 液化石油气公交车

五、太阳能汽车

太阳能汽车是将太阳能转化为电能的汽车。由于太阳能是取之不尽、价格低廉且零污染的能源，因此太阳能汽车被称为未来汽车，如图 7–26 所示。

图 7–26 太阳能汽车

由于太阳能汽车首先要解决的是把太阳光转化为光能，这就需要使其与太阳光有一个大的接触面，所以一般将太阳能汽车做成扁平状。有的也将太阳能电池板做成活动式的，可以变换倾斜角度，跟踪太阳，以便采集更多的阳光。车身也可做成流线型，电池板固定在车身上，使空气阻力减到最小。太阳能汽车的外形通常比较特别，但无论是哪种形状都是为了使其速度更高、行驶里程更长而设计的。

1. 太阳能汽车发展概况

1978 年，世界上第一辆太阳能汽车在英国研制成功，速度约为 13km/h。1982 年，墨西哥研制出三轮太阳能汽车，在其上架有一个装太阳能电池的大棚。三轮太阳能汽车速度为 40km/h，但由于它每天所获得的电能只能行驶 40min，所以它并不适用于较远的路程。1987 年 11 月，美国“圣雷易莎”号太阳能赛车以 100km/h 的速度在比赛中夺冠，至此，太阳能汽车进入了一个崭新的时代。

我国研究太阳能汽车也有几十年的历史。1984 年 9 月，我国首次研制的“太阳号”太阳能汽车试验成功。1996 年，清华大学参照日本竞赛规范研制了“追日”号太阳能汽车。2001 年，全国高校首辆可载人的太阳能电动车——“思源”号在上海交通大学诞生，表明我国在研制新型汽车方面已达到世界先进水平。

太阳能汽车由于其蓄电池的能量有限、造价昂贵且承载能力差，在无太阳的情况下，连续行驶里程有一定的限制，所以它在现阶段还无法普及，只是在一些比赛中看到。随着人们环保意识的日益增强，太阳能汽车以其节省能源、污染及噪声小的优越性能必然会在未来得到迅速的发展。

2. 太阳能汽车的基本组成、工作原理与类型

（1）太阳能汽车的基本组成。

太阳能汽车主要由太阳能电池板、自动阳光跟踪系统、驱动系统及控制器等组成。

（2）太阳能汽车的工作原理。

当太阳照射到车身上的太阳能电池板时，根据光电转换原理，能立即产生直流电，供给直流电动机运转，驱动汽车行驶。由于没有蓄电池，这种汽车在无光照射时就不能行驶。如果要使汽车在阴天或夜间也能行驶，还必须将太阳能电池板和蓄电池配合使用。在阳光照射时，太阳能电池板产生的电能一部分提供给电动机，使汽车行驶，另一部分给蓄电池充电。这样，当没有阳光时，蓄电池就放电供给电动机使汽车行驶。

（3）太阳能汽车的类型。

太阳能汽车按用途可分为赛车和实用车两类。其中，赛车按方式又可分为澳大利亚型和瑞士型两种，澳大利亚型汽车的太阳能电池的容量达 0.6 ～ 1.6kW，在晴朗的天气时车速可达 75km/h。

学习案例

2014 年，在美国获得无数赞誉的特斯拉来到中国，同样掀起了不小的浪潮。特斯拉受到了媒体的高度关注，首批电动汽车被消费者踊跃订购一空，在中国始终表现乏力的电动汽车产业获得了空前的关注。

特斯拉在最好的时机来到了中国。出于能源和环境问题的考虑，中国政府一

直积极推进电动汽车的普及。各级政府也对特斯拉汽车持开放的态度。特斯拉的纯电动汽车不仅享受了免除汽车消费税的税率优惠，在上海还获得了免费的新能源汽车牌照资质。

特斯拉迄今的成功几乎让全球传统汽车业气疯了，同样也使全球电动车同行充满了“羡慕妒忌恨”。和汽车有点沾边的人都在说特斯拉给传统汽车行业带来颠覆性的改变，就像苹果当年进军手机行业所造成的冲击那样。那么，到底特斯拉给汽车业带来哪些颠覆性呢？给国内车企带来哪些启示呢？

案例分析

很多中国企业家喜欢拼格局，在发展中往往跳不出条条框框，都在盯着竞争对手在做什么，自己也跟着做什么。最有说服力的就是这些年国内都在鼓噪新能源车“弯道超车”理论，而特斯拉涉足汽车制造才10年，他根本不管你什么弯道直道，直接从草坪上追赶上来。对于特斯拉不按汽车业常理出牌的做法，在6月初召开的比亚迪股东大会上，王传福回击道：“家庭消费一旦起动，比亚迪‘分分钟’就可以造出‘特斯拉’。”如果比亚迪没有伟大的梦想，就造不出Model S。

有梦想才有创新。特斯拉将互联网的思想引入到汽车生产中去，用一种全新的想法来做汽车。这就是特斯拉带来的创新思维颠覆。比如，特斯拉采用的电池就是最常见的松下“18650”锂电池。这种为笔记本电脑提供电力的锂电池，居然可以成为汽车的动力源。这是所有的电动车企业和电池厂家所没有想到的，因此，大有“踏破铁鞋无觅处，原来就在犄角旮旯处”的顿悟。不过，据说特斯拉电动车上6800多块电池的连接方式属企业高度机密，连丰田和奔驰生产的电动车都向特斯拉购买电池管理系统技术。特斯拉的创新还有许多，比如，建立完全免费的超级充电站；机器人90s完成电池组更换等等。特斯拉的一连串创新，确认了锂电池作为新能源路线的可行性，消除了市场疑虑，给目前全球还在努力的其他新能源汽车厂家带来了信心。在市场战略方面，特斯拉主攻豪华车市场，大获成功，也颠覆了电动车研发要走平民化路线的惯性思维。

特斯拉带给汽车行业太多的颠覆性，值得国内车企好好思考。

教学检测

填空题

1. 将燃油喷嘴安装于气缸内，直接将燃油喷入气缸内与进气混合的技术是________。
2. 在汽车发生交通事故的过程中或事故之后，通过车内的保护系统避免或减轻驾、乘人员损伤的技术被称作__________。

选择题

1. (　　)可用来解决“涡轮迟滞”现象。

A. 可变配气相位　　B. 可变进气

C. 可变增压器　　　　　　D. 可变压缩比

2. 下列不属于汽车被动安全技术的是（　　）。

A. 安全气囊　　　　　　B. 侧门防撞杆

C. 预紧式安全带　　　　D. ABS

拓展实训　汽车新技术

一、实训目的

通过查询、交流，了解当今汽车前沿技术。

二、实训内容

（1）搜索网上相关知识，或阅读报刊杂志书籍，自选一项你认为最有潜力的汽车新技术；

（2）以 PPT 的形式向全班同学讲授其原理，并说明理由。

三、实训结果

____

____

____

四、总结分析

____

____

____

五、教师评分

____

____

____

参考文献

[1] 蔡兴旺．汽车概论［M］.2版．北京：机械工业出版社，2011.
[2] 徐晓美．孙宁，汽车概论［M］．北京：国防工业出版社，2013.
[3] 张发明．汽车品牌与文化［M］.2版．北京：机械工业出版社，2013.
[4] 都雪静．汽车概论［M］．长沙：国防科技大学出版社，2010.
[5] 吴喜骊，蒋芳．汽车文化［M］．北京：化学工业出版社，2010.
[6] H. 布雷斯，U. 赛福尔特．汽车工程手册［M］．北京：机械工业出版社，2012.
[7] 汽车工程手册编写委员会.汽车工程手册——基础篇[M].北京:人民交通出版社，2010.
[8] 陈家瑞．汽车构造［M］.3版．北京：机械工业出版社，2009.
[9] 田晋跃．现代汽车新技术概论［M］．北京：北京大学出版社，2010.